长江师范学院科研启动基金资助

农业产业化组织契约风险与创新风险管理

李　彬　著

西南交通大学出版社
·成　都·

图书在版编目（CIP）数据

农业产业化组织契约风险与创新风险管理 / 李彬著.
—成都：西南交通大学出版社，2011.3
ISBN 978-7-5643-1069-1

Ⅰ. ①农… Ⅱ. ①李… Ⅲ. ①农业产业化－风险管理
－研究－中国 Ⅳ. ①F321

中国版本图书馆 CIP 数据核字（2011）第 016960 号

农业产业化组织契约风险与创新风险管理

李 彬 著

责任编辑	刘 立
特邀编辑	杨岳峰
封面设计	何东琳设计工作室
出版发行	西南交通大学出版社 （成都二环路北一段 111 号）
发行部电话	028-87600564 87600533
邮政编码	610031
网 址	http: //press.swjtu.edu.cn
印 刷	成都蓉军广告印务有限责任公司
成品尺寸	146 mm×208 mm
印 张	8.187 5
字 数	227 千字
版 次	2011 年 3 月第 1 版
印 次	2011 年 3 月第 1 次
书 号	ISBN 978-7-5643-1069-1
定 价	25.00 元

序 言

农业、农村、农民问题始终是中国经济发展的难点和重点问题，也是党和政府十分重视的问题。从2004年至今，中共中央连续7年出台了关于农业和农村发展的“一号文”，突显了农业和农村工作的重要地位。最近《中共中央关于制定国民经济和社会发展第十二个五年规划建议》中指出：“必须坚持把解决好农业、农村、农民问题作为全党工作重中之重，统筹城乡发展，坚持工业反哺农业、城市支持农村和多予少取放活方针，加大强农惠农力度，夯实农业农村发展基础，提高农业现代化水平和农民生活水平，建设农民幸福生活的美好家园。”这些文件的主线是统筹城乡发展，实现工业反哺农业，完善农业产业化经营，逐步改变城乡二元经济结构，以期早日实现农业现代化，从根本上解决“三农”问题。

20世纪90年代初期，农业产业化经营在中国兴起，它的出现有利于实现农业资源的合理配置、有利于解决小农户与大市场的矛盾、有利于促进农业经营机制的转变、有利于加快城乡一体化进程，在缓解农户与市场间的矛盾、降低公司和农户面临的风险和不确定性、节约交易费用等方面发挥了积极的作用，是推动农业生产专业化、规模化、商品化、企业化的根本途径，是实现农业现代化的必由之路。然而在农业产业化进程中，农业产业化经营组织面临着自然风险、市场风险、契约风险等诸多风险，这些风险严重制约了这一组织功能的发挥。农业产业化经营面临的风险，从本质上看均为契约风险。因此，对于农业产业化组织契约风险的研究抓住了农业产业化经营的本质特征即契约关系，也就抓住了问题的关键，从而加深了对农业产业化经营风险的认识，为创造性地进行农业产业化组织风险管理提供了依据。李彬同志的《农业产业化组织契约风险与创新风险管理》一书给我耳目一新的感觉，我认为：

第一，拓展了农业产业化经营风险问题的研究空间。本书以我国农业产业化经营为背景，研究了我国农业产业化组织的契约风险问题，把研究的重心由农业产业化经营兴起一形成机理一组织模式转移到研究农业产业化组织的风险问题中的契约风险问题，并认为契约风险是农业产业化经营的核心风险，这是目前国内学术界很少涉及的一个新领域，它弥补了对农业产业化经营风险问题的研究不足，拓展了研究空间。

第二，界定了契约风险新概念。在农业产业化经营系统中，公司和农户通过契约进行交易，从而形成了一个内部交易市场，这个市场可称为契约市场。但契约市场并不稳定，具有很多不确定性因素，可能产生风险，契约市场上产生的风险即为契约风险，契约风险主要表现为违约（违约风险），这种违约既可能来自于龙头企业，也可能来自于产业化农户。

第三，区分了契约市场风险因素和契约外部市场因素。契约风险因素来源于契约市场和契约外部市场。契约外部市场风险因素，区分为外部环境圈层风险因素和自然圈层风险因素，契约外部市场风险因素的传导作用直接或间接地对契约风险产生影响。这一区分对识别和防范农业产业化组织契约风险具有重要的理论和实践意义。

第四，区分了客观违约和主观违约。客观违约是契约主体在主观上没有违约的故意，但由于不可抗力或意外事件的发生等原因致使契约不能正常履行或不能完全履行所带来的损失；主观违约分为非犯罪型违约和犯罪型违约，犯罪型违约又细分为契约欺诈型违约和公司与农户合谋共同犯罪型违约。

第五，开辟了化解契约风险的新渠道。农业产业化组织自身的缺陷决定了有些风险无法实现内化，即无法在契约市场内部实现化解，致使契约风险在契约主体农户和龙头企业间转移。而大多数有关化解风险的研究的重点是在农业化系统内部寻找解决方案。本书研究证明，通过创新风险管理理念，可以利用期货市场实现契约风险的外化，即把契约市场上的风险转移至期货市场，从而为化解契约风险开辟了一个新渠道。

第六，实现了定量分析和实证研究相结合，突破了目前在产业化经营风险研究上以细节性和描述性为主的定性分析法，以山东省的调研数据为依据，采取层次分析法，构建了一个风险因素评估模型，对风险因素进行了评估，并将企业风险管理理论与经济学理论相结合，探讨了契约风险的微观管理机制和宏观管理机制。

20 世纪 50 年代西方发达国家在农业经营方面上推行了“农工商综合”经营（agribusiness）方式。所谓“农工商综合”经营是指以农业生产为中心，把农业生产资料的制造部门、供应部门和农业产品的加工、储存、营销部门组成统一体，综合进行生产经营活动的一种体系。它是在社会分工比较发达和生产专业化、集约化水平比较高的条件下发展起来的。现已成为一种较为普遍和成熟的农业经营模式。与西方发达国家相比，中国的农业产业化经营发展较晚、发展速度较快，存在的问题也较多。因此，我希望也相信《农业产业化组织契约风险与创新风险管理》这本著作的出版，能够引发广大读者对农业产业化组织风险问题的关注、思考和研究，能够起到对龙头企业和产业农户的指导作用，为促进中国农业产业化经营的健康发展起到积极的推动作用。

长江师范学院经济与工商管理学院院长、教授

2011 年 1 月

目录

1 导论

1.1 选题背景与研究意义 …………………………………………1
1.1.1 选题背景 …………………………………………1
1.1.2 研究意义 …………………………………………8
1.2 相关概念界定 …………………………………………9
1.2.1 农业产业化概念界定 …………………………………………9
1.2.2 龙头企业概念界定 …………………………………………12
1.2.3 农户概念界定 …………………………………………14
1.2.4 契约风险概念界定 …………………………………………15
1.3 相关研究综述 …………………………………………16
1.3.1 国外研究综述 …………………………………………16
1.3.2 国内研究综述 …………………………………………20

2 农业产业化组织及契约关系

2.1 “公司+农户”组织概述 …………………………………………28
2.1.1 国外农业产业化组织契约模式 …………………………………………28
2.1.2 我国农业产业化组织概述 …………………………………………30
2.1.3 “公司+农户”型产业化组织的生成 …………………………………………39
2.1.4 “公司+农户”型产业化组织的含义 …………………………………………44
2.1.5 “公司+农户”型产业化组织的特征 …………………………………………45
2.2 契约关系概述 …………………………………………48
2.2.1 契约的含义 …………………………………………48
2.2.2 契约关系的类型 …………………………………………50

2.3 农业产业化契约安排……54
2.3.1 农业产业化契约成因……55
2.3.2 农业产业化契约模式……58
2.3.3 农业产业化契约特征……60
2.3.4 农业产业化契约实现条件……61
2.4 契约市场与产品市场的选择……62
2.4.1 选择产品市场的条件……63
2.4.2 选择契约市场的动机……64
2.4.3 产品市场与契约市场的选择模型……65

3 契约风险形成机理

3.1 风险的含义界定……69
3.1.1 风险是一种不确定性……69
3.1.2 风险是遭受损失的可能性……69
3.1.3 风险是实际结果与预期的偏离……70
3.1.4 风险是风险因素、事故和损失的统一体……70
3.2 契约风险概述……72
3.2.1 契约风险的生成条件……73
3.2.2 契约风险的类型……73
3.2.3 契约风险的危害……75
3.3 契约市场外部风险因素分析……77
3.3.1 契约市场外部风险层及其关系……78
3.3.2 环境圈层风险因素分析……79
3.3.3 产品市场圈层风险因素分析……83
3.4 契约市场风险层因素分析……85
3.4.1 契约市场风险层……85
3.4.2 契约市场风险层风险因素……86
3.4.3 契约本身的风险因素……88
3.5 违约风险形成机理分析……96
3.5.1 契约主体的客观违约……96

3.5.2 契约主体的主观违约 …… 102
3.5.3 契约主体违约的博弈分析 …… 118
3.5.4 “公司+村集体+农户”违约 …… 122
3.5.5 “公司+大户+农户”违约 …… 123
3.5.6 “公司+合作社+农户”违约 …… 125

4 契约风险因素评估

4.1 契约风险因素评估概述 …… 129
4.1.1 风险评估的目的 …… 129
4.1.2 风险评估的方法 …… 130
4.1.3 风险评估的数据来源 …… 130
4.1.4 山东省农业产业化现状分析 …… 131
4.2 层次分析法（AHP）评述 …… 137
4.2.1 AHP 的优点与缺陷 …… 138
4.2.2 AHP 的引入 …… 138
4.3 风险因素评估指标体系建构 …… 139
4.3.1 公司层面 …… 140
4.3.2 农户层面 …… 140
4.3.3 契约层面 …… 141
4.3.4 外部市场层面 …… 141
4.4 层次分析法应用 …… 142
4.4.1 确定决策目标 …… 143
4.4.2 风险指标的权重测评 …… 143
4.4.3 风险因素影响权重分析 …… 148

5 创新契约风险管理——风险外移机制

5.1 公司与农户交易模式的演进 …… 152
5.1.1 人类社会交易模式的演进 …… 152
5.1.2 公司与农户交易模式的演进 …… 155
5.2 契约风险外移 …… 157
5.2.1 期货市场和契约市场 …… 157
5.2.2 契约风险外移的可行性分析 …… 157

5.2.3 契约风险外移的渠道……160
5.3 美国订单农业与期货市场……166
5.3.1 期货市场在现货交易中的应用……166
5.3.2 期货市场在订单农业中的应用……166
5.3.3 实现有机结合的条件……168
5.3.4 经验借鉴与启示……169

6 创新契约风险管理——风险防范机制

6.1 契约风险防范的总体思路……173
6.1.1 契约风险的事前防范……174
6.1.2 契约风险的事中控制……174
6.1.3 契约风险的事后补救……175
6.1.4 建立契约风险防范的长效机制……175
6.1.5 明确契约风险防范的主要内容……175
6.2 契约市场外部风险防范机制……176
6.2.1 环境圈层风险防范……176
6.2.2 市场圈层风险的防范……177
6.3 契约市场内部风险防范机制……178
6.3.1 龙头企业……179
6.3.2 产业化农户……183
6.3.3 龙头企业和农户……183
6.3.4 政府部门……185
6.3.5 合作社和大户……191
6.3.6 合作社案例分析……199
6.4 规范契约设计 提高违约成本……203
6.4.1 规范契约设计 防范非犯罪型违约……204
6.4.2 提高违约成本 惩罚犯罪型违约……208
附 录……211
参考文献……243
后 记……251

1 导 论

本章首先从选题的背景、选题的意义展开，接着对本书中涉及的核心概念进行了界定，然后就国内外研究现状进行了综述。

1.1 选题背景与研究意义

1.1.1 选题背景

农业是人类利用太阳能、依靠生物的生长发育来获取产品的社会物质生产部门。农业生产的对象是生物体，获取的是动植物产品。农业一般指植物栽培和动物饲养。因此，农业的本质是人类利用生物机体的生命力，把外界环境中物质和能量转化为生物产品，以满足社会需要的一种生产经济活动。[①]我国在改革开放之前，狭义的农业，仅仅指种植业（在有些场合畜牧业也包括在内）；广义的农业，包括种植业、林业、牧业、副业、渔业。目前，我国的农业仅指种植业、林业、牧业和渔业。

农业是国民经济的基础，在国民经济中占有重要地位。一方面农业是提供人类生存必需品的生产部门。迄今为止，人类所需要的最基本的生活资料及其原料，只能由或者主要由动物产品来提供。因此，不论是过去还是可预见的未来，农业都是人类社会的衣食之源和生存之本。另一方面，农业的发展是社会分工和国民经济其他部门成为独立的生产部门的前提和进一步发展的基础。在古代，农

① 李秉龙、薛兴利：《农业经济学》，中国农业大学出版社 2003 年版。

业是整个社会的决定性生产部门。只是到了近代才形成“纯粹”的农业即现代农业和国民经济其他部门相并立的格局。

农业发展问题是各国政府所面临的最大挑战之一。P.A.Samulon在《经济学》中就此指出：“农业是一个有问题的重要领域，它造成头版新闻，它影响选票的动向。”对农业发展相关问题的研究是一个永恒的课题。作为一个发展中的农业大国，“三农”问题是我国一切工作的重中之重。在解决“三农”问题方面，农业产业化是一条有效的途径。“公司+农户”型农业产业化经营组织作为农业产业化经营的主导形式，对农业产业化的健康发展起着至关重要的作用，本书对农业产业化组织契约风险问题进行系统研究，其目的是为农业产业化的健康发展提供理论支持。

新中国成立以后，中国农业取得了巨大的成就，中国农业和农民为国家的建设做出了巨大的贡献。据统计，1950年至1990年，全国工农业剪刀差10 039亿元，农业税1 359亿元，除去国家对农业的各项投入5 497亿元，农业向工业提供了5 451亿元的资金积累[①]。从近50年的中国经济发展来看，中国农民承担了国家发展几乎所有的压力和改革开放的绝大部分的成本。

中国的经济改革始于农村。20世纪70年代末，作为诺斯意义上的“初级行动团体”，安徽凤阳县小岗村的农民对农村土地产权制度进行了大胆的变革，形成了新的农村土地产权模式，即“集体所有、个人使用”的土地产权制度模式，通过承包农村集体所有的土地，农民平均获得了集体土地的使用权。中国农村家庭承包经营制度的确立，为微观经济主体提供了有效的激励机制，成为促进农业增长和农业技术进步的重要影响因素之一（林毅夫，1994）。在1978年和1984年间，农业生产率大幅提高，农业的年平均增长速度为7.9%，种植业达到5.9%，粮食增产率每年达到4.8%。农民的收入增长也很快，平均每年增长13.9%。而当时城市居民收入平均每年增长8%。短期内不仅解决了困扰国民多年来的粮食短缺问题，而且还产生了

① 贾伟强：《“公司+农户”组织模式的合作机制研究》，江西人民出版社2007年版。

农产品剩余。正是由于家庭联产承包责任制这一次农业生产经营方式的制度创新具有明显的优势，才在全国得以迅速普及和推广，使亿万中国农民摆脱了贫困。但是，随着社会主义市场经济体制的逐步确立，农产品供给短缺局面的结束、中国加入世界贸易组织以及社会化大生产的发展，家庭联产承包责任制也暴露出自身的劣势。

第一，家庭联产承包责任制不能发展农业适度规模经营。家庭承包制形成“家家承包，户户种田”的小规模分散经营格局，与农业产前、产后部门机械分离，难以实现外部规模经济。现代农业表现出特别明显的外部规模经济优势，即通过在不改变产中规模的条件下大幅度增加农业收入。据美国统计，农产品附加值的增长速度远远高于农业产值的增长。以 1982 年的零售价格为即期指数，美国初级农产品产值占居民食品支出总费用的比例，由 1950 年的 47%下降到 1996 年的 24%。而由加工、包装、销售等环节组成的农产品附加值，却由 1950 年的 25%上升为 1996 年的 178%。据统计，1996 年美国用于食品消费的实际支出价值超过 5 000 亿元，其中农业价值仅占 24%，加工、储运、批发和其他服务环节所取得的农产品附加值占 76%（李伟克，1997）。另据典型调查，农产品加工增值部分都在 1 倍以上，有的品种围绕出口创汇发展精深加工，可以增值 10 倍乃至几十倍（王渭田，1995）。再者，现代农业是技术、社区服务设施、交通运输设施等密切相连的。这些外部服务也客观地存在着规模经济。然而，单个的农户由于规模小，同其产前、产后部门机械分离，经营高度分散，一般无法实现这种外部规模经济。

第二，家庭承包制使得农户的市场交易费用高，市场交易效率低。首先，农业生产所涉及的土地、物理资产、人力资产与原材料以及农产品等都具有较高的资产专用性。对于农地的投资一经投入，就不大可能再改作其他用途，这就意味着农业生产投资具有极强的专用性。农业生产的对象，无论是种植业、林业，抑或是畜牧业，都有其固有的生物学属性、自然生长及繁殖规律，对土地、气候、光照条件等，都有各自特殊的要求，各业的原材料、生产方式及技术措施等都不具有互换性。与农业生产多样化的生物生长规律相适应，农业生产中的物理资产也具有较高的专用性。与自然经济“小而全”的生产方式相比，人力资本的专业性也越来越高。其次，农户的市场交易具有较高的不确定性。单个农户规模小，既无法控制市场，也无力依靠自身力量收集足够的市场信息。数量庞大而居住分散的农户由于缺乏必要的信息指导交流，也无从了解他人同一时间作出的决策和计划，往往一哄而上，一哄而下。由于农业生产周期长、作业环节多，许多交易活动在农产品的生产过程中不断发生，使得农户面临较高的交易频率（高燕、杨名远，1998）。可见，分散农户进入生产存在高昂的交易成本，过高的市场交易费用几乎可以把单个农户的全部剩余消耗掉。

第三，家庭承包制在一定程度上限制了农户对先进技术的采用。农户是先进技术的接受者，农业科研机构和农用生产资料工业提供的先进技术成果，只有被农户接受时才会具有经济应用价值。分散经营的单个农户对先进技术的采用受到诸多限制。首先，农户经营规模狭小、资金不足，往往使得他们不能按照经济合理的原则采用新技术，甚至根本无力单独采用某些新技术。其次，由于农村居民科学文化水平低,许多农户缺少了解和运用新技术的必要知识，这对新技术在农户中的及时传播和正确使用形成限制。最后，农村地区通讯和交通设施不完善，使农户和科研机构之间不能及时沟通，使双方的需求难以及时传达和满足。①

第四，家庭承包制中的农户市场竞争力弱，在交易中处于劣势。比如在生产资料市场上，农业生产资料的生产和供应多数掌握在大公司、大企业的手中，被高度垄断。一方面是作为生产资料的购买者和服务需求者的大量的分散农户，另一方面却是作为生产资料出卖者和服务提供者的少量的大公司、大企业。农户处于不利地位，只能是价格的被动接受者，导致生产成本上升。而在农产品市场上，一方面，由于农户数量极多、分散地从事农产品生产和流通，任何一个农户能够出售的农产品只占市场农产品总供给的极小部分，再

① 郭怀亮：《农业产业化经营：两次制度创新》，《集团经济研究》2006年第1期。

加上农产品的同质性，即不同农户生产的同一农产品无质的差别，这决定了农户不具有形成垄断的可能，农产品市场近乎完全竞争市场，任何农户都只能是农产品生产价格的接受者而不能控制或操纵价格。另一方面，农产品的收购、储运、加工和销售多数掌握在大公司、大企业的手中，被高度垄断，农户出售农产品时，往往遭到压级压价，导致农户应得的利润受损。

为解决在市场经济条件下分散经营的小农户与大市场的衔接问题。20 世纪 70 年代，泰国正大饲料公司为了开辟中国市场，由公司向农户提供技术服务和种鸡饲料等生产资料，带动农民家庭发展养鸡业，使公司得以在中国站稳脚跟并获得发展。这就是我国较早一批“公司+农户”的实践，称之为“正大模式”。这也是我国农业产业化发展的最初形式。在此基础上也萌生发育出多种产业化组织经营形式，其经营内容涉及种养业、加工运输业、商业等农村各个行业，并取得了显著的经济效益和社会效益。

1983 年，广州市江高镇江村养鸡场依靠技术培育出优质的“江村黄鸡”。之后，该场向农户提供种苗、饲料、技术等产前、产中及产后的收购服务，并形成“公司+基地+农户”的产业化模式，即“江高模式”。[①] 这是改革开放之后我国最早出现的龙头企业与农户之间通过契约方式联结的组织形式，这种方式大大降低了农户专业化经营的市场交易费用、风险和不确定性，促进了区域性农业生产专业化。

1987 年，山东省诸城市提出了“商品经济大合唱”及贸工农一体化的发展思路，得到山东省委的肯定并在全国推广。到 20 世纪 90 年代初期，诸城市实行的以龙头企业带动农户的贸工农一体化的实践，得到广大群众和基层干部的承认。随后，山东寿光市又积极探索出了以市场带农户的产加销一体化经营模式。1993 年，山东省潍坊市率先提出“确立主导产业，实行区域布局，依靠龙头带动，发展规模经营”的农业发展战略。同年 4 月，山东省农委组成专门调查组，对潍坊及其所辖县市的农业产业化经营情况进行调查，随后

① 徐忠爱：《公司和农户契约选择与履约机制研究》，中国社会科学出版社 2006 年版。

向省委、省政府提交了《关于按产业化组织发展农业的初步设想与建议》的报告，这是国内最早正式提出“农业产业化”概念的文件。

农业产业化经营的兴起和发展，是“继家庭承包责任制和乡镇企业‘异军突起’之后的又一伟大创举”[①]。农业产业化在全国的推广实施始于1995年。1995年3月，《农民日报》发表了《产业化是农村改革与发展的方向》一文，并提出“产业化是农村改革与发展的方向”，“产业化是农村改革自家庭联产承包责任制以来又一次飞跃”。同年12月11日，《人民日报》在报道山东潍坊经验的同时，配发了《论农业产业化》的社论，社论把农业产业化概括为：“它是以国内外市场为导向、以提高经济效益为中心，对当地农业的支柱产业和主导产品实行区域化布局、专业化生产、一体化经营、社会化服务、企业化管理，把产供销、贸工农、经科教紧密结合起来，形成一体化经营体制。”至此，农业产业化的思想在全国广泛传播，引起广大实际工作者和理论界的广泛关注，并得到中央决策者和农业部的充分肯定。

就农业产业化的作用，尤小文认为[②]：农业产业化一是减少了农户市场交易频率、交易的不确定性与市场风险，降低了市场交易费用；二是农业产业化实现了农工商一体化，降低了农户的产前投入成本，提高了农户的产后流通与加工的部分收益，增加了农户的外部规模经济；三是农业产业化增强了农户的组织性，提高了农户的市场竞争力。

作为农业产业化的主导形式的“公司+农户”组织，是以公司或集团企业为主导，以农产品加工、运销企业为龙头，重点围绕一种或几种产品的生产、销售，与生产基地和农户实行有机的联合，进行一体化经营，形成“风险公担，利益共享”的经济体。“公司+农户”组织发展的主要特点是，龙头企业与农产品生产基地和农户结成紧密的贸工农一体化生产体系，其最主要和最普遍的联结方式是合同契约。这种组织通过市场牵龙头，龙头带农户，形成产加销一

① 牛若峰：《农业产业一体化经营的理论与实践》，中国农业科技出版社1998年版。
② 尤小文：《农户经济组织研究》，湖南人民出版社2005年版。

条龙、农工商一体化，结成利益共同体。推动“公司+农户”组织的蓬勃发展的基础，在于交易费用节约。它克服了传统的分散农户规模小、技术水平低、经营风险大而不稳定等诸多缺陷。众多实践和理论研究均表明，“公司+农户”产业化经营组织有利于解决小生产与大市场的矛盾、有利于促进农村产业结构的调整、有利于降低交易费用、有利于提高农业抵御自然风险和市场风险的能力。

然而，这种组织在现实运行中，其弊端也日益暴露出来，主要表现在公司与农户之间的利益机制、风险机制不完善，难以形成严格意义上的“风险共担、利益共享”的制度保障，导致实践中公司与农户之间的契约关系不稳定，违约率普遍较高。公司与农户的双重违约行为严重阻碍了“公司+农户”模式的发展壮大。如早在2001年《经济参考报》即报道称，我国2000年订单农业契约兑现率不足20%，有80%左右的订单成为一纸空文。据有关调查，在16 984个存在契约关系的龙头企业中，有高达38%的龙头企业取消了农产品的保护价收购承诺。刘凤芹研究指出农业契约违约率高达80%。[①]另据，《中国经济周刊》2005年4月18日一项报道称，订单农业这一被国际经验证明有效并被定位为中国农业实现产业化和现代化的经典模式，进入中国10年后，因其不到20%的订单履约率而显得似乎水土不服。到底是什么原因导致了订单农业履约率如此之低？

2004年4月安徽阜阳劣质奶粉曝光，浙江乐清被查出是劣质奶粉的生产源头之一，包桥和赛诺在内的5家奶粉生产厂家全部被查封。城门失火，殃及池鱼，乐清的167户奶农的产业链突然断裂，每天生产的15吨牛奶“无家可归”，一时间白花花的牛奶全被奶农倒掉。2008年河北三鹿集团“毒奶粉”事件的爆发，可以说是中国奶业的一次大地震。此外，蔬菜烂田、水果烂市早已是司空见惯的事情。这不能不令人深思，“公司+农户”组织到底哪里出了问题？因此，对于农业产业化组织的风险问题研究，特别是契约风险的研究尤为重要。对契约风险的研究在一定意义上说就是抓住了问题的

① 刘凤芹：《不完全合约与履约障碍——以定单农业为例》，《经济研究》2003年第4期。

关键，从而加深了对农业产业化经营风险的认识，拓展了对农业产业化经营风险问题研究的领域，从理论上对这种现象给予解释应该是一项很有价值的工作。

1.1.2 研究意义

1. 研究的理论价值

本书研究的农业产业化组织的契约风险问题，是农业产业化经营系统内部组织的契约风险问题，这是一个很少有人涉及而又是一个十分重要的问题。农业产业化经营面临巨大的风险，但从本质上看这些风险均为契约风险，因此，对于契约风险的研究抓住了农业产业化经营的本质特征即契约关系，对农业产业化组织契约风险的研究也就抓住了问题的关键，从而加深了对农业产业化经营风险的认识，拓展了对农业产业化经营风险问题研究的领域。

在研究方法上，本书借鉴西方管理学者在风险管理理论和实证研究上已有成熟的研究成果，已经将其广泛运用于企业的风险管理理论、不确定性理论、信息经济理论、制度经济学理论、博弈论及其研究方法，移植到农业产业化组织的契约风险的研究之中，采取定量和规范研究的方法，对农业产业化组织的契约风险作一些探索。通过研究，揭示农业产业化组织契约风险形成机理，探讨契约风险的评估方法，在微观层面上提出科学的防范和控制风险的方法和体系，为风险管理理论、方法及技术研究与农业产业化经营研究相结合从而形成一个新的研究领域提供一些尝试；在宏观层面上，对丰富风险管理理论，保障我国农业产业化经营健康发展，具有较高的理论参考价值。

2. 研究的实践价值

农业产业化组织通过契约实现了组织内部的分工协作，合作的结果，公司可以确保以较低的交易费用和适宜的价格获得稳定的原料来源；农户可以以较低的交易费用按照较为稳定的价格销售自己的农产品，并在信息、技术和生产资料等方面得到优惠的服务，从而降低了市场风险。然而，在以“公司+农户”为主要形式的农业产业化经营中，契约是不完全的，公司与农户之间的契约关系受制于双方所追求的契约目标，两者的目标函数往往又不是完全一致的。公司和农户都是追求自身利益最大化的经济人，在实际经营中，当市场价格高于契约事先约定的价格时，农户存在着把农产品转售于市场的强烈动机；相反，当市场价格低于契约事先约定规定的价格时，公司更倾向于违约、毁约再从市场上进行收购，当其经营困难时，一些公司常常不顾农民利益，甚至有意转嫁风险。由此可见，公司与农户的契约结合只不过是不同利益主体之间的外部结合，契约的风险使得双方总是根据自己的利益选择策略。在缺乏有效的利益风险分摊机制和约束机制的情况下，产业组织中契约关系可能出现终止，农业产业化组织也将退化甚至解体。

令人遗憾的是在大量有关农业产业化问题的研究中，关于风险问题的研究，特别是关于农业产业化经营中公司与农户间的契约风险问题的研究，却少之又少，且缺乏必要的广度、深度和系统性，这是一个被学术界长期忽略的问题。为此，本书选取的这一特殊视角下的研究，对于推动契约农业的发展、完善农业产业化组织、防范农业产业化经营风险和促进农业产业化经营健康发展具有重大理论意义和现实意义。

1.2 相关概念界定

1.2.1 农业产业化概念界定

农业产业化（Agriculture Industrialization）是一个科学的概念。在英语词汇中“产业”与“工业”是一个词，都是“Industry”。“产业化”与“工业化”也是同一个词，即“Industrialization”。按照现代汉语的解释，“化”有着“转变成某种性质或状态”的含义，如绿化、机械化、工业化等。农业虽然早已有之，但在我国它作为一个现代意义上的产业，却是不成熟的，不完整的。农业产业化，实际上就是要在发展现代农业过程中，打破部门分割，使它逐步成熟、完整起来，真正成为一个现代意义上的产业，也就是实现产业化。因此，农业产业化的概念，在这个意义上是完全讲得通的，是科学的。①

在我国，农业产业化这一概念出现在1993年。农业产业化作为市场经济条件下推进农业和农村经济改革与发展的一种思路，最初是由山东省提出来的。②农业产业化在中国是一种独特称谓，是"农工商一体化""产供销一条龙"经营的简称。它与20世纪50年代发达国家开始的"农业一体化"（Agriculture Integration）过程中形成的"农业综合经营"（Agribusiness）、"农业纵向协调"（Agriculture Vertical Coordination）、"农业产业化"（Agroindustrialization）本质上基本一致。只是起源的背景条件、历史作用、具体形式等存在着差异。对于农业产业化这一概念经济学界在很长一段时间内存在较大的争议。

北京大学中国经济研究中心林毅夫教授提出，农业产业化作为一种在市场经济条件下适应生产力发展需要的崭新的生产经营方式和产业组织形式，实质上是生产的专业化。农业产业化是经济发展的必然趋势。在自然经济状态下，是谈不上农业产业化经营的。20世纪90年代，随着经济的发展，我国非农人口逐渐增加，由此引起农产品商品量需求的增加。商品量的多少决定农业生产的专业化程度。为了适应市场扩大的需求，农业生产必须采取专业化的方式。专业化促进规模经济越来越大，生产成本也就越来越小，从而使得那些非专业生产农户的生产变为不合算的行为。因此，产业化就成了经济较发达地区农业生产的必然选择。专业化的程度取决于市场规模的大小，它的形式也是多种多样的。

经济学家樊纲强调，农业产业化主要有两点：其一，作为一种产业的农业，必须像其他产业一样，能够取得规模效益，即使不能

① 课题组：《实现农业产业化的理论与实践研究》，《软科学》2000年第1期。
② 张永森：《山东农业产业化的理论与实践探索（上）》，《农业经济问题》1997年第10期。

在生产的全过程上取得规模效益，至少也要在某些环节上取得规模效益，形成农业开发的大型企业，这样才能打破传统小农业的局限。其二，作为一种产业的农业，必须像其他产业一样获得一份平均利润，这样才能使农业投资具有微观经济的合理性与可持续性，才能与其他产业的投资成比例地不断增长。

中国农业科学院农业经济研究所牛若峰研究员指出，农业产业一体化是“农工商、产供销一体化经营”的简称。国际上把这一进程叫做“农业一体化”。它的微观载体西方多称为“农工综合企业”，前苏联叫做“农工综合体”。“农业产业化”是针对传统计划经济体制下农业产业被割裂，农业再生产各环节的内在联系被割裂的问题提出的，“产业化”意在把人为割裂了的产供销各环节重新连接起来，构成涵盖农业扩大再生产全过程的完整的产业链条，以市场为导向，以加工企业或合作经济组织为依托，以广大农户为基础，以科技服务为手段，通过将农业再生产过程的产前、产中、产后诸环节联结为一个完整的产业系统，实现种养加、产供销、农工商一体化经营，是引导分散的农户小生产转变为社会化大生产的组织形式。

1995 年 12 月 11 日的人民日报社论《论农业产业化》一文对农业产业化的定义是迄今所见到的较为完整、全面、科学的定义。这篇社论对农业产业化的定义是：“农业产业化是以国内外市场为导向，以提高经济效益为中心，对当地农业的支柱产业和主导产品，实行区域化布局、专业化生产、一体化经营、社会化服务、企业化管理，把产供销、贸工农、经科教紧密结合起来，形成一条龙的经营体制。”从此，农业产业化的提法被理论界和广大基层干部群众所认可。

考察以上关于农业产业化的概念，可以确定农业产业化的基本内涵为：① 以市场为导向。农业产业化是市场经济的产物，农产品只有依据市场需求的动向，组织生产、加工和销售，才能生存和发展。② 以“龙头”企业为依托。在农业产业化经营中，“龙头”企业起着把小规模分散经营的农户与国内外大市场衔接起来的桥梁与纽带的作用，因此只有依托“龙头”企业的带动，农业产业化经营的优越性才能发挥出来。③ 以一大批农户组成的农产品商品生产基地为基础。农业产业化经营必须形成小规模大群体式的农产品商品基地，实行种植区域化、生产专业化、产品商品化、经营集约化，才能为“龙头”企业提供大批量、高质量的农产品。④形成农工商有机的产业链。即将农业生产部门、农产品加工部门和产品销售部门有机结合在一起，使农民生产的农产品由工商部门实行保护价收购，同时，也使农产品加工和经销部门有可靠的货源。⑤农业产业化经营产业链中的各经济主体之间，形成一定程度的利益共同体。这里主要是指龙头企业与基地农户之间必须形成一定程度的风险共担、利益共享的共同体。这是农业产业化经营链条之间的凝聚力之所在，也是农民获得利润返还、提高比较效益的利益机制。[①]

1.2.2 龙头企业概念界定

龙头企业（Leading Enterprise），即农业产业化龙头企业，它既具有一般工业企业的本质特征，同时又具有自身的显著特征。本书所研究的龙头企业是指涉农龙头企业，主要是指以农产品生产资料供应、农产品加工或流通为主，通过各种利益联结机制与农户相联系，带动农户进入市场，使农产品生产、加工、销售有机结合、相互促进的涉农工商企业。这些企业一般经济基础雄厚、辐射面广、带动能力强。由于它们在农业产业化经营过程中以从事农业生产资料供应、农产品加工或流通为主，一头连接市场，一头连接农户，在整个农业产业化经营链条上起着“龙头”带动作用，所以把它们形象地称为龙头企业。杨明洪把“龙头企业”定义为：农业产业化经营系统中，依托一种或者几种农产品的生产、加工、销售，一头连接农户，并与农户建立“风险共担、利益共享”的利益机制，另一头连接国内外市场，具有带动农产品生产、深加工、开拓市场、延长链条、增加农产品附加值等综合功能的农产品加工或者流通企业。[②]本书将龙头企业定义为：以农产品加工或流通为主业，通过各

① 农业产业化经营：http://www.cf001.com/2006/8-15/174542-3.shtml。

② 杨明洪：《“公司+农户”型产业化经营风险的形成机理与管理对策研究》，经济科学出版社2009年版。

种利益联结机制带动农户进入市场，使农产品生产、加工、销售有机结合，相互促进，在规模和经营指标上达到规定标准，并经相关部门认定的涉农企业。龙头企业应具备三个明显特征：其一，它的经营或服务内容范围必须以农副产品为主；其二，它必须具有较强的实力、较大的规模，能起到带动辐射作用；其三，它通过一定契约和农户建立起"风险共担、利益共享"的产加销一条龙、贸工农一体化的利益机制和经营机制。

龙头企业根据其隶属关系分为：国家级龙头企业、省级龙头企业、市级龙头企业、县级龙头企业和乡级龙头企业；龙头企业根据其规模大小和带动能力等因素又分为：国家级重点龙头企业、省级重点龙头企业、市级重点龙头企业、县级重点龙头企业。

根据国家有关部委联合下发的文件规定，重点龙头企业（国家级）的标准：一是我国东部地区的企业固定资产达5 000万元以上，近3年销售额在2亿元以上，产地批发市场年交易额在5亿元以上。二是经济效益好，企业资产负债率小于60%；产品转化增值能力强，银行信用等级在A级以上（含A级），有抵御市场风险的能力。三是带动能力强，产加销各环节利益联结机制健全，能带动较多农户；有稳定的较大规模的原料生产基地。四是产品具有市场竞争优势。重点龙头企业应建成管理科学、设备先进、技术力量雄厚的现代企业，成为加工的龙头、市场的中介、服务的中心。

目前，对于国家级龙头企业官方权威的定义是："农业产业化国家级龙头企业是指以农产品加工或流通为主，通过各种利益联结机制与农户相联系，带动农户进入市场，使农产品生产、加工、销售有机结合，相互促进，在规模和经营指标上达到规定标准并经全国农业产业化联席会议认定的企业。"①申报农业产业化国家级龙头企业必须达到以下标准：① 企业组织形式。依法设立的以农产品加工或流通为主，具有独立注入资格的企业。包括依照《公司法》设立的公司，其他形式的国有、集体、私营企业以及中外合资经营、中

① 参见《农业产业化国家重点龙头企业认定及运行监测管理暂行办法》（农经发〔2001〕4号）。

外合作经营、外商独资企业，直接在工商行政管理部门登记开办的农产品专业批发市场等。② 企业经营的产品。企业中农产品加工、流通的增加值占总增加值 70%以上。③ 加工、流通企业规模。总资产规模：东部地区 1 亿元以上，中部地区 7 000 万元以上，西部地区 4 000 万元以上；固定资产规模：东部地区 5 000 万元以上，中部地区 3 000 万元以上，西部地区 2 000 万元以上；年销售收入：东部地区 1.5 亿元以上，中部地区 1 亿元以上，西部地区 5 000 万元以上。④ 农产品专业批发市场年交易规模：东部地区 10 亿元以上，中部地区 8 亿元以上，西部地区 6 亿元以上。⑤ 企业效益。企业的总资产报酬率应高于同期银行贷款利率；企业应不欠税，不欠工资，不欠社会保险金，不欠折旧，不亏损。⑥ 企业负债与信用。企业资产负债率一般应低于 60%；企业银行信用等级在 A 级以上（含 A 级）。⑦ 企业带动能力。通过建立可靠、稳定的利益联结机制带动农户（特种养殖业和农垦企业除外）的数量一般应达到：中东部地区 3 000 户以上，西部地区 1 000 户以上；企业在农产品加工、流通过程中，通过订立契约、入股和合作方式采购的原料或购进的货物占所需原料量或所销售货物量的 70%以上。⑧ 企业产品竞争力。在同行业中企业的产品质量、产品科技含量、新产品开发能力居领先水平，主营产品符合国家产业政策、环保政策和质量管理标准体系，产销率达 93%以上。

1.2.3 农户概念界定

农户是人类进入农业社会以来最基本的经济组织。从国内外已有的有关农户的研究与论述来看，学者们从不同的角度对农户或家庭农场进行了概括。我国一些研究农民问题的专家认为，农户不同于农民，农户和农民是两个不同的概念。“农民”这一概念可以从三个方面来理解：① 区位划分。农民是指居住在农村的居民（Villager），它的对立面是城市人。② 职业划分。农民是指以从事农业生产为主的劳动者（Farmer）。③ 身份划分。农民是指不享受国家任何福利的农民，其社会地位相对低下（Peasantry）。[①]有些学者在研究中以家庭经营代替农户。大多数学者从农户与家庭农场的异同方面展开研究。但学者们很少将“农户”与“家庭农场”混用，一般在谈到亚洲国家时使用“农户”，在谈到欧美国家时使用“家庭农场”。[②]黄宗智将新中国成立前的小农户也称为家庭农场。[③]还有学者从发展的角度指出，家庭农场就是种田大户。[④]认为，在一定意义上说，美国最早的家庭农场“近似中国的个体农户”。韩喜平认为，农户（Rural Household）或“小农户”（Smallholder），是以血缘关系为基础而结成的从事农业生产经营活动的农民家庭。[⑤⑥]陈传波、丁士军认为：农户就是指生活于农村的、主要依靠家庭劳动力从事农业生产的、并且拥有剩余控制权的、经济生活和家庭关系紧密结合的多功能的社会经济组织单位。[⑦]

根据以上学者的研究成果，本书所研究的农户是指居住在农村（具有农村常住户口），在农业产业化经营过程中，从事农业生产、农业养殖、农业服务或农业经营管理等的涉农经济组织。这一概念包含以下特征：一是农户是一个以家庭为单位的经济组织，家庭成员共同从事涉农活动，并享有剩余控制权和剩余索取权；二是农户拥有农村常住户口，其居所在农村；三是从农户的生产经营活动来看，其所从事的活动对象是涉农产品。

1.2.4 契约风险概念界定

已有许多学者对契约风险从不同的角度进行了界定，但至今没有形成一个统一认可的概念。王朝全（2007）认为，农业产业化经营面临巨大的风险，从本质上看这些风险均为契约风险。他认为，

① 韩喜平：《农户经营系统分析》，中国经济出版社 2001 年版。
② 尤小文：《农户经济组织研究》，湖南人民出版社 2005 年版。
③ 黄宗智：《华北的小农经济与社会变迁》，中华书局 1986 年版。
④ 胡书东：《家庭农场：经济发展较成熟地区农业的出路》，《经济研究》1996 年第 5 期。
⑤ 韩喜平：《农户经营系统分析》，中国经济出版社 2001 年版。
⑥ http://baike.baidu.com/view/602342.htm。
⑦ 陈传波、丁士军：《中国小农户的风险及风险管理研究》，中国财政经济出版社 2005 年版。

因契约的谈判、签订、履行、监督等活动对农业产业化经营可能产生的影响即为农业产业化经营的契约风险。徐秋慧认为，如果契约是不完全的，或者公司违背契约（即道德风险），就会给农户造成经济损失，形成契约风险。①杨明洪认为，契约风险被定义为契约双方为了经济利益采取不履约的行为所带来的风险，这种风险是传统农业生产经营中从未有过的风险。无论对公司来讲，还是对农户来讲，都是必须面对的风险，它的产生根源是契约市场运行中的不确定性。从这个意义上讲契约风险就是契约市场的风险。②

本书认为在农业产业化经营组织中，公司和农户为实现有效交易通过契约相联结，契约成为连接双方的纽带和桥梁，从而在公司和农户间形成一个内部交易市场，即契约市场。然而，这个市场并非稳定，存在诸多不确定性，致使契约主体双方为了经济利益最大化采取违反契约规定的义务的行为，使对方蒙受一定的经济损失，由此而带来的风险被定义为契约风险，它是农业产业化经营的核心风险。契约风险主要表现为违约，即违反契约规定的义务的行为，它是公司和农户都必须面临的违约风险，其产生的根源在于契约市场的不确定性和契约主体的机会主义行为。

1.3 相关研究综述

1.3.1 国外研究综述

订单农业（Contract Farming）也称为合同农业、契约农业，是指农户和其他企业之间的契约安排，可以是口头的，也可以是书面的，它规定了农产品的生产数量、价格、质量、交易时间以及各方

① 徐秋慧：《论农户生产经营的契约风险与规避》，《山东财政学院报》（双月刊）2006年第4期。

② 杨明洪教授2008年在哥本哈根大学食品与资源经济研究所的报告——《风险形成的圈层结构：关于农业产业化经营风险的一般理论分析框架》。

在农产品生产过程中的责任和义务（Rehber，2002）[①]。订单农业是一种重要的农业垂直协作模式。实际上，订单农业被视为对农户即期市场交换方式的替代，即订单农业契约为参与双方提供一个相对稳定、交易成本低于（普通）市场的“准市场”（Lajili et al，1997；[②] Rehber，2000；Key Nigel &Mcbride，William，2003[③]）。Barkema 认为产业化出现的主要原因，是为了更好地适应消费者需求和偏好变化的需要。农业产业化在带来益的同时，同样也存在许多风险和问题。[④]

国外的研究主要是从农业产业链纵向协调的角度对农产品生产、分配关系进行分析。在西方，农业产业化或称农业产业一体化（Agricultural Integration）是第二次世界大战以后农业发展的新特点（牛若峰，1998）。它于 20 世纪 50 年代产生于美国，以后在欧洲、日本及其他国家被广泛推广。农业纵向协调（Agricultural Vertical Coordination）由迈厄尔和琼斯于 1963 年提出的。纵向协调的联结方式主要有两种：一种是契约制一体化，即各个环节的利益关系由契约联系起来；一种是公司制一体化，即各环节内部化到一个企业，所有权由一个主体所掌握，进行统一的指挥和管理。

Jill E. Hobbs 应用交易成本理论对农业纵向协调问题进行了研究。他认为交易成本主要是由交易的不确定性、交易频率及资产专用性决定的，而这些特征又由产品特性决定。产品特性包括产品易损性、产品的差异性与质量的多变性和可判别性。产品特性又受技术、管制及社会经济的影响，如产品的责任法和产品的安全法，使得食品加工者必须花费更多的精力去发现合格的供应者，这将提高

① Rehber, Erkan, 2000: Vertical Coordination in the Agri-food Industry and Contract Farming: A Comparatives Study of Turkey and the USA. Food Marketing Policy Center Research Report No.52, University of Connecticut.

② Lajili, Kaouthar., et al.,1997:Farmers Preferences for Crop Contracts. Journal of Agricultural and Resource Economics,22(2):264-280.

③ Key Nigel &Mcbride,William,2003:Production Contracts and Productivity in the U.S.Hog Section. American Journal of Agricultural Economics,85(1):121-133.

④ Barkema, A., 1993:Reaching Consumers in the Twenty-first Century: the Short Way around the Barn. American Journal of Agricultural Economics, Vol.75 1126-1131.

交易成本；技术进步会影响产品特性，进而影响交易成本。[①]

Peter Bogetoft and Henrik Ballebye Olesen 为了研究各种订单的内在规律，他们把现代交易成本理论、契约理论与实践结合起来，构建了一个对农业订单具有全局性、系统性指导作用的实证分析框架，并通过对丹麦农业中 8 份具体订单个案的实证检验提出，设计订单时，必须考虑以下三个方面的问题:一是协调问题。订单设计，必须要确保参与者的产品在适合的时间和地点生产出来。二是激励问题。订单设计，必须保证每一个参与者都有足够的动力去参与订单并共同履行订单，降低机会主义行为。三是交易成本问题。订单设计，必须既要保证协调、激励方面的要求，又要尽可能降低交易成本。[②]

面对订单农业发展过程中出现的问题，国内外专家、学者也给出了一些解决方案。运用不完全契约经济学理论论证得出加大专用性投资可提高企业与农户协作成功的概率这一结论，但同时又可能产生一种可占用的专用性准租，即“敲竹杠”(Hold-up)现象(David A. Henessy 等，1999)。[③]为了解决“敲竹杠”问题，经济学家设计出许多契约，如收益分享契约、成本分享契约及由第三方仲裁等方法，但由于信息成本过高或信息不对称，导致难以实现次优结果(Aghion，P.and Tirole，1994)。S.R.Asokan 和 Gurdev Singh 认为对农户而言，选择产业化生产的最大好处在于远离反复无常的市场波动，获得稳定的价格；最大的风险在于农户将进入一个全新的产业组织关系，对合作的公司、庄稼和技术一知半解。当市场上存在多个买主时，农户有机会主义倾向；当市场近似于垄断市场时，公司有

① Hobbs, Jill E., 1999: Increasing Vertical Linkages in Agri-food Supply Chain: A Conceptual Model and some Preliminary Evidence. Research Discussion paper No. 35, University of Saskatchewan, August.

② Peter Bogetoft and Henrik Ballebye Olesen, 2002: Ten Rules of Thumb in Contract Design: Lessons from Danish Agriculture. European Review of Agricultural Economics,June 29, 2, AB I/ INFORM Global.

③ David A. Hennessy and John D. Lawrence, 1999:Contractual Relations, Control and Quality in the Hog Sector. Review of Agricultural Economics, Volume 21, Number1.

机会主义倾向，专用性资产投入有助于克服机会主义行为。[①] Henssey等用不完全契约理论对美国生猪的契约生产进行了研究。他认为由于从事生猪养殖的农场往往有大量的设施投入，容易形成专用投资，如果不与肉猪加工企业签订相关契约，就容易形成“套牢问题”。他还研究了契约长短期与风险分摊问题。[②]

关于衍生品市场防范市场风险与自然风险方面的研究。据统计，美国 90%以上的粮食都进行了期货、期权套期保值，同时美国已有为数不少的农产品加工厂利用天气衍生品（Weather Derivatives）来为其订单分散自然风险（M. garman，C.Blanco and R.Erickson，2000；Jewson，S. and Caballero，R.，2003）。Stecen Wolf 等人认为，即使是在产业化生产条件下，由于信息不对称会引起农户道德风险和机会主义行为发生，所以要通过要素投入控制、生产监督、质量评定、收益分享等手段来控制道德风险。[③] Hueth 和 Ligon 应用信息经济学的道德风险模型，对企业与农场主之间的契约安排进行了研究。研究结果表明，在设计契约农业的价格条款时，企业不能完全承担价格风险，而必须使契约的价格与产品质量相联系。也就是说，企业在承担价格风险的同时，也要求农场主承担质量风险。[④]Rusten 以墨西哥为案例，对发展中国家契约农业的发展问题进行了研究，他们通过案例分析认为契约农业要成功，契约条款的设计、契约人的选择、风险基金的安排非常重要。[⑤]Zylbersztajn 应用交易成本理论，对巴西东北部 1 523 户参与西红柿订单市场的农户履约情况进行的定量分析表明，农户的履约率与农户经营的规模成正向关系，规模越大的农户履约率越高；农户离农产品销售的距离越近，农户违约

---

① S.R.Asokan and Gurdev Singh, 2003: Role and Constraints of Contract Farming in Agro-Processing Industry.Indian Journal of Agricultural Economics: Jul-Sep.

② David A. Hennessy and John D. Lawrence, 1999:Contractual Relations, Control and Quality in the Hog Sector. Review of Agricultural Economics, Volume 21, Number1.

③ Stecen Wolf, Brent Hueth, Ethan Ligon, 2001:Policing Mechanisms in Agricultural Countries. Rural Sociology 66(3).

④ Brent Hueth, Ethan Ligon, 1999:Review of Agricultural Economics, Vol. 21, No. 2 (Autumn - Winter).

⑤ Rusten,David, 1996:Contract Farming in Developing Countries:Theoretical Aspects and Analysis of some Mexican Cases. Espanol.

的概率越大；价格随行就市的契约比固定价格的契约履约率高。[①] Eaton 等则通过对世界各国，特别是发展中国家订单农业发展的研究表明，订单农业的成功发展取决于多方面的因素：农户的要求、企业的销路、契约的设计、政府的法律、农业技术的推广等可以为订单农业的发展创造条件。[②]Beckmann Boger 应用交易成本理论对波兰 306 家参与订单的生猪养殖户的履约情况进行了实证研究。研究结果表明，只有 38.5%的被调查养猪户愿意通过法庭来保障契约的履行。造成这种现象的原因不是因为法庭效率低，而是因为使用法庭履约要支付成本，只有在收益高于成本时，农户才会使用。[③] Tregurtha 和 Vink 通过对南非农村农产品生产者与销售者的订单履约情况进行研究得出结论：契约双方的信任关系比正式的法律制度在保证契约履约方面更有效。

1.3.2 国内研究综述

1. 关于“公司+农户”组织中契约关系的研究

周立群、曹利群应用交易费用理论和契约经济学理论，从契约角度对公司与农户的契约关系进行了富有创意的研究。他们认为，龙头企业主要是依靠契约来联结和带动“龙身”“龙尾”的发展，根据契约对象和性质的不同，龙头企业有两种契约形式可供选择：一是要素契约，二是商品契约。并且认为，二者具有一定的通融性和互补性，在一定的制度安排下，商品契约可以趋于稳定。[④]吴秀敏、林坚应用格鲁斯曼—哈特—穆尔模型（Grossman — Hart — Moore，

① Zylbersztajn, Decio,Tomatoes and Courts, 2003:Strategy of the Agro-industry Facing Weak Contract Enforcement. School of Economic and Business, University of Sao Paulo, Brazil, Worker Paper, August.

② Eaton, Charles, Shepherd and W. Andrew, 2001: Contract Farming Partnerships for Growth. FAO Agricultural Services Bulletin, Vol 145.

③ Beckmann, Volker and Boger, Slike, 2002: Contract Enforcement in Transition Agricultural Theory and Evidence from Poland. Annual Conference Paper of International Society for the New Institutional Economics, Septembe.

④ 周立群、曹利群：《商品契约优于要素契约——以农业产业化经营中的契约选择为例》，《经济研究》2002 年第 1 期。

GHM 模型）较深入地研究了农业产业化经营中契约形式的选择依据。他们认为，在农业产业化经营过程中，龙头企业与农户之间利益的联结方式是采用要素契约还是商品契约，不能一概而论。具体而言：① 如果农户的投资决策是无弹性的，则适宜采取要素契约；② 如果农户的投资变得相对缺乏生产力，则适宜采取要素契约；③ 如果龙头企业的资产和农户的资产互为独立，则适宜采取商品契约；④ 如果龙头企业经营人员的人力资本是必要的，则适宜采取要素契约；⑤ 如果龙头企业经营人员的人力资本和农民的人力资本都是必要的，则无论采取要素契约或是商品契约都是可行的。若放宽对龙头企业的资金、风险中性等假定，龙头企业与农户的联结是采用要素契约还是商品契约，可能更多地取决于龙头企业一方的意愿。[①]刘凤芹用不完全合约理论分析了我国农产品销售合约的问题，认为合约是不完全的，并把不完全合约的不完全性区分为两种具有本质区别的不完全性："通常意义上的"不完全性和"注定"不完全性。对前一种情况，可以采取市场和行政、法律的手段；而对后一种情况，经济学和法律均没有较好的解决方案。[②]王朝全认为契约关系不仅贯穿于农业产业化经营的全过程，而且是农业产业化经营的基石；可以毫不夸张地说，没有契约关系，就没有农业产业化经营。

2. 关于"公司+农户"模式契约稳定性问题的研究

生秀东的系列论文应用交易费用经济学理论和契约经济学理论，从市场角度考察了订单农业的运行机理和稳定性。他指出，订单农业的实质是在龙头企业和农户之间形成了一个"准市场"，即龙头企业和农户为了节约交易费用而签订一个不完全契约，这个契约的实质是为双方提供了一个相对稳定、交易成本低于（普通）市场

① 吴秀敏、林坚：《农业产业化经营中契约形式的选择：要素契约还是商品契约——一种基于 G—H—M 模型的思考》，《浙江大学学报（人文社会科学版）》2004 年第 10 期。

② 刘凤芹：《不完全合约与履约障碍——以订单农业为例》，《经济研究》2003 年第 4 期。契约即合约，故有的学者称"不完全契约理论"，实质相同。契约在现实生活中通常称合同，故本书中的契约、合约、合同都指契约，为尊重引文及适应读者日常生活习惯未做统一，特此说明。

的“准市场”，这个准市场既不同于农业一体化组织内部的管理和控制关系，也不同于（普通）市场上的交换关系，准市场的特征在于既有市场属性，又有一定的企业属性，计划和市场两种资源配置方式相互渗透、融为一体，从而降低了运行费用，提高了运行效率。[①]周立群、曹利群在总结山东省莱阳市农业产业化经验的基础上指出：为了提高龙头企业与农户契约的稳定性，有必要引入组织中介，形成新的组织形式——“龙头企业+合作社+农户”或“龙头企业+大户+农户”，这样可在一定程度上有效地节约交易成本和抑制机会主义行为发生。[②]邓宏图的研究视角虽有所不同但其结论却与此相似，他认为一种介于市场交易和完全一体化的中间形态即“公司+农户+基地”的合约形式集中了市场高能激励和企业行政效率的双重优势，因而“公司+农户+基地”合约是一个具有比较效率优势的稳定合约。[③]侯军岐、郭红东等学者提出：通过保护型、返利型契约，即龙头企业收购农产品时设定一个最低保护价或让农户分享一部分加工、流通环节的利润，以减少农户的事后机会主义行为从而达到稳定合约的目的。[④]赵西亮、吴栋、左臣明指出在农业契约稳定中，关键是风险分担机制的设计，有关增加专用性投资、提高农户信誉、加强法律约束的建议都不能增加农业契约的履约率，农户的联合和企业的保险作用应该是解决农业契约履约率过低的基本方向。还有不少学者对影响契约稳定性的因素进行了实证研究，他们的研究结论也支持了上述观点。[⑤]如邓宏图和米献炜、周立群和邓宏图分别对内蒙古

① 生秀东：《劣市场、准市场与农业产业化——“公司+农户”运行机制探析》，《上海经济研究》2001年第9期。生秀东：《订单农业的运行机理和稳定性分析》，《中州学刊》2004年第11期。

② 周立群、曹利群：《农村经济组织形态的演变与创新——山东省莱阳市农业产业化调查报告》，《经济研究》2001年第1期。

③ 邓宏图：《“‘公司加农户加基地’与‘企业一体化’的‘历史主义’解释——来自塞飞亚公司和农户的签约证据”》，载黄少安主编：《制度经济学研究》第四辑，经济科学出版社2004年版。

④ 郭红东：《充分发挥农产品行业协会的作用推进农业产业化经营》，《中国农村经济》2002年第5期。

⑤ 赵西亮、吴栋、左臣明：《农业产业化经营中商品契约稳定性研究》，《经济问题》2005年第3期。

塞飞亚公司与农户的契约关系进行了个案研究，研究结果显示企业与农户之间的信誉建设和专用性投资起到了稳定契约关系的作用。[①]尹云松等通过对安徽省 5 家龙头企业与农户的商品契约稳定性的个案研究表明，在公司选择守信的前提下，产品专用性是决定商品契约稳定性的首要因素，在产品专用性强的情况下，商品契约稳定性不受与公司签约的农户类型的影响，所有契约是非常稳定的。[②]

3. 关于公司或农户产业化经营中违约问题的研究

薛昭胜认为，"公司+农户"发展中遇到的障碍主要表现为高违约率。违约行为表面上是农户与龙头企业的短期行为，而内在的根源则是利益风险机制不健全。[③]周立群、曹利群对公司与农户双方的违约现象进行了解释。他们指出：在"公司+农户"模式中，公司与农户的机会主义行为已暴露无遗。当市场价格高于双方契约中事先规定的价格时，农户存在把农副产品转售给市场的强烈动机；反之，在市场价格低于契约价格时，龙头企业则更倾向于违约而从市场上进行收购。由此，他们得出结论：在履行契约时，总会有一方采取机会主义行为，而不仅仅是潜在的。[④]贾伟强、贾仁安认为对于"公司+农户"模式中公司与农户的双重违约行为的解释，要回到经济学中的"委托—代理"理论上来，从"委托—代理"理论出发可以很好地解释"公司+农户"模式中的双重违约行为。[⑤]黄祖辉和蒋文华从缔约各方的信息是不对称的角度进行分析，认为信息的非对称特点对农产品产销合同的产生和履约具有特别重要的意义。事前的外生性信息不对称，会产生"逆选择问题"；事后的内生性信息不对称，

---

① 邓宏图、米献炜：《约束条件下合约选择和合约延续性条件分析，《管理世界》2002 年第 12 期。周立群、邓宏图：《为什么选择了"准一体化"的基地合约——来自塞飞亚公司与农户签约的证据》，《中国农村观察》2004 年第 3 期。

② 尹云松：《公司与农户间商品契约的类型及其稳定性考察》，《中国农村经济》2003 年第 8 期。

③ 薛昭胜：《期权理论对订单农业的指导与应用》，《中国农村经济》2001 年第 2 期。

④ 周立群、曹利群：《农村经济组织形态的演变与创新——山东省莱阳市农业产业化调查报告》，《经济研究》2001 年第 1 期。

⑤ 贾伟强、贾仁安：《"公司+农户"模式中的公司与农户：一种基于委托——代理理论的解释》，《农村经济》2005 年第 8 期。

会产生“道德风险”，所有这些都影响合同的产生和履行。[①]裴汉青从经济学的角度进行分析，认为违约收益高于违约成本是违约发生的根本原因。[②]王爱群把违约的原因分为主体原因和客体原因。主体原因：农户和公司在不完全合约中同时具有有限理性和投机性；客体原因：博弈双方在生产经营中的资产专用性。[③]此外，还有众多学者从其他理论视角对订单农业的高违约率进行了研究，诸如博弈论（薛昭胜，2001；谭砚文，2003）、不完全合约所导致的敲竹杠问题（黄祖辉，2002；刘凤芹，2003）、产业组织理论（蒋永穆、王学林，2003；侯军岐，2003）以及法学理论（史建民，2001；王肃，2004）等。一些学者也就如何提高履约率提出了很好的建议。张兵、胡俊伟提出必须进行一系列的制度安排来创新“龙头企业+农户”的组织模式，稳定和规范组织交易行为和利益关系，其途径是规范和完善合约、成立中介组织、进行专用性投资以及建立风险分担机制等。[④]尹梦霞认为，推行信用证、银行保险，以及大力发展期货市场、建立政策性农业保险制度等能有效地管理毁约风险，提高订单农业的履约率。裴汉青认为要保证合约的有效履行必须提高违约成本，降低违约效益，强化合约的规范化管理，实行从签约到履约的全程控制；发生违约时不仅要对违约行为进行处罚，而且要对违约造成的损失予以全面补偿。张淼在《农业产业化：一种长期合约的违约问题》一文中，给出了降低违约风险的措施：信誉与合作、专用性资产投资、将股份合作制引入农业产业化。[⑤]刘凤芹对提高履约率的政策建议也有不同的看法。她认为增大违约处罚的力度或强制执行合约乍听是一种不错的方法，然而细细推敲却发现是难以实行的；最

① 黄祖辉、蒋文华：《农业与农村发展的制度透视——理论述评与应用分析》，中国农业出版社 2002 年版。

② 裴汉青：《农业产业化经营中的违约行为及其矫正》，《经济问题探索》2005 年第 12 期。

③ 王爱群：《基于博弈理论的农业产业化经营合同违约率问题分析》，《中国经贸导刊》2007 年第 15 期。

④ 张兵、胡俊伟：《“龙头企业+农户”模式下违约的经济学分析》，《现代经济探讨》2004 年第 9 期。

⑤ 张淼：《农业产业化：一种长期合约的违约问题》，《边疆经济与文化》2005 年第 12 期。

低限价和最高限价或指数跟踪价格、利益保护型合约也是不可行的（获得确认信息的成本太高或是因不具有可操作性而难以实施）。由此她得出了一个重要的政策性结论：合约的签订并非是市场风险的完全转移。[①]赵西亮等的一项研究部分地支持了刘凤芹的结论。他们认为：在法律不能完全强制执行的情况下，契约农产品市场价格波动性越大，事后的履约率会越低；加强法律约束，提高契约强制执行力度，短期内可增加履约率，长期内却会造成“公司+农户”契约市场的缩小乃至消失；有关增加专用性投资、提高农户信誉、加强法律约束的建议都不能提高农业契约（订单农业）的履约率；农户的高风险规避特征，决定了其机会主义的行为规则。[②]

4. 关于农业产业化经营中风险问题的研究

众多学者对农业产业化经营风险类型进行了深入的研究（薛昭胜，2001；孙良媛、张岳恒，2001；刘凤芹，2003；萧晓东、谢宝剑，2003；孙敬水，2003；等等）。他们认为其类型主要有：自然风险、市场风险、体制风险、信用风险（违约风险）、道德风险。孙良媛、张岳恒通过对我国农业从计划经济向市场经济转型进而渐渐步入完善的市场经济进程中出现的特点进行分析后指出，农业的自然风险已经让位于市场风险或体制风险与市场风险等的相互交织。[③]陆文聪、西爱琴研究了农业产业化中农户面临的经营风险，认为合约风险是农户面临的主要风险，并从农业产业化外部及内部产前、产中、产后各生产环节的角度，考察和评判了当前产业化农户面临的主要经营风险及其应对措施的有效性，最后认为提高农户组织化程度以实现经营主体平等、完善土地流转机制以提升土地经营的专业化与规模化、设立产业化基金以补偿农户风险损失和推广农业保险以防范自然风险，是有效弱化产业化农户风险的关键。[④]徐秋慧认为

① 刘凤芹：《不完全合约与履约障碍——以订单农业为例》，《经济研究》2003 年第 4 期。
② 赵西亮、吴栋、左臣明：《农业产业化经营中商品契约稳定性研究》，《经济问题》2005 年第 3 期。
③ 孙良媛：《转型期农业风险的特点与风险管理》，《农业经济问题》2001 年第 8 期。
④ 陆文聪、西爱琴：《农业产业化中农户经营风险特征及有效应对措施》，《福建论坛》（人文社会科学版），2005 年第 7 期。

在以“公司+农户”为主要形式的农业产业化经营中，契约是不完全的，公司有可能违背契约，给农户造成契约风险，并分析了农户契约风险的内在规律，探讨规避契约风险的制度安排：引进期权定价机制、订立和健全长期契约、健全社会信用制度和加强法规法制建设。[①]王朝全认为契约风险乃是农业产业化经营的真正风险。另外，有的学者提出要重视风险分析、通过适当的农业产业化形式合理配置风险（王德应，1999）；有的学者区分了农业生产的一般风险与农业产业化经营风险、提出了增强抗风险能力的对策思路（张叶，2001）；还有学者提出了构建农业产业化风险防范机制的必要性和具体措施（曾福生，2002；杨明洪，2002）。[②]罗东明的博士论文《我国农业产业化经营及风险问题研究》，通过总结国内外农业产业化经营风险防范的基本经验，运用马克思主义的经济理论和西方经济学的相关理论对中国农业产业化经营的风险诱因、风险评估、风险防范体系建立等诸多问题进行了系统地讨论。[③]杨明洪教授认为“公司+农户”型农业产业化经营的风险管理是一个实践上急需解决的问题，也是理论上需要探讨的问题。他在《“公司+农户”型农业产业化经营风险的形成机理与管理对策研究》一书中结合当前我国“公司+农户”型产业化经营发展的现状，将“公司+农户”型产业化经营面临的主要风险纳入了一个统一框架，建立了一个关于订单农业风险形成的分析框架。以此为基础，针对“公司+农户”型产业化经营风险的形成机理，提出了微观风险管理对策和宏观风险管理对策。

通过上述相关文献的介绍与简评我们不难发现，20世纪80年代末以来国内关于农业产业化发展的理论研究的文献日渐增多，人们对农业产业化经营中的风险管理理论的研究也日渐深入，但与此同时，也存在以下几个方面的研究不足或空白，急需进一步深入研究。

① 徐秋慧：《论农户生产经营的契约风险与规避》，《山东财政学院学报》（双月刊）2006年第4期。

② 杨明洪：《农业产业化的组织效率及其决定》，《四川大学学报》2002年第4期。

③ 罗东明：《我国农业产业化经营及风险问题研究》，东北农业大学博士论文2005年。

（1）有关农业产业化经营问题研究的文献较多，而有关农业产业化经营风险问题研究的文献却少之又少，且缺乏必要的深度。理论和实践证明，能否有效防范或化解风险是决定农业产业化经营成功或失败的分水岭。

（2）针对农业产业化风险而言，现有的研究较多地停留在交易成本理论和不完全契约理论的运用以减少交易主体的机会主义倾向和道德风险上（如合约的事先设计、事后的监督等）。同时，这些研究也无法防范市场风险，尽管也有少数涉及利用期货、期权理论防范市场风险的研究，但是如何架设衍生品市场与交易主体间的桥梁之研究尚不多见，且对衍生品市场交易、分散风险机制的认识与普及尚待深入。

（3）现有的有关农业产业化经营风险管理研究的文献中，对农业产业化经营的自然风险、市场风险、体制风险、技术风险、政策风险和道德风险等研究的较多，但对农业产业化经营中契约风险进行系统研究的文献尚未见到，可以说契约风险问题的研究还是空白，而契约风险又是农业产业化经营的核心风险。

（4）在研究方法上，用理论描述和定性研究的较多，而从实证角度研究的则显得尤为缺乏，特别是将现代企业风险管理的理论移植到农业产业化经营风险管理上来进行实证研究的还不多见。

以上研究的不足为本书的研究提供了研究空间。

2 农业产业化组织及契约关系

2.1 “公司+农户”组织概述

2.1.1 国外农业产业化组织契约模式

契约模式也叫合同模式，指私人工商业或合作社与农场主签订契约，在明确双方严格的经济责任的基础上，以直接的业务往来向对方提供服务的一种经营方式。

1. 美国契约制（合同制）模式

美国的契约制一般有三种类型：① 生产合同。规定向农场供应种畜种禽、饲料及其他市场设备等物质，规定这些物质的价格及向农场提供信贷等；② 销售合同。对农场规定供货数量、供货期限、产品的质量和规格及农产品价格等；③ 市场销售合同。这是上述两种合同的结合，20 世纪 80 年代以来，市场销售合同的比重明显增大。

契约制在战后成为美国私人公司与农业结合的一种主导类型，尤其是自 20 世纪 70 年代起，美国政府逐步通过与颁布了很多限制大型工商企业直接参与农业生产的法令。如 1971—1975 年间，俄克拉荷马、堪萨斯、密苏里等州都制定了这类法令，迫使大型工商企业只能主要依靠契约来控制农业生产，通过签订契约进行生产与销售的农产品在全国农业总产值中所占比重日益增大。1960 年这个比例为 15.1%，1970 年为 17.2%，1980 年为 22.9%，2003 年达到 40%，个别部门甚至达到 90%以上（参见表 2.1）。

表 2.1 美国农业契约制农产品占总农产品比例

分类类型	1960 年	1970 年	1980 年	2003 年
总体契约制	15.1%	17.2%	22.9%	40%
种植业	8.6%	9.5%	14.3%	—
畜牧业	27.2%	31.45%	38.4%	—

资料来源：根据陈怡等《国外涉农企业与农户处理利益的经验与启示》和黎均堪等《美国农业合同制概况及其启示》整理得到。

美国的契约制在畜牧业部门较为流行，根据美国统计部门的统计，实行契约制的农产品产值占总产值的情况是：种植业 1960 年占 8.6%，1970 年占 9.5%，1980 年占 14.3%。只有那些具有特殊需求的品种较多地采取契约制，如高赖氨酸玉米和麦芽饲料玉米、硬粒小麦等。畜牧业实行契约制的农产品占总产值比例 1960 年为 27.2%，1970 年为 31.45%，1980 年为 38.4%。其中，鲜牛奶、肉鸡与火鸡生产中实行契约制的比例，1980 年分别为 95%、90%与 62%。[①]目前美国农业采取契约制的比例为 75%。

2. 法国契约制（合同制）模式

在法国，带头组织农业一体化的通常是食品公司。法国约有 200 家食品加工企业，其中有合作社办的，但主要的是私营食品公司，约占食品企业的 70%以上。法国的私营食品企业，一种是产供销一体化的大型企业集团，其数量不多。另一种是某一个环节的专业化经营企业。由于法国的农场与美国相比较小，因此这类食品企业通常要与多家农场签订契约。它们大多数于年初与农户订立收购契约稳定货源，收购价格往往高于合作社，对农民有一定的吸引力。契约签订后，企业有权指导农户的生产，并按契约的规定，向农场主提供市场资料和收购农产品，在很大程度上解决了每户购买生产资料和销售农产品的困难，从而在客观上也起到了把分散的农户生产纳入一体化经营体系的作用。相对于美国企业，法国公司与农场主之间的关系更紧密。

① 黎均堪、罗朝晖：《美国农业合同制概况及其启示》，《世界农业》1998 年第 2 期。

3. 日本契约制（合同制）模式

日本的契约制模式的典型特征为“加工企业+农协+农民”。这种形式主要应用在畜牧产品、蚕茧、甜菜等生产加工行业中。加工企业与产地农协签订合同，收获后产品由基层农协向农民收购，集中外运转售给加工企业，加工企业加工后再出售。这些加工企业往往是一些大型垄断企业，如北海道地区的三大牛奶加工厂（雪印、森永和明治）就属于此类。

以上主要介绍了三个国家的农业产业化契约制模式。这些契约制模式中，农场主与私人工商企业是各自独立的经营实体。这些契约模式不改变联合各方的经营独立性，而是通过契约作为制度和法律保证，界定各利益主体间的利益分配关系。契约模式的优势在于：形成契约过程简单，双方合作的运行成本低，可发挥农户积极经营与企业市场决策两个方面的优势，经营更为灵活主动。不足之处在于：由于各类工商企业处于强势地位，分散的农户不具备有利的谈判条件，契约内容中权利义务失衡难以避免。如缺乏有效的监督机制，则难以保护农民的合法权益。另外，由于是契约交易，双方均存在因市场风险而产生违约行为的可能性，激励双方履约的成本较高。

2.1.2 我国农业产业化组织概述

自 20 世纪 80 年代初期起，我国东南沿海地区，在市场化进程中开始打破农业经营的非专业化陷阱，走上了一条农业专业化的道路，这就是中国农业产业化的兴起与发展。经过几十年的发展，我国农业产业化经营取得了显著成效。截至 2006 年年底，全国各类农业产业化组织总数达 154 842 个，带动农户 9 098 万户，从事产业化经营的农户年均增收 1 486 元，比 2005 年分别增长 14.1%、4.3%和 11.2%。

1. 我国农业产业化组织的特征

（1）龙头企业综合实力不断增强。全国各类龙头企业达到 71 691

个，占产业化组织总数的 46.3%，同比增长 17%，其中销售收入亿元以上的龙头企业达 4 779 家，同比增长 19.2%。各类龙头企业固定资产总值 9 782 亿元，占全部产业化组织固定资产总值的 76.4%，同比增长 12.3%；销售收入 24 188 亿元、净利润 1 597 亿元、创汇 263 亿美元、上缴税金 775 亿元，分别比上年增长 31.3%、35.1%、13.9%、32.2%。创汇 1 000 万美元以上的龙头企业 624 家，同比增长 28.1%，出口额 150 亿美元，占农产品出口总额的 48.3%。[①]

专栏：国家级农业产业化龙头企业去年销售过万亿

2009 年，农业部会同全国农业产业化联席会议各部门，采取有效措施帮助农业产业化龙头企业解决突出困难。龙头企业积极应对危机，在逆境中取得长足发展，为保增长稳就业促增收作出了突出贡献。2009 年，894 家国家重点农业产业化龙头企业资产总额达 1.19 亿元、销售收入 1.43 亿元、利润总额 583.6 亿元，同比分别增长 20.6%、11.6%、9.7%；带动农户 4 668.4 万户，同比增长 7.6%。

据了解，去年上半年，农业部对省级以上 1 000 多家重点龙头企业开展跟踪调查，针对企业订单大量减少、出口大幅下降、部分企业歇业停工等情况，向国务院作了专题报告；并组织了 2 000 多家省级以上重点龙头企业参加第七届中国国际农产品交易会，贸易成交额达 420 亿元；与安徽省人民政府举办了农业产业化交易会，180 多家省级以上龙头企业签订投资贸易项目 180 个、金额 158 亿元；会同吉林省人民政府举办玉米产销衔接会，企业签订玉米购销售协议 586 万吨。同时，供销总社也组织供销系统农业产业化龙头企业参加中国西部博览会。财政部、国家税务总局指导督促各地认真落实企业所得税优惠政策，提高了部分农产品出口退税率。

资料来源：http://www.sdny.gov.cn/art/2010/7/5/art_4081_234884.html。

（2）中介服务组织发展加快。全国带动农户参与产业化经营的

① 危朝安：《全面提升农业产业化经营整体素质和水平》，《社会主义经济理论》2008 年第 5 期。

各类中介服务组织达到 70 874 个，占产业化组织总数的 45.8%，同比增长 12.7%；实现销售收入 3 128 亿元，同比增长 14.8%。农民专业合作组织（指从事产业化经营供应，有组织章程且登记在册会员 50 人以上、年销售收入 100 万元以上）19 847 个，同比增长 31.8%。

（3）“公司+农户”模式一直是最主要的组织形式。表 2.2 显示，截止到 2005 年，龙头企业带动型产业化经营组织为 61 268 个，占产业化经营组织总数的 45.1%；合作社等中介组织带动型为 62 914 个，占产业化组织总数的 46.4%；专业市场带动型为 11 543 个，占产业化组织总数的 8.5%。专业市场带动型和其他类型所占比例先增后减，呈现下降趋势。

表 2.2　农业产业化经营组织形式统计表

组织形式 ＼ 年份	1996	1998	2000	2005
龙头企业带动型（个）	5 381	15 088	27 000	61 268
占组织总数比	45.51%	49.93%	41.00%	45.10%
合作社等中介组织带动型总数（个）	3 384	8 024	22 000	62 914
占组织总数比	28.62%	26.44%	33.00%	46.40%
专业市场带动型总数（个）	1 450	4 848	7 600	11 543
占组织总数比	12.26%	15.98%	12.00%	8.50%
其他类型总数（个）	1 600	2 384	9 600	—
占组织总数比	13.61%	7.85%	14.00%	—

资料来源：根据牛若峰《中国农业产业化经营的发展特点与方向》,《中国农村经济》2002 年第 5 期，以及农业部农业产业化调查相关资料整理。

在这些组织形式中，从数目和比例来看，龙头企业带动型（即“公司+农户”）模式一直是最主要的组织形式。

（4）利益联结方式多元化。各类产业化组织与农户的利益联结方式主要有四类：契约方式、合作方式、股份合作方式和其他方式。其中，采取契约关系是农业产业化经营组织与农户利益联结的最主要的方式，其总数从 1996 年的 70.80%下降为 1998 年的 55.68%和 2000 年的 49%，到 2003 年略有上升，为 51.9%，2005 年为 55.3%。

采取合作关系的组织比重从1998年的9.2%增加到2000年的14.0%，2003年下降为12.6%，2005年有所增加，为16.0%。股份合作关系从1996年的18.8%下降为1998年的11.19%，然后从2000年的13.0%上升为2003年的13.3%，2005年的15.2%。[①]

（5）区域发展不平衡性。总体看来，农业产业化经营组织地区间分布很不平衡，从东部到西部呈递减趋势，中东部和中部所占比例分别下降10.7个和5.5个百分点，西部所占比例相应增加16.2个百分点。这在很大程度上从一个侧面表明了地区条件的差异和区域经济发展的不平衡。同时也表明东西部农业产业化发展的不平衡性开始逐步缩小，但要大体均衡还有相当一段差距（参见表2.3）。

表2.3 农业产业化经营组织地区分布情况

年份与分布	东部	中部	西部	合计
1996年组织总数（个）	6 613	4 334	877	11 824
地区分布比（%）	55.9	36.7	7.4	100
1998年组织总数（个）	14 588	13 588	2 188	30 344
地区分布比（%）	48.07	44.78	7.15	100
2000年组织总数（个）	32 344	21 198	13 146	66 000
地区分布比（%）	48.5	31.8	19.7	100
2005年组织总数（个）	43 000	29 000	22 000	94 000
地区分布比（%）				

资料来源：根据牛若峰《农业产业化经营发展的观察和评论》（《农业经济问题》2006年第3期）和农业部农业产业化调查相关资料整理。

从以上情况可以看出，在我国农业产业化组织模式中，“公司+农户”模式占主导地位，其次是合作社模式。原因在于我国农户居住分散、规模狭小，构建农民组织的成本很高，而采取“公司+农户”模式，可以降低构建成本，又可以发挥经营主导灵活的特性，所以“公司+农户”模式成为我国农业产业化的主导模式。但与外国农业

① 根据牛若峰《中国农业产业化经营的发展特点与方向》（《中国农村经济》2002年第5期）和农业部农业产业化调查相关资料整理。

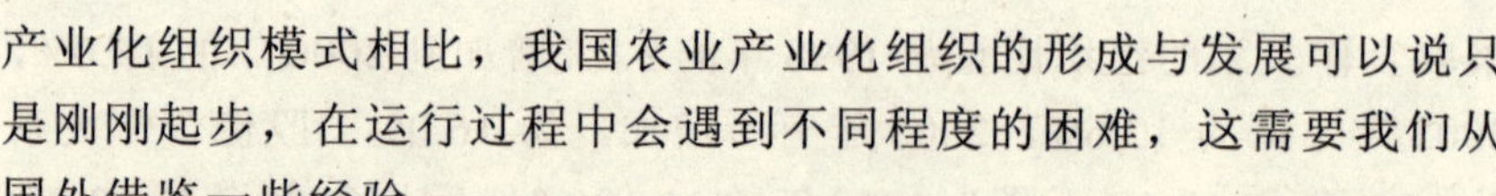

产业化组织模式相比，我国农业产业化组织的形成与发展可以说只是刚刚起步，在运行过程中会遇到不同程度的困难，这需要我们从国外借鉴一些经验。

2. 我国农业产业化组织的类型

中国学术界在农业产业化模式的类型问题上基本取得了共识。[①]袁秀华等（1999）认为按照农业产业一体化链条中各经营主体（龙头企业、农户等）联结的方式来划分，我国农业产业化经营组织模式有三种类型：市场买卖型、合同契约型和共同资产型。关锐捷（2000）将中国农业产业化模式归纳为公司企业带动型（“公司+农户”）、市场带动型（“专业市场+农户”）、合作经济组织带动型（“合作社+农户”或“公司+合作社+农户”）和专业协会带动型（“专业协会+农户”）。牛若峰（2002）的调研表明，在中国农业产业化模式中居于首位的是龙头企业带动型，居于第二的是合作经济等中介组织带动型，居于第三位的是专业市场带动型。黄祖辉等（2002）从生产和加工阶段投资决策的角度把农业产业化模式分为三类：农户支配型（“合作社+农户”模式、“专业协会+农户”模式）、加工者（公司）支配型（公司办农业模式）和各自支配型（“公司+农户”模式）。刘斌等（2004）认为，按照农业产业化经营龙头企业带动作用的性质可将农业产业化模式划分为龙头企业带动型、市场带动型、中介组织带动型、合作经济组织带动型、主导产业带动型、综合开发集团带动型。张晓山（2006）认为农业产业化模式主要有“公司+农户”“合作社（公司）+农户”和“龙头企业+合作社+农户”三种形式。

因山东省在农业产业化经营方面走在了全国前列，下面笔者即以山东省为例来说明我国农业产业化组织发展的现状（本书其他部分在说明问题时也多以山东省为例，原因即在此）。山东省在农业产业化发展过程中，从整体上来看其组织模式具有多样化特点。

（1）龙头企业带动型：“公司+（基地）农户”。“龙头”企业带

① 郭晓鸣等：《龙头企业带动型、中介组织联动型和合作社一体化三种农业产业化模式的比较》，《中国农村经济》2007年第4期。

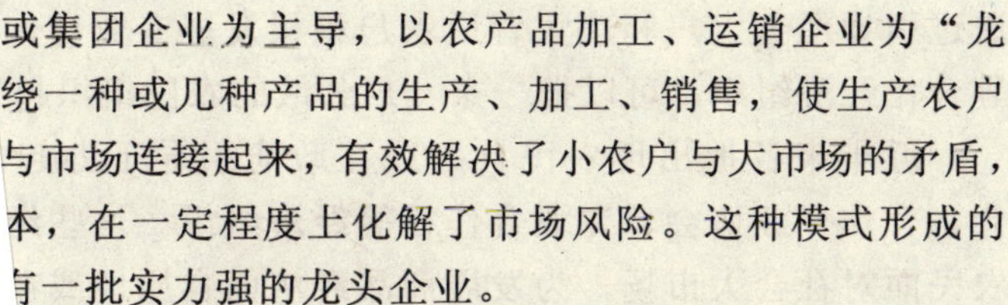

司或集团企业为主导，以农产品加工、运销企业为“龙……绕一种或几种产品的生产、加工、销售，使生产农户……与市场连接起来，有效解决了小农户与大市场的矛盾，……本，在一定程度上化解了市场风险。这种模式形成的……有一批实力强的龙头企业。

莒县城阳街道“龙头企业”领跑现代农业

……食品有限公司是一家集恒温、低温、储藏、加工、……业产业化龙头企业，年加工各种蔬菜8 000余吨，产……美国、加拿大、欧盟等国家和地区。在这家公司的……阳街道发展起了芦笋、大蒜、大姜、荷兰豆等蔬菜……，龙头企业强势起舞，带动了镇域经济与现代农业

……，城阳街道培育了大棚蔬菜、绿化苗木花卉、桑蚕、食用菌、大蒜、禽畜六大主导产业，加强农产品质量标准、检测体系建设和疾病防治体系建设，提高农产品质量。目前，该镇有无公害绿色农产品品牌3个，带动建成1 000亩绿化苗木花卉基地、5 000亩大蒜基地、2 000亩桑蚕基地，奶牛集中养殖基地三处。大湖村、丰家村的无公害蔬菜基地正在建设中。龙头企业的蓬勃发展，促成了现代农业产业链条的延伸。目前，该镇已发展龙头企业28家，其中省级农业龙头企业4家，市级龙头企业6家，吸纳农村劳动力近万人实现家门口就业。

在龙头企业的带动下，现代农业经营效益大幅增加。目前，该镇农民合作经济组织已达26个，拥有会员5 000余名。他们还充分利用区位和交通优势，大力培育蔬菜、大蒜、水果、苗木、花卉等各类农产品专业批发市场18处，形成了“市场+基地+农户”的大流通格局，解决了农产品销售难问题，保证农民增产就能够增收。

资料来源：《日照日报》，2010年9月20日。

（2）合作经济组织带动型：“专业合作社+农户”。在这种模式中，

通过引导经营大户和广大普通农户积极发展专业合作社、专业协会等合作经济组织，可以把一家一户分散的农民组织起来。

近年来各地出现农民自办或在政府引导下办起的各种专业协会、合作专业协会、专业合作社等经济组织。这些经济合作组织是农民面对社会大市场，为发展商品经济而自愿地或在政府引导下组织起来的，具有明显的群众性、专业性、互利性和自助性，都有正式的章程和会员证。合作组织负责组织生产、引进良种、技术指导和收购产品、进行加工或销售等活动；农户按照合作组织的要求进行生产和出售农产品。这种利益紧密结合的产业经营模式，容易被广大农户接受。可以预料，合作经济组织将会成长为我国农业产业化经营的重要组织模式。国际经验证明，没有发达的合作经济，就不会有全国规模的农业产业化经营，也就不会有发达的现代市场经济。合作社或专业协会作为广大农民的联合自助性组织，组织农民共同进入社会化大市场，将市场关系内部化，形成合作制机制，有效地调节和实现成员之间的合法权益，合理分享市场交易利益，比其他组织更为直接，更为农民所信赖。正是由于这种缘故，合作经济组织应当作为聚合性微观经营主体来对待，应被单独列为农业产业一体化经营的一种组织模式，而不能再将其归入与其不相同的“农产联”之类的中介组织。

目前，山东各类农村专业合作经济组织已发展到 9.7 万个，其中专业协会与合作社 2.7 万个。莱阳市已注册各类合作社 218 个，入社农民达 9 万多户，占莱阳市总农户的 40%。这类合作经济组织，大都由农村专业大户牵头，农民自愿参与，自主经营，自我发展，利益共享，风险共担，组织形式多样，经营机制灵活。照旺庄镇农民王宇敏，为解决村民卖菜难的问题，于 1994 年牵头成立起该市第一个专业合作社。合作社根据市场需求，制订生产计划，产品收购实行保护价、订单制，走产加销一体化的路子。在为社员提供生产资料供应、产品销售、科技服务的同时，1999 年还实现利润 2.2 万元，社员由建社初期的 42 户增加到 120 户，股金由 6.35 万元增加至 9 万元，入社农户人均年收入高出全村人均年收入 300 多元。

（3）市场带动型：“专业市场+农户”。要以各地已经建立的各类农产品批发市场为基础，形成一批特色明显、影响力大，辐射带动作用强的大中型专业市场。通过专业市场与生产基地和农户的连接，将农户纳入市场体系，使农户与专业市场之间通过产品这一纽带形成一种相互连接、相互依赖、共同发展、互惠互利的产业化组织关系，带动周边农户从事专业化生产，形成一个规模较大的农产品商品生产基地和几个基地收购市场，使区域性专业批发市场不仅成为基地农产品集散中心，而且成为本省乃至全国范围的农产品集散地。

山东省寿光市在发展“专业市场+农户”这一形式方面很有代表性。寿光市从抓流通发展蔬菜批发市场入手，推动支柱产业的形成和向专业化、规模化、一体化发展。寿光蔬菜批发市场，占地 34 公顷，年销售蔬菜 10 亿公斤，经营额突破 10 亿元，带动蔬菜生产基地 3.1 万公顷，产品销往 24 个省市区的 190 多个大中城市，并在全国 180 个大中城市设立了销售网点。这个批发市场已经成为全国最大的蔬菜交易中心、信息交流中心和价格形成中心。其专门从事蔬菜运销的人员达数万人，其经济收入占到农民收入的 50%。山东农村市场体系建设发展迅猛，仅专业批发市场即达 1 089 个，其中年销售额过亿元的大型专业批发市场 43 处。

专栏：山东寿光蔬菜批发市场

寿光市场接待人员：市场内交易服务部张林宗部长、管理服务公司韩家昌经理、宋志庆老板。

寿光蔬菜批发市场总资产达到了 2.5 亿元，占地 600 亩，是全国首批农业产业化龙头市场。去年（2008 年）交易量 16 亿公斤，交易额 30 亿元，在旺季到来时有近 1.5 万人在市场交易。寿光市还在市场内兴建了国内第一家蔬菜电子拍卖中心，占地面积 2.7 万平方米，日交易量达 100 多万斤，在国内率先实现了蔬菜交易电子化。目前，寿光已成为全国最大的蔬菜批发市场和中转站。寿光蔬菜市场之所以发展为闻名全国的大市场，关键是政府重视，坚持引导与规范并举，实行统一管理、统一票据、统一结算，做到了公开交易、平等竞争、自由议价的市场服务宗旨。他们开通了寿光到北京、哈尔滨、海南的“绿色通道”，设立了网上专卖店，在全国20多个大中城市开展了直供直销、专柜专销，建立了连锁店，带动了全市无公害农产品的发展。

寿光市80万亩蔬菜基地生产的蔬菜占该市场交易量的10%，外省菜占90%。其中张北蔬菜在每年的7、8、9三个月，每日销售量占全部蔬菜交易量的40%以上，日交易量在300吨至1 200吨左右，销售品种以大白菜为主，配以西兰花、莴笋、大白萝卜、橄榄、菜花等。寿光市场在张北收菜的商户大约有100户左右，他们在张北地头收菜后不用打冷，直接进寿光市场，运费在240元/吨左右。我们在寿光考察的同时，已经有齐齐哈尔的白菜开始上市，当地收购价只要0.30元/公斤。而发菜价和张北大白菜的价格却相同。在调查中发现，张北大白菜及其他的蔬菜的包装没有明显标识，包装材料也不像兰州及东北的好，尤其到晚菜时，菜的质量明显降低。

资料来源：http://www.99sj.com/News/182651.html。发布时间：2009-10-15 9:23:20。

（4）中介组织带动型：“中介组织+农户”。这种模式主要使用于目标市场较远和产前、产中、产后各环节专业性较强的领域。这种类型的中介组织主要是经纪人协会、技术推广服务站（所）等。中介组织要按照自愿互利的原则，通过沟通信息、协调关系、合作开发等方式，把农户和中介组织紧密联系起来，结成利益共同体，发挥对农业产业化经营的组织协调作用，推动区域农业产业化发展。

（5）主导产业带动型：“主导产业+基地农户”。许多地方从利用当地资源、发展特色产业和产品入手，多种经营起步，走产业化经营之路，发展一乡一业、一村一品，逐步扩大经营规模，提高产品档次，组织产业群、产业链，形成区域性主导产业和拳头产品。这种“龙型”产业实体在山东中西部地区颇为多见。如莱芜市早在20世纪80年代末，就在县级综合改革中走出了通过增强乡镇政府职能，发展小区域经济，推动县域经济发展的路子。他们根据资源条件和市场需求，确立了生姜、大蒜、鸡腿葱、精细菜、果品、桑蚕、生猪、肉鸡、长毛兔、花生十大主导产业。尤其以“三辣”（姜、蒜、葱)立县，全市建“三辣”基地1.67万公顷，加工企业45处，年加工消化能力7.5万吨。其中生姜加工2.5万吨，占全市生姜产量的12.5%，生姜制成品已发展到十多个品种，1993年“三辣”加工增加收益1 800万元。

2.1.3 “公司+农户”型产业化组织的生成

“公司+农户”组织的生成经历了由实践到理论的不断探索和提升过程。20世纪70年代末，由安徽凤阳小岗村18位农民发起的非正式农业制度变迁逐渐变为一种正式的农业制度，即家庭联产承包责任制。这种制度安排有效地将激励机制和约束机制结合起来，使农民为追求自身利益而主动地适应市场需要从事生产，这样既节省了监督费用，又增强了经济主体的活力，是适合我国农业经营制度的较好形式。

然而，随着经济体制改革的深入和市场体系的逐步形成，家庭联产承包责任制在运行中逐步暴露出了其在制度上的缺陷。农户分散经营，市场交易，面临高昂的交易成本，即事前交易成本和事后交易成本。事前交易成本主要有：信息成本、讨价还价成本、运输成本、专用资产不足的损失和垄断价格的损失等；事后交易成本主要有：市场风险损失、监督费用及监督不足而遭受的损失等。总之，分散经营的农户直接进入市场的交易成本是很高的，特别是对于超小规模经营的农户而言，更是难以支付高额的交易费用。对于龙头企业来说，也面临着搜系信息、讨价还价、对产品质量进行检验、获取足量产品等成本。这些弊端的存在阻碍了我国农业向更高层次发展我们农业的生产经营呼唤新的形式。

制度经济学也可以很好地解释“公司+农户”组织的出现。根据制度经济学的观点，之所以有制度创新，是因为许多外在性变化促成了“潜在利润”的形成。诺斯和戴维斯认为，促进制度变迁的诱因是主体期望获得最大的“潜在利润”。所谓的“潜在利润”就是“外部利润”。但当在现有的制度安排内无法实现这些“潜在利润”时，一些组织或利益群体受“潜在利润”的诱致，就具有了从事制度创新的动机，从而会导致一种新的制度安排的产生。简而言之，制度创新的动因在于更有效率的制度能带来潜在的收益或者减少成本。因此，从原有经济体制内部诱致出制度变迁的需求，“公司+农户”组织就应运而生。“公司+农户”组织产生的初始动因和最终目的都是为了节约交易费。“公司+农户”组织的制度潜力在于：第一，实现农业规模效应；第二，缓解市场风险；第三，降低交易费用。

总之，“公司+农户”组织作为一种制度创新的产物，具有一定的合理性：

一是可以降低农业生产和经营的不确定性。虽然农户与龙头企业签订契约并不能降低由于自然界的复杂性和不确定性以及消费者偏好不可预料的变化而产生的风险，但却可以降低市场风险。农业的市场风险来自农产品的供需特点和农民自身的局限，而和龙头企业签订购销合同，让“龙头”企业取代农民成为农业生产经营的决策者，即农民在一定程度上把经营权让渡给龙头企业，龙头企业是以盈利为目标的理性经济人，它一般拥有一批专门的生产经营决策者，这些人是职业经理人，他们高效率的决策本身就降低了农业生产的风险。此外，当市场出现价格波动时，普通农民往往只能被动应付，而龙头企业由于有广泛的社会网络，灵敏的市场信息，能够在市场上主动寻找最有利于自己的方案应对市场波动。同时，由于龙头企业经济实力远远超过单个农户，社会信用程度高，当市场出现波动时往往能找到比普通农户所能想出的更多的方案去化解风险，增加收益。

二是可以降低交易费用。首先，从现代农业的特点以及所涉及的生产环节来看，中国的广大农户在目前的经济技术水平下，大多很难依靠自身的力量实行规模经济。其次，从流通环节来看，无论是产前的生产资料购买，还是产后的产品销售，单靠农户自身的交涉，交易费用相当高。农户在购买种子、饲料、农药等生产资料时，有关质量方面的信息明显偏向供给者一方，农户往往成为价格的被动接受者。在农产品的销售方面，农户同样处于不利地位，面对变化莫测的市场，农户的预见能力和信息收集能力弱，因此只能将交易局限在比较近的市场，并接受购买者的种种限制。最后，通过农业产业化经营可以节约农户的交易费用，在产前，农户与企业联合起来，具有比单个农户大得多的谈判和组织能力，从而可以降低交易费用；在产中，通过企业，可以对良种推广、技术支持和大型农用机械的使用方面进行协调和组织，可以节约内部的组织成本；在产后，通过企业的协调，扩大了农产品加工、销售规模，延长了农业的产业链，提高了农业的比较效益，也可以节约交易费用。对龙头企业来说，交易费用的节约主要是减少了在销售种子、饲料等方面寻找、评价和签订契约等方面的费用。从理论上来讲，企业在与农户的谈判中处于优势地位，但是由于它规模较大，必须面对众多的农户，因而也增加了它的交易费用。通过与农户的联合，将农业生产的部分环节内部化，农户与龙头企业结成经济利益同共体，龙头企业从而节约了与农户的交易成本。①

三是可以降低源于机会主义的损失。由于单个生产者直接面对生产资料市场和农产品销售市场，在讨价还价和合同的签订时因信息不对称而处于不利地位，交易中完全有可能因对方的投机行为而蒙受损失。而与龙头企业签订合同之后，是龙头企业而非农户直接面对市场，龙头企业具有在市场上谈判的比较优势，可以有效地防范对方的机会主义行为，这样就可以降低源于机会主义的损失。

四是可以降低企业的组织成本。龙头企业通过与农户签订合同，可以利用农户已有的专用性生产工具、农用土地甚至农业生产方式和劳动力，降低了其生产的专项投资费用。同时，又省略了对农业生产全过程的管理和监督，大大减少了管理费用。由于有购销合同的保证，减少了交易费用，如市场搜寻费用、质量监督费用以及产品质量和数量不确定所造成的事后损失等。

但“公司+农户”组织模式的缺陷也逐渐暴露出来，这些缺陷主要在于交易双方利益保障与契约的不稳定性问题。庄丽娟认为“公

① 李秉龙、薛兴利：《农业经济学》，中国农业大学出版社 2003 年版。

司+农户”组织模式的不足之处在于由于各类工商企业处于强势地位，分散的农户不具备有力的谈判条件，合同内容权利义务失衡难以避免。欧阳昌民认为应该完善市场，形成公司之间的良性竞争，改变“龙头”垄断的局面。朱礼龙从博弈角度分析，在公司与农户的合作过程中，追求个人理性，选择自身效用最大化的行为与集体理性往往是冲突的，导致合作博弈难以实现……总之，契约的不完全性留下的“公共空间”，使机会主义成为可能。而契约本身不能对当事人形成有效的约束，使得公司与农户的长期合作机制难以建立。

专栏：公司＋农户：一个概念带富长汀农民（财富关注）

拥有40多万农业人口的福建省长汀县，长期以来留给外界的印象就一个“穷”字。

“这几年来，全县财政收入保持年年增长的势头，正逐步实现着‘县富、乡富、村富、民富’的目标。”长汀县钟勇强副县长说。

“我今年（2000年）养了两批河田鸡，两千多羽，赚了八千多块钱。目前为止，我们认为没有比养鸡更好的致富项目。”大同镇建明村村民曾昭冰满脸笑容地告诉记者。谈起饲养河田鸡，旁边的几位村民感慨道：“说到底，没有政府的扶持，没有河田鸡开发有限公司，没有‘公司＋农户’的运营模式，穷字还不知道何年何月才能抹去。”

一个“公司＋农户”的新概念正渐渐地淡去农民头上的“穷”字。

“我们这个县城毗邻武夷山山脉，森林覆盖面广，生态保持好，没有工业污染，气候适宜，按公司规范养殖的河田鸡完全符合绿色食品的要求，并且很有发展前景。这也就是当初我们推行‘公司＋农户’模式饲养河田鸡的初衷。”福建省长汀县河田鸡开发有限公司董事长邱跃平深有感触地说。对穷怕了的农民来说，养养河田鸡，找个就业出路总比外出打工强。“以往农民都是分散养殖，市场销售没有保障，所要承担的风险就更大。”“现在情况不同了，他们只需把鸡养好，其他的一切全都由我们来做。”福建长汀河田鸡开发有限公司的工作人员告诉记者：“从种苗供应，养殖技术到成品回收，我们提供全程服务，况且，养鸡户都是经过我们系统培训的，就连场地也是我们帮着选的，只有考核合格的农户才能饲养。”

记者在现场采访了几位养鸡大户。“建一个养鸡场所需的各项资金从哪来？”“河田鸡开发有限公司可给有困难的养鸡户提供每户2 000元贷款，鸡苗、饲料费还可以赊账，本金允许成鸡回收以后再还。总之，跟公司合作，不仅减轻了我们农民的负担，更增强了我们的信心。”南山镇朱坊村彭绍忠一脸高兴地说。

“归还资金有什么保障吗？公司为你们提供了什么样的支持？”

村民曾昭冰告诉记者：“从今年（2002年）开始，我们实行了‘五户连保制’，五户养鸡户互相监督，利益共享，风险共担，这就增强了大家的责任感，调动了积极性。而且公司的技术人员每隔十天都会来指导一次，雏鸡的成活率都在90%以上。如果有鸡瘟等突发事件发生的话，打个电话，技术员就会及时赶来为我们免费服务。销售的事根本不用管，我们的工作就是养鸡，公司实行每公斤16元的保护价回收。”

南山镇洋背村农民吴仁珍告诉记者，养殖河田鸡的农户，规模大的年收入在4万元左右，小的也有上万元。“公司+农户”的模式得到了当地农民的极大青睐。这几年来，在长汀掀起了一股养鸡热。公司的一位技术人员深有体会地说：“我们公司是省级科技型民营企业，也是农业产业化全省百家龙头企业之一，公司的河田鸡产业化被科技部列为‘星火计划’和农业科技成果转化基金资助项目，但在4年前我来这里的时候，公司的规模还很小，养河田鸡的人也不多，经过这几年的不懈努力，目前的情况确实令人鼓舞，公司的资产总额已达2 000多万元，养鸡户已经达到了600多户。”

在谈到河田鸡的未来发展时，公司董事长邱跃平告诉记者，长汀没什么可供开发的矿产资源，农民要想摆脱贫困，一定要把河田鸡养好。我们有信心在不远的将来把河田鸡公司发展成为集科研、养殖、加工、销售为一体的科技型的现代企业。我是把它当做终生的事业来看待的，即使遇到再大的困难、付出再大的代价我都愿意。

“作为政府，我们的工作就是做好贷款担保扶持、为农民出谋划策、加大市场管理力度，杜绝假冒产品出现，将这一产业做大做强。”

长汀县政府的副县长钟勇强如是说。

2000年，河田牌河田鸡荣获福建省农业精品展销会金奖，同年6月，经福建省政府批准，“河田”牌河田鸡被授予福建省“名牌农产品”称号，在2001年第四届中国国际农业博览会上，“河田”牌冰鲜河田鸡被评为“名牌产品”。随着知名度的提高，“河田”牌河田鸡的市场也渐渐地扩大，目前产品已进入北京、广东市场。

资料来源：《市场报》，2002年9月27日。

2.1.4 “公司+农户”型产业化组织的含义

1988年8月7日《人民日报》刊登记者蒋亚平撰写的《公司+农户：新的生长点》一文，第一次正式概括了“公司+农户”模式。同年，农业部政策法规司、《人民日报》经济部、中国技术经济研究会等单位组织召开了理论研讨会，会议普遍认为“公司+农户”是农村组织创新与经济发展的一条新路。董雷发表的《发展农村市场经济的有效途径——“公司+农户”》[①]一文，也认为“公司+农户”模式的核心是用契约连接农户，“将生产者、加工者、销售者、经营者结成风险共担、利益均沾的共同体”。杜吟棠认为，对于“公司+农户”的内涵大体上有两种理解：一种见解认为，“公司+农户”是一个特指范畴，是指公司与农户之间通过签约形式建立固定供销关系的经营模式。这里所言的供销关系，是指互惠互利基础的供销关系，而非一般的供销关系。因为公司与农户订立一般供销契约的做法早已有之，而订立互惠互利供销契约的作法则是近年来出现的新举措。持另一种见解的张晓山等则认为，“公司+农户”是一个泛指的范畴，它不仅指公司与农户以签约形式建立互惠互利的供销关系，还包括合资、入股的紧密型联合，也包括不受契约约束的松散型联合。具体形式诸如公司与农民企业家合资办农业企业；公司与农村专业户合作经营，农民出土地、公司出资金、收益按比例分成；农民出土地、劳力，公司提供生产资料，产后由公司定价收购产品，扣除投

① 参见《经济日报》1993年7月8日。

入成本，统一组织销售；公司与农户挂钩经营，公司提供技术、物资、服务，收取一定的管理费。其中，第一种属于国有公司与农民企业家一个人的资本联合，第二种属于国有公司吸收农户土地入股的紧密型联合，第三种属于公司与农户间签约的互惠型联合，第四种则属于双方没有严格约束关系的松散性联合。①周立群、曹利群把“公司+农户”称为“分包制”，并认为公司与农户通过互惠合同的形式（即所谓的“商品契约”）实现了龙头企业与农户利益的连接。刘凤芹把“公司+农户”称为“订单农业”或“契约农业”。张晓山、杜吟棠认为，理论界对农业产业化及其各种模式的含义存在着诸多争论，对“公司+农户”的研究停留在描述阶段，其理论研究不足以支持和指导实践的发展。

本书认为“公司+农户”组织，是指公司与农户之间直接地，或公司通过中介组织与农户间接地，通过签订契约，建立固定供销关系的经营模式，是以契约为联结纽带的组织形态，可以将其称为契约化或契约型的农村经济组织模式，是目前农业产业经营的一种主导组织形态。

2.1.5 “公司+农户”型产业化组织的特征

农业产业化中“公司+农户”契约组织的出现是制度变迁的必然，具有其自身突出的特点，主要表现在如下几个方面：

（1）契约的不完全性。完全市场假设认为，不存在不确定性事件，人对一切事件都能加以预测而且预测精确，因此，人具有完全理性。然而，在有关“公司+农户”契约的讨论中，许多文献都指出，由于现实世界的复杂性和人的有限理性，缔约者要想签订一个包括对付未来任何偶然事件的详尽合约条款是不可能的，因而契约往往是注定不完全的。②由于农户对契约知识的缺乏以及农户与企业之间信息的严重不对称，农户无法预知并通过契约来规定可能出现的不

① 余国服、唐生伟：《汕头建立农业投资公司，加快农村经济向市场经济转变》，《沿海新潮》（汕头）1993 年第 2 期。

② 费方域：《企业的产权分析》，上海三联书店、上海人民出版社 1998 年版。

确定性问题。甚至有的契约人为地设置一些陷阱，存在一定的欺诈性。另一方面企业也无法通过契约来实现对农户行为的监督，无法防止农户“搭便车”，因此，契约双方或三方试图签订一个完备的契约是不可能的。

（2）契约主体的不平等性。完全市场的假设认为，市场交易者众多，每一交易当事人的交易规模有限，并且都只是市场交易价格的接受者，在交易过程中任何一方都不存在垄断地位。因此，契约就是具有自由意志的交易当事人在足够多的交易对象中自主选择并在平等基础上缔结的结果。[①]然而，在“公司+农户”组织中，作为主体双方的公司与农户在地位上显然是不平等的。公司多数市场经济意识强，经济实力雄厚，决策较为科学，还有严密的组织和完善的市场营销系统，通晓政府的经济政策和法律法规，掌握市场信息，处于优势地位。相对而言，农户家庭经营规模偏小，居住分散，资金、技术力量薄弱，市场经济意识往往淡薄，难以准确、充分、及时地捕捉市场信息，评估和辨别信息的能力低，加之农户缺乏代表自身利益的组织依托，这就导致农户在与公司的谈判中处于不利地位，公司事实上成了农户生产的协调者与组织者，农户在很大程度上丧失了生产经营的独立自主性，所签订的契约也大多数为附和契约，以致农户成为公司垄断控制下的“生产车间”。

（3）契约客体的特殊性。公司与农户通过契约进行交易的对象是农产品，农产品往往是生命鲜活体，具有受自然因素影响大、季节性强、生产周期长、易损易耗性强、产品同质性差等自然特性，特别是生物生长过程中自然因素具有很强的不可控性，从而导致农业经营活动往往面临着很高的自然风险，在相当程度上加大了契约的履行难度，从而导致契约效率的低下。

（4）强制执行的不易性。大量研究成果显示，法庭对处理不完全合约，尤其是“通常意义上的”不完全合约，有许多经验和方法，并为合约的完善作出了巨大贡献。但是，法庭裁决的活动范围是有

① 科斯、哈特、斯蒂格利茨：《契约经济学》，经济科学出版社 1999 年版。

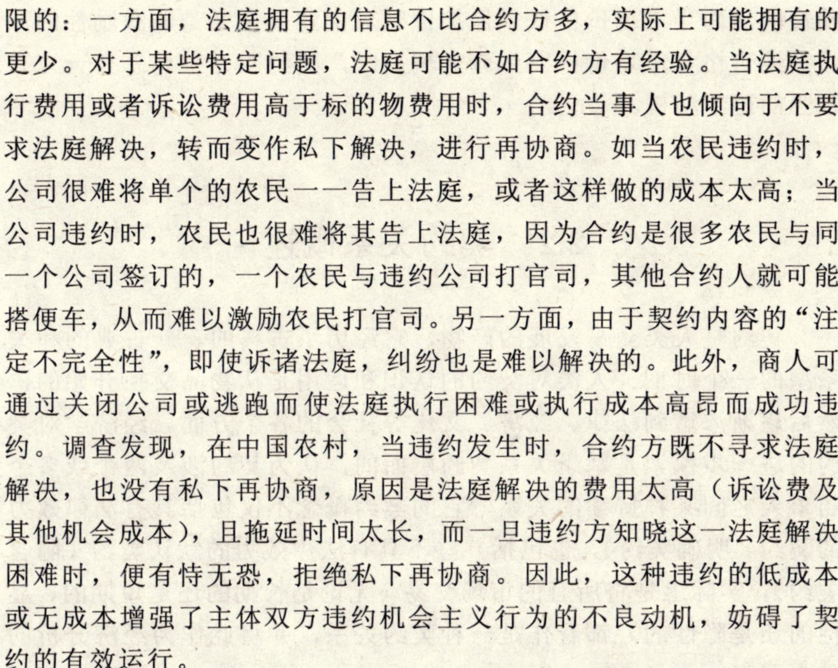

限的：一方面，法庭拥有的信息不比合约方多，实际上可能拥有的更少。对于某些特定问题，法庭可能不如合约方有经验。当法庭执行费用或者诉讼费用高于标的物费用时，合约当事人也倾向于不要求法庭解决，转而变作私下解决，进行再协商。如当农民违约时，公司很难将单个的农民一一告上法庭，或者这样做的成本太高；当公司违约时，农民也很难将其告上法庭，因为合约是很多农民与同一个公司签订的，一个农民与违约公司打官司，其他合约人就可能搭便车，从而难以激励农民打官司。另一方面，由于契约内容的“注定不完全性”，即使诉诸法庭，纠纷也是难以解决的。此外，商人可通过关闭公司或逃跑而使法庭执行困难或执行成本高昂而成功违约。调查发现，在中国农村，当违约发生时，合约方既不寻求法庭解决，也没有私下再协商，原因是法庭解决的费用太高（诉讼费及其他机会成本），且拖延时间太长，而一旦违约方知晓这一法庭解决困难时，便有恃无恐，拒绝私下再协商。因此，这种违约的低成本或无成本增强了主体双方违约机会主义行为的不良动机，妨碍了契约的有效运行。

（5）契约内在的风险性。在“公司+农户”契约中，由于主体双方的目标函数往往并不完全一致，公司与农户通过契约的结合，是不同利益主体之间的外部结合，在信息不完全、不对称的情况下，受机会主义思想驱使，以不诚实或欺骗的方式追逐自身利益最大化的行为是经济人所普遍具有的这就容易导致败德行为。这样，以不诚实或欺骗的方式追逐自身利益的机会主义行为就产生了，其后果就是契约风险的存在。[①]在缺乏有效的风险分担机制和约束机制的情况下，农业产业组织中的契约运行效率将受到影响，农业产业化组织也可能退化甚至解体。

（6）契约的非激励性。契约要规定固定价格来实施，而市场价格却是不断波动变化的。因此，仅仅通过规定价格难以对企业和农户进行有效的激励。当市场价格高于保护价格时对农户而言是非激

① 费方域：《企业的产权分析》，上海三联书店、上海人民出版社 1998 年版。

励性的，而当市场价格低于保护价时对企业来说又是非激励性的。当契约价格与市场价格发生较大偏离时，契约双方主体总有一方有较强的违约动机。

2.2 契约关系概述

契约是人类交易发展的产物，它经历了古典的、新古典的和关系型的三个时期。人类对契约的认识和运用是从物品交换开始的，然后逐渐渗透到法律、经济、文化等社会的各个方面。经济学对契约的进一步探索是基于关系契约层面的，认为契约涉及两个或多个当事人之间某种持续的关系，它的契约概念不仅包括具有法律效力的契约（明确契约），也包括一些不具有法律效力的默认契约（隐含契约），实际上是将所有的市场交易（无论是长期的还是短期的、显性的还是隐性的）都看作是一种契约关系，并将此作为经济分析的基本要素。

契约关系在“公司+农户”组织中具有至关重要的地位。王朝全认为，契约关系不仅贯穿在农业产业化经营的全过程，而且是农业产业化经营的基石；可以毫不夸张地说，没有契约关系，就没有农业产业化经营。不幸的是，迄今为止，尚未有专家学者对此给予应有的重视。

2.2.1 契约的含义

科斯（Coase，1937）首开企业契约理论研究之先河，认为企业是由一系列的契约构成的。之后又有阿尔钦和德姆塞茨（Alchian，Demsetz，1972）、威廉姆森（Williamson，1975、1979、1980）、克莱因等（Klein et al，1978）、张五常（Cheung，1983）、哈特和摩尔（Hart，Moore；1990，1999）、杨小凯和黄有光（Yang，Ng；1994）、西格尔（Segal，1999）以及其他学者对企业契约理论加以扩展。这一派理论的共识是，企业乃“一系列契约的联结”（nexus of contracts）（文字的和口头的，明确的和隐含的）。其中最具影响力的企业契约理论的主要范式是代理理论、交易成本理论和非完全契约理论。

契约是由双方意愿一致而产生相互之间法律关系的一种约定（查士丁尼，1989）。契约（contract）俗称合同、合约或协议。据《法国民法典》（即《拿破仑法典》）1101 条规定“契约作为一种合意，依此合意，一人或数人对于其他或数人负担给付、作为或不作为的债务”。所谓合意，即双方当事人意见一致的状态。

契约在经济学上的概念为，“契约是指两个人或多人间为互相设定合法义务而达成的具有法律强制力的协议”。契约概念的内涵比法律所规定的要宽泛得多，它将所有的市场交易都看作是一种契约关系，并将此作为经济分析的基本要素（李风圣，1999）。契约代表了交易活动各方之间的关系、交易的性质和内容。从理论角度说，契约是财产权利和责任的确定和延伸，关系到所有权及其转移的保障和规则，关系到维护自愿合作和自由竞争的制度基础。

契约是一组承诺的集合，这些承诺是当事人在签约时做出的，并且预期在未来（契约到期日）能够兑现。契约最核心的内容在于，它的条款是状态依存的，对未来可能发生的自然状态中参与者可以采取的行动作出规定，并规定了参与契约各方基于可确证信息的最终结算方式（陈志俊等，2003）。

契约的形式主要有口头形式和书面形式两种。口头形式的契约主要是指公司与农户基于口头协议而订立的合同。口头协议，其优点是简便易行，但缺点是发生纠纷时难以举证，不易分清责任。Eayon 研究表明，在农户规模小，数量多的情况下，公司通过中间组织与农户签订订单的，一般采用口头协议，这样可以节约交易成本，同时，一些大宗农产品也采取口头协议这类形式。书面形式的契约主要是当事人用文字在书面上表述其协议内容的合同。与口头协议相比，书面协议虽然在订立方式上比较复杂，不及口头形式迅速、直接，但其突出优点是将当事人约定的权利、义务、内容予以明确记载，便于履行和监督。同时，在发生争议时，易于取证和分清责任。

Eaton 等的研究表明，这类形式订单主要出现在一些生产较复杂、质量要求比较高的农产品上，如畜禽产品等。农业契约，是指农户与农产品加工、运销、为农户提供服务和农用生产资料等的企业所达成的一致承诺。①

本书在经济人假设的基础上提出契约经济人。契约经济人是指在各种契约约束条件下追求经济效用最大化的人。威廉姆森认为，现实中的人都是契约人，他们无不处于交易之中，并用各种或明或暗的契约来规制他们的交易。因此，契约经济人比经济人更接近于现实社会。契约经济人在现实社会的各种契约约束条件下，基于成本与收益的比较来选择自己的经济行动，以求经济效用最大化。在契约经济人假设前提下，“公司+农户”组织中的龙头企业和农户都是有限理性的契约经济人。他们在各种契约约束下寻求自身经济效用的最大化。龙头企业和农户采用何种模式联结，主要取决于这种联结是否能降低交易费用，使合作的契约各方经济效益大化。

2.2.2 契约关系的类型

1. 古典的、新古典的和关系型的契约关系

新制度经济学结合法学的研究成果，将契约规制形式划分为古典契约关系、新古典契约关系和关系型契约关系。②

（1）古典契约关系无论是在法律意义上还是在经济学意义上，都是一种理想化的契约关系，是一种最简单的交易方式。契约各方不关心契约关系的长期维持，只关心违约的惩罚和索赔，交易往往是一次性的。Durkherim 指出：“在交易中，各种各样的代理人彼此互不了解，当交易完成时，所有的代理人都会隐退并自己依靠自己，良心只是表面上的接触”，它不考虑第三方参与，强调的是法律原则、

① Eaton, Charles, Shepherd and W.Andrew,2001: Contract Farming Partnerships for Growth, FAO Agricultural Services Bulletin, Vol.145.

② 威廉姆森：《交易费用经济学：契约关系的规制》，载陈郁编：《契约制度与市场组织—交易费用经济学文选》，上海三联书店、上海人民出版社 1996 年版。迈克尔：《新社会契约论》，中国政法大学出版社 1994 年版。

正式文件及交易自我清算。在古典契约关系下，契约各方通过市场交换实现协调。

（2）新古典契约关系是一种长期契约关系，意味着当事人关心契约关系的持续，其最根本特点是意识到契约的不完全性。如果发生纠纷，当事人首先通过内部协商解决，如果内部无法达成共识，则诉诸法律，所以它强调建立一种包括第三方裁决在内的规制结构。在新古典契约关系下，契约各方通过协商和第三方裁决实现协调。

（3）关系型契约强调专业化合作及其长期关系的维持，因此契约当事人都愿意建立一种规制结构来对契约关系进行适应性调整。在关系型契约条件下，各方通过契约及背后的权威规定各自的行为规范，实现一定的利益规制和行为协调。

2. 完全契约和不完全契约

按契约条款的完备程度可将契约分为完全契约和不完全契约两类。

（1）完全契约意味着契约双方能够在事前就可能影响双方关系的所有未来事件达成一致，对于未来所可能出现的任何一种事件以及任何事件出现时契约双方的权利、义务、风险分享、契约执行和结果，都能够予以清楚地界定。在完全契约理论中，契约的设计要解决缔约之前如何构造契约最优激励结构的问题，以实现风险和激励的最优分配。

（2）不完全契约则允许协议留有缺口，它意味着契约双方无法在事前就可能影响契约关系的所有未来事件达成一致。显然，古典契约是完全的，而新古典契约和关系型契约则是不完全的。不完全契约理论强调契约执行机制。威廉姆森指出：由于契约的不完备性，缔约后，交易方可能采取机会主义行为，这会使得专用性资产提供方减少提供数量和水平。克莱因认为，参与缔约的一方可能会“敲诈”另一方的专用性可挤占准租金。为了避免和减少这种被“敲诈”行为，可采取两种策略：实行纵向一体化和采取保证契约实施措施。纵向一体化可以通过产权的调整来实现。保证契约实施的措施包括：自我实施机制和第三方裁判机制。

完全契约和不完全契约不是完全对立的理论，两者可以互为补充。完全契约理论的分析优势体现在给定的产权结构环境条件下契约内部的激励和设计上，不完全契约理论的分析优势则集中于事后治理。事后执行机制出现的问题可以为下期契约设计提供思路和依据，而事前的设计机制出现的问题也会在执行中通过各种对策进行消解。①

3. 隐性契约关系和显性契约关系

按契约的性质（形式）可将契约关系分为隐性契约关系和显性契约关系。②

（1）隐性契约关系指合作双方和多方依靠信誉、风俗习惯、地域关系以及其他社会关系建立和维持的一种经济合作关系。在这种契约关系下，龙头企业、中介组织和农户在产权上是相互独立的经济实体。公司对农户的产品采取买断方式，产品价格随行就市。公司或中介组织与农户通过技术培训、技术服务、提供的农业生产资料，建立起相对稳定的合作关系。这是目前许多龙头企业与农户在初始阶段进行合作的最普遍形式，它一般采用公司、中介组织向农户供应良种、优良种畜、种禽，优惠价供应化肥、农药等生产资料，免费提供技术指导、培训，负责收购农户的蔬菜、水果、牛奶等农副产品等具体形式。这种隐性契约关系在现实中大致有三种模式：龙头企业+农户、龙头企业+中介组织+农户、中介组织+农户。农业产业化经营主体采用何种模式联结，主要取决于这种联结模式是否能降低交易费用，使合作的契约各方经济效益最大化。如龙头企业、中介组织直接与农户进行合作的交易费用都要低于“龙头企业+中介组织+农户”这种模式，但为什么这种模式还会存在呢？这是因为不同的农副产品技术含量不同，对不同产品进行鉴别、加工以及对合作方进行监督的成本是不一样的。有了中介组织的介入，虽然交易费用进一步增加了，但也使得龙头企业和农户的合作剩余更大了，即效益要大于成本。所以在某一地域或某一农副产品生产经营中需

① 张明林：《公司与农户间违约率高的成因及对策研究》，《经济学家》2007年第4期。
② 陈远鸿：《农业产业化经营中的契约问题研究》，吉林大学硕士论文2004年。

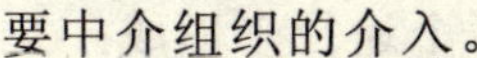

要中介组织的介入。

（2）显性契约关系指农业产业化经营各主体在平等、自愿、互利的前提下，通过合同契约的联结而形成的一种合作关系。契约明确规定了各方的权利和责任，使产供销行为由原来松散、随意的隐性合作关系变为显性合作关系。这种类型的契约将契约各方的关系显性化、规范化、法制化。这种关系的优越性在于，它既保留合作各方经营的自主权，又在一定程度上降低了市场风险和交易费用。它是介于隐性契约关系与要素契约关系之间的一种契约关系，具有相当的灵活性、实用性，因而为广大农业产业化经营主体所采用。从实践来看，这种关系中契约各方所签订的契约内容主要集中在农副产品的价格、质量和数量以及相应的权利和义务上。由于各地的情况不同，契约所规定的内容有很大差别。在价格方面，契约就农产品的基准价格和浮动幅度、差价率、利润率、最高限价和最低保护价等的规定各不相同。有的契约有利益返还义务，有的没有。同时又因契约各方的文化素质、法律意识等方面的差异，进一步增加了契约的不完备性。

4．产品契约关系和要素契约关系

按契约的内容可将契约关系分为产品契约关系和要素契约关系。[①]

（1）产品契约关系是指农业产业化经营各参与主体之间，以产品销售为主要内容，通过隐性或显性契约，或者二者的不同组合而结成的一种合作关系。公司向农户提供种子、栽种材料或者部分生产资料以及生产作业技术。农户将生产（种植）的产品卖给公司。双方就产品的价格、数量、质量以及与生产相关的信贷、技术事项在生产前达成协议，在完成生产后履行协议，并就下一期的生产进行协商。

（2）要素契约关系是指农业产业化经营的各主体以各自的某种生产要素入股或参股，通过股份制或股份合作制的形式组成一个经济实体，各主体之间以此经济实体的运营（要素的联合）来建立和

① 陈远鸿：《农业产业化经营中的契约问题研究》，吉林大学硕士论文 2004 年。

维持的经济合作关系。这种契约关系可以通过两个途径来形成：一是在现存的龙头企业、中介组织和农户之间通过兼并、购买、联合等方式来组建经济共同体，二是农户与农户之间通过要素联合来形成新的龙头企业和中介组织从而形成经济共同体。很显然，无论哪种形成途径都是以要素的联合为纽带的。这种契约关系实际上是隐性契约和显性契约的不同组合。它较好地解决了利益分配问题，真正实现了"风险共担，利润共享"，稳定了龙头企业、中介组织和农户之间的合作关系。但这种契约关系中委托代理问题相对突出。

在美国，订单农业主要分为销售合同（Marketing contract）和生产合同（Production contract）两种类型。销售合同是农产品销售的长期合同，期限可以从几个月到几年不等。在销售合同中企业和生产者就交换时间、地点、价格以及产品的特征等方面达成协议，由生产者负责生产，而企业不参与生产决策。生产合同则不同，它是企业、中介组织和种养户之间签订的合同，在生产过程中企业和中介组织提供饲料、化肥以及必要的服务等，而劳动和设备则由种养户提供。目前该种契约模式在美国的肉禽业、蛋业、肉猪业、肉牛业和特种作物加工业中得到广泛应用。

2.3 农业产业化契约安排

组织作为"一系列契约关系的联结（nexus）"（Jensen & Meckling，1976），其存在的目的与发展的动力在于保证个体目标与组织目标的统一实现。"公司+农户"组织模式的成功在于当这种组织健康发展的时候，可以促进契约双方目标的实现，实现双方效用的最大化。这种组织模式的契约安排本质上是一个激励约束机制的建立过程，契约在保证一方（代理人的角度）效用的基础上，可以实现另一方（委托人的角度）效用的最大化，满足委托—代理理论的基本分析框架。

2.3.1 农业产业化契约成因

在双重委托—代理关系下，存在公司与农户双重违约风险，契约关系的稳定性从理论上来说应该十分脆弱。但是，大量研究证明，“公司+农户”组织仍是我国目前农业产业化的主导形式，并且在未来很长一段时期内仍无更好的模式取代它。因此，从理论上就很有必要对公司和农户间的这种契约关系进行分析。

博弈论认为，企业之间的交易是一种博弈，而且是一种重复动态的博弈，在不完全信息状态下，有可能形成一种均衡，交易双方主体谁也没有打破这种均衡的动机。

下面将构建一个简单的多阶段重复博弈模型，来分析公司与农户契约行为。假设博弈分两个阶段，在博弈的第一阶段，农户可以选择与公司合作：加入产业化组织，也可以选择不与公司合作：进行市场交易。如果农户选择不合作时，则交易过程结束，双方各得 0 个单位收入；如果农户选择合作时，即农产品“卖难”时或认为合作能得到更大的收益时，博弈进入第二阶段，由公司进行决策。此时，公司有两种决策可供选择：履约或违约。如果公司选择履约时，双方各得 10 个单位收入。如果公司选择违约时，则公司得到 20 个单位收入，农户损失 10 个单位的收入（参见图 2.1）。

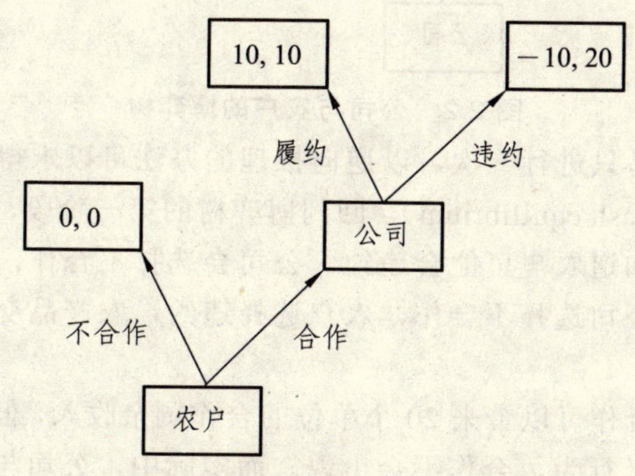

图 2.1 公司与农户的博弈树

假定交易只进行一次，以逆向推理的办法可以求得这个博弈的纳什均衡（Nash equilibrium）。回到博弈第一阶段，如果农户有理性预期，知道公司会选择违约，农户就会选择不合作，其博弈的纳什均衡是：农户选择不合作，公司选择违约。

另外，由于公司与农户之间是双重委托—代理关系，则可以将博弈树中公司与农户的位置互换。假定公司选择合作的情况下，即农产品“买难”时或认为合作能得到更大的收益时，农户将如何决策呢？如果农户选择不合作，则交易过程结束，双方各得 0 个单位的收入；如果农户选择合作时，则博弈进入第二阶段，该由农户进行决策。此时，农户也有两种决策可供选择：履约或违约。如果农户选择履约时，双方各得 10 个单位收入。如果农户选择违约时，则公司得到 20 个单位收入，公司损失 10 个单位的收入（参见图 2.2）。

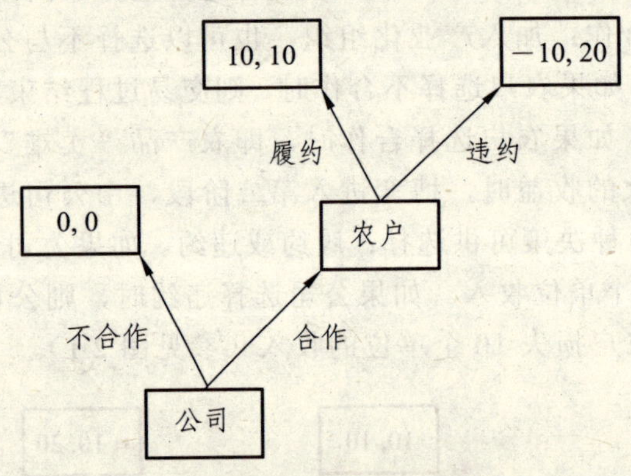

图 2.2　公司与农户的博弈树

假定交易只进行一次，以逆向推理的办法可以求得这个博弈的纳什均衡（Nash equilibrium）。回到博弈树的第一阶段，如果公司有理性预期，知道农户可能会违约，公司会选择不合作，其博弈的纳什均衡是：公司选择不合作，农户选择违约，农产品交易陷入“囚徒困境”。

双方的合作可以带来 20 个单位的合作剩余收入，但是由于双方存在机会主义行为，合作不会出现。而实际中，公司与农户是可以“合作”的，其原因是什么呢？

一是可以有效地降低风险。对于农户来说，通过与公司的合作，可以解决单个农户无法解决的投资、技术问题，减少信息收集成本，降低生产经营过程中的不确定性，可以在一定程度上避免产品市场波动带来的市场风险。对于企业而言，通过与农户的合作，可以获得稳定的农产品来源，减少因产品的数量、质量的不确定性所造成的事后损失。

二是可以有效地节约交易费用。对于农户而言，由于农户经营规模小，分散经营，收集信息的手段落后，信息成本太大，农户在激烈的市场竞争中处于不利地位，又由于“搭便车”现象的存在，使农户不能独享获取信息的收益。但农户通过与公司的合作就可以实现“小农户”与“大市场”的对接，从而降低信息搜索等费用，节约交易费用。对于公司而言，公司面对大量分散的农户，不可能收集到所有农户信息，并且收集信息的成本远远大于收益，公司也会理性地放弃对农户信息的收集。公司通过与农户的合作，可以在一定程度上减少交易费用（如信息搜索、质量监督等）。

三是在重复博弈的信誉机制作用下，公司与农户可能长期建立合作关系。依据克雷布斯等人提出的声誉模型，在不完全信息状态下，只要博弈双方重复博弈的次数足够多，合作的行为就会发生（Kreps，Milgrom，RoBerts and Wilson，1982）。[①]假定在每一次博弈结束前，双方都预期有 P 的可能性继续进行交易，并且每次博弈结构相等，假定公司采取“触发战略”：即我首先选择与你合作，如果你守信，我将与你继续合作；一旦你违约，我将永远不与你合作。给定龙头企业上述战略，农户如何选择呢？如果违约，农户可得 9 个单位收入，以后预期为 0，总期望收入为 9 个单位；如果选择守信，农户将得到 6 个单位收入，有 P 的机会在下一期得到 6 个单位，有 P^2 的机会在下下期得到 6 个单位，如此下去，总的期望收入为：

$$6+6P+6P^2+6P^3+\cdots=6/(1-P)$$

只要 $6/(1-P)\geqslant 9$，即 $P\geqslant 1/3$，守信就是农户的最优选择。假定

① 张维迎：《博弈论与信息经济学》，上海三联出版社 1997 年版。

交易继续的概率 $P \geqslant 1/3$，龙头企业的"触发战略"是最优的，在重复博弈的信誉机制作用下，"公司+农户"的产业化模式有可能长期建立。建立的条件是博弈主体对短期收益与长期收益的预期比较，以及市场环境有利于博弈主体对"触发战略"的实施。

2.3.2 农业产业化契约模式

农户与公司间有两种联结模式：直接联结（直接模式）和间接联结（间接模式）。

（1）直接模式：即公司直接与农户签订正式或非正式契约的模式（参见图 2.3）。公司从农户处购买农产品，然后对农产品进行加工处理，最后售出。这种模式一般出现在一些加工程度比较高的农产品生产经营中，如牛奶、加工蔬菜等农产品行业。一般情况下企业提供技术、生产资料等服务，农户生产的产品按契约规定的质量和数量要求出售给企业。

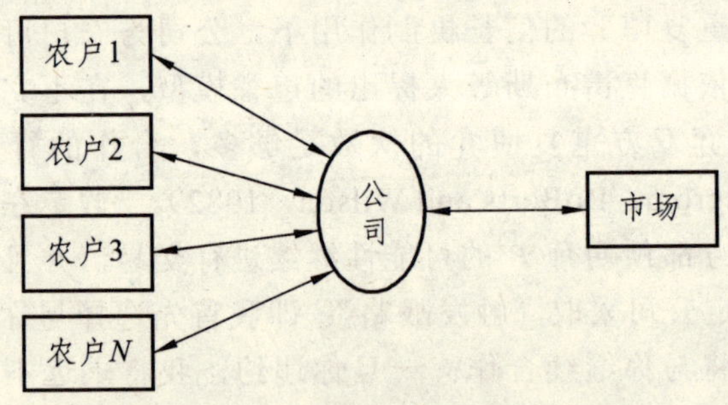

图 2.3 "公司+农户"直接模型

在这种直接联结模式中，契约各方的法律地位是平等的，公司与农户均有选择合作的权利以及对契约内容的谈判权。公司与农户在直接合作模式中，契约的形成与实现过程见图 2.4。

（2）间接模式：即在农户和企业之间存在契约农业中间组织的联结模式。Charles Endrew W. Shepherd 指出，在整个东南亚，农作物的正式转包契约交给媒介机构是常有的事情。比如在泰国，大公司和一些蔬菜加工企业是从专业的收集者或者从与农民有非正式协议的农委会购买农产品的。这种情况在印度尼西亚也广泛存在（参见图 2.5）。

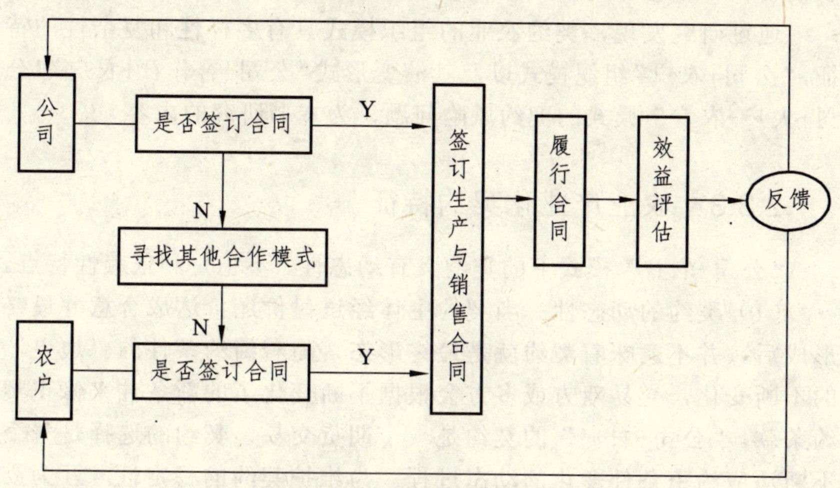

图 2.4 契约形成过程与实现流程图

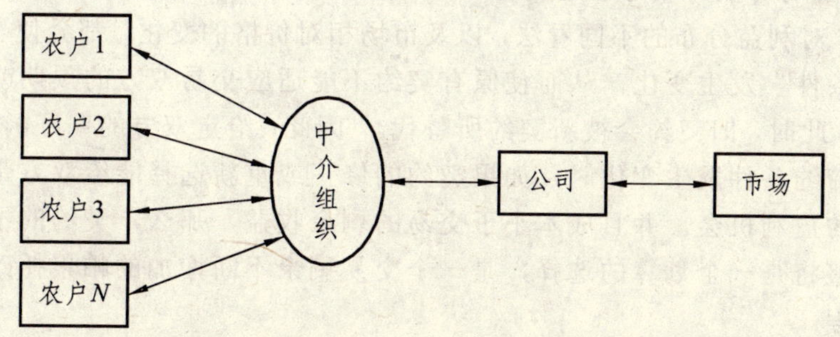

图 2.5 “公司+中介组织+农户”间接模型

在这种间接模式中，公司一般与中介组织签订契约，然后由中介组织与农户再签订契约。中介组织主要包括：基地、合作社、大户、专业市场和农技部门等，它具有多样性和复杂性的特征。实践中，这种间接合作模式，有较多的优势，但也存在一些问题。其主要优势表现为：一是在农户与公司之间提供更加便捷的沟通渠道，二是减少了公司前期的成本投入，三是降低了双方违约的风险，四是使公司与农户间的合作具有长期性和稳定性，五是组织可以提供农技培训和信息咨询服务等。

通过研究发现，契约农业的组织模式具有多样性和复杂性的特征，“公司+农户”组织模式以及其演变形式“公司+合作社+农户”“公司+大户+农户”模式的契约风险问题，为本书研究的内容。

2.3.3 农业产业化契约特征

“公司+农户”模式下的契约具有动态性、不稳定和依赖性特点。

（1）契约的动态性。当契约主体经过讨价还价达成合意并最终形成后，并不意味着契约就是最终形态，随着缔约条件的“边界”的不断变化，交易双方或多方会根据不断变化了的新条件来修正契约条款。“公司+农户”的契约是一个期货交易，契约的选择是一个不断适应约束条件变化的动态过程。为维护契约的稳定性，互为委托人和代理人的公司和农户都有修正契约的动机。邓宏图的研究表明：公司与农户双方缺乏交易知识和经验，或者对风险分布的不同理解，对利益分布的不同看法，以及市场相对价格的变化，都会使“约束条件”发生变化，从而使原有契约不能适应交易双方的预期或期待。此时，旧契约会被新契约所替代。[①]因此，给定双方的偏好函数，当缔约条件发生变化时，如果契约的修正或重新选择能给双方带来新的盈利机会，并且成本小于交易的剩余收益，那么，契约的不断调整将是一个划算的选择，是一个交易剩余不断增加的帕累托改进过程。

（2）契约的不稳定性。由于双重委托—代理关系的存在，使得双重违约行为几乎是不可避免，合作的契约十分脆弱。具体表现为：当农产品市场价低于“订单价”时，农户争先恐后往企业卖农产品。而当市场价高于“订单价”时，农户就转手给其他收购商贩。此时，

① 邓宏图、米献炜：《约束条件下合约选择和合约延续性条件分析》，《管理世界》2002年第12期。

对于企业来说，面对众多的违约农户也只能是无可奈何。相反，一些企业当市场行情向着不利于自己的方向变化时，为了自身利益也不惜牺牲对方利益毁约。更有甚者，打着“订单”的幌子进行欺诈。

（3）契约对外部条件的依赖性。契约的顺利履行依赖于农产品市场和第三方力量。就农产品市场而言，当市场价格与契约价格发生偏离时，无论偏离的方向如何，都有潜在的机会主义行为发生。除非市场价格与契约价格相当或偏离幅度较小时，契约才可能正常履行。就第三方力量而言，当公司或农户违约时，原则上需要第三方力量的介入。根据博弈理论，双方能否进行合作履约，不仅取决于合作履约的收益，还取决于采取不合作对策的损失。假设 P_1、P、Q、F_1 与 F_2 分别表示市场价格、契约价格、产量、农户违约罚金与公司违约罚金，则只要在违约收益 P_1Q 与违约金（惩罚的力度）F_1 的差小于履约收益 PQ 时，即 $P_1Q-F_1<PQ$ 时，农户才可能采取履约行为；当 $PQ>F_1Q$ 时，公司才可能采取履约行为。约束条件全部满足时，合作才是博弈的纳什均衡（Nash equilibrium）。要做到这一点就必须做到：第一，惩罚必须是可信的；第三方能够强制执行契约（违约金）；第二，借助第三方力量的成本必须小于其收益，这样才可能保证对方采取合作对策。

2.3.4 农业产业化契约实现条件

契约的实现必须借助一定的条件。本书认为契约实现的条件来自三个方面：

一是来自于法律。法律特别是《合同法》明确规定了当事人的权利义务，明确规定了违约责任及处罚条款，对契约的违约行为具有一定的威慑作用。

二是来自于政府和行业协会等。政府作为社会经济生活的最高调解者，对规范契约主体的行为承担着不可推卸的责任，因此，是契约行为的主要约束者；行业协会是以同行业的企业为主体而组建的社会经济团体。在一定程度上促进了本行业经济的协调、稳定和发展，从而在一定程度上对公司和农户的契约行为起着协调作用。因此，也是维护契约秩序的重要力量。

三是来自于契约主体普遍接受的在长期实践过程中逐渐形成的一些潜在规则。这些潜在规则有些表现为习惯，有些表现为道德等，其力量在一定程度上保证了契约的正常履行。具体而言，这些规则具有以下特点：① 自愿性，契约主体依法享有自愿订立契约的权利，任何单位或个人不得非法干预。② 平等性，契约主体法律地位平等，即一方不得将自己的意志强加于另一方。③ 公平性，契约主体应当遵循公开透明的原则，确定各方的权利义务。④ 诚实性，契约主体行使权利、履行义务应当遵循诚实信用原则。⑤ 强制性，契约主体订立、履行契约，应当遵守法律、行政法规；尊重社会公德，不得扰乱社会经济秩序；不得损害社会公共利益；不得损害国家利益；按照约定履行自己的义务，不得擅自变更或者解除契约。⑥ 有效性，依法成立的契约，对契约主体具有法律约束力。

2.4 契约市场与产品市场的选择

无论是农户还是公司都要选择产品市场和契约市场进行交易。产品市场交易是指市场交易主体为完成交易，在产品市场上经过讨价还价所完成的直接交易行为，这是一种较原始的简单交易方式。交易双方不需要事先就农产品的品质、数量、质量和价格等达成合意，因此，它也是一种即时交易。契约市场是指公司和农户在农产品生产前就产品价格、数量、质量、规格等达成合意，农户按照规定进行生产，公司按照规定进行收购，这样在公司和农户间形成了一个“内在交易市场”，即契约市场。契约市场交易始终是一种远期交易。

2.4.1 选择产品市场的条件①

对于公司和农户来讲，都有选择产品市场（主要是农贸市场）的条件。杨明洪认为公司和农户选择产品市场的门槛很低，甚至没有。对于农户来讲，有选择产品市场（主要是农贸市场）的条件，其原因是：尽管中国农产品消费方式正处于变化之中，但主流方式仍然是：其一，未经加工的农产品或者加工程度不高的农产品是消费者的主要选择。在西方发达国家，几乎所有的农产品都是经过加工或者筛选包装过的。其二，农产品的销售场所主要是农贸市场，农户进入农贸市场的门槛极低，政府对于农贸市场的发展持支持态度。在西方发达国家，除了超市和专卖店，几乎很难找到农贸市场。消费者一般也不会到农贸市场去购买食物。其三，农产品质量标准一般较低。由于收入水平普遍不高，人们对农产品的质量重视不够。而在西方发达国家，对农户产品有很严格的质量标准。这是由于收入水平高，人们才对农产品的质量极为重视。总之，中国特定的农产品消费方式给农户选择产品市场提供了条件。也就是说，农户选择契约市场与产品市场的门槛很低，甚至没有。对于公司来讲，也有选择产品市场（主要是契约以外的农产品市场）的条件。其原因是：其一，契约外的农户生产大量存在。在西方发达国家，几乎所有的农产品在生产前就被纳入契约生产之中。像在丹麦，欧盟分配生产定额给丹麦，丹麦再分配定额给农业公司（主要是农业合作社），农业公司再分配定额给农场。所以，公司不可能在契约之外找到农产品生产者，除非农场临时违约，而农场违约又要遭到惩罚。中国却存在大量非订单农户，可供公司选择。其二，农产品生产的专业程度一般不高，没有严格的生产追溯体系。在西方发达国家，农产品生产专业化程度很高，农业公司一般只加工销售特定的农产品，它们对农产品原料的质量要求极为严格，同时国家又有严格的生产追溯体系。而在中国，这方面才刚刚起步。总之，中国不太发达的

① 该部分内容是在作者的导师、四川大学经济学院杨明洪教授提供的资料的基础上整理而成的。

农产品加工工业，为公司选择产品市场提供了便利条件。

2.4.2 选择契约市场的动机

公司和农户从产品市场进入契约市场的动机在于：

一是能够获得合作剩余（杨明洪，2008）。由于用于交易的农产品大都为初级产品，很少进行了深加工，农业产业链短，没有合作生产销售，公司和农户无法分享到合作剩余。同时，由于收益与风险是对称关系，当签约方选择进入契约市场时，他就会失去利用产品市场的机会，相反，当他选择利用产品市场时，他就会失去利用契约市场的机会。从长远来看，利用契约市场能够给签约双方带来合作剩余，合作剩余能够补偿双方失去产品市场的损失，而且，在此之外尚有剩余。

二是能够实现交易费用的节约。对农户来讲，为进行农产品交易，必须根据市场的需求，自行决定种（养）多少、如何种（养）、何时出售等问题。在交易过程中农户要搜集各种市场信息，承担各种交易费用，导致交易成本较高。但农户通过与公司的合作就可以实现“小农户”与“大市场”的对接，从而降低信息搜索等费用，节约交易费用。对于公司而言，公司面对着大量分散的农户，不可能收集到所有农户信息，并且收集信息的成本远远大于收益，公司也会理性地放弃对农户信息的收集。公司通过与农户进行合作，可以在一定程度上减少交易费用（如信息搜索、质量监督等）。

三是可以有效地降低风险。由于农产品生产周期长，受自然灾害等危害影响大，加上农民文化素质较低，农业生产科技含量较低，农产品价格波动大等因素的影响，农户需要独自承担很大的风险。通过与公司合作，可以解决单个农户无法解决的投资、技术问题，减少信息收集成本，降低生产经营过程中的不确定性，可以在一定程度上避免产品市场的波动带来的市场风险。对龙头企业来讲，由于直接从市场上收购农产品进行加工或销售的成本较高，质量难以达到生产要求，数量也难以保障，给企业生产或销售农产品带来了很大的风险。通过与农户的合作，把农民组织起来，实行统一供种、统一生产、统一管理、统一收购、统一销售等一体化经营，可以获得稳定的农产品来源，减少因产品的数量、质量的不确定性所造成的事后损失，降低市场风险。

2.4.3 产品市场与契约市场的选择模型①

在农业产业化的实践中，我们经常发现，当市场价格高出契约价格时，农户不会立即退出契约市场，进入产品市场进行交易，以获得高于契约内的收益；同样，当市场价格低于契约价格时，公司也不会立即退出契约市场，进入产品市场进行交易。而必须是等到市场价格上涨或者下降达到某一点后，契约方才会做出策略选择(参见图 2.6)。

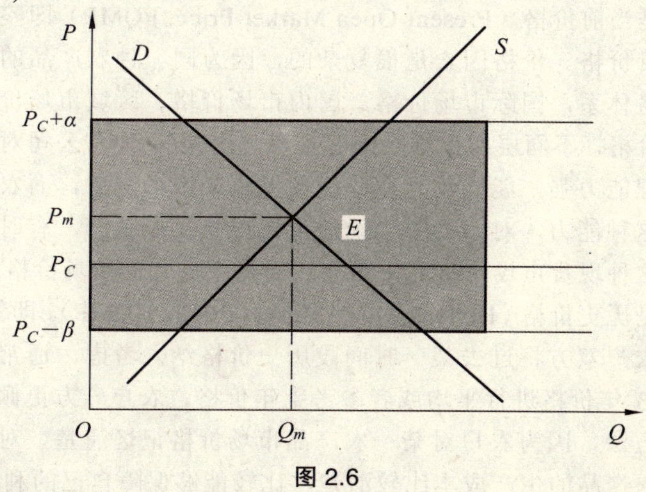

图 2.6

图 2.6 中，P 表示价格，Q 表示供给量；P_C 表示公司与农户签订的契约价格，为固定价格；α 表示农户对超过契约价格的忍耐限度，与价格同单位表示，则 $P_C+\alpha$ 表示农户面临的临界点，如果市场价格超过此点，农户将违约；β 表示公司对低于契约价格的忍耐

① 该部分内容主要参考了杨明洪导师提供的资料。

限度，与价格同单位表示，则 $P_C-\beta$ 表示公司面临的临界点，如果市场价格低于此点，公司将违约。Q_m 表示数量，S 表示供给量，D 表示需求量，E 表示价格和数量的均衡点。0 表示违约，1 表示履约，P_m 示市场价格，则可以用公式表示：

$$P(\cdot)=A\begin{cases} P=0, P_m>P_C+\alpha \\ P=1, P_C-\beta\geqslant P_m\geqslant P_C \\ P=0, P_m<P_C-\beta \end{cases}$$

1. *Pc* 的决定因素分析

P_C 实际上是远期价格，主要受以下因素的影响，其函数形式是：

$$P_C=P_C\text{（POMP，HOMP，CC，FP）}$$

一是当前价格（Present Open Market Price, POMP）即签约时产品的现货价格。价格因素是很复杂的，因为同一种农产品的价格有不同价格体系，国际市场价格、国内市场价格、区域市场价格、当地市场价格，不同层次市场之间存在着“价差”。通常公司对于信息加工处理能力强，能够较为充分地预见未来市场走势，而农户基本上没有这种能力，对于当时当地的市场信息反应敏感，有时还过于敏感。这种现货市场价格通常是签约当地某一点的市场价格。

二是历史价格（Historic Open Market Price，HOMP）。即签约时，公司和农户双方将过去某一时间段历史价格纳入考虑。通常办法是对过去 3 年价格进行平均或者参考上年价格。农户一方更倾向于采取这种方法，因为农户对某一农产品市场价格记忆清楚，对于生产某一种农产品的生产成本比较清楚，比较能够保障自己的利益。

三是公司和农户双方的特征历史价格（Characterstic of Contractors, CC）。即市场地位、当地政府的要求以及农户的谈判地位。通常情况下，公司处于强势地位，在签约价格的制定上始终处于主动地位，实践中往往是公司将定好的价格让农户表示同意即可。当然，公司也不总是随意使用其独占地位，也会考虑其他因素。

四是对市场价格的预测（Forcast Price, FP）。公司和农户都会对未来签约农产品的市场行情走势进行预测。这种预测在农户这边可能是农户之间进行讨论，也可能是农户心中默默盘算。由于农户高度分散，并且缺乏信息，对市场的预测可能很不准确，甚至有可能是相反方向，但无论如何，过去事件将对农户进行市场行情预测产生很大的影响。

2. α的决定因素分析

我们将定义α为农户对超过契约价格的忍耐限度，也称为农户的保留效用。它受以下主要因素的影响：

一是农户的经营规模。一般来讲，农户经营规模越大，对超过契约价格的忍耐限度会越高；相反，农户经营规模越低，对超过契约价格的忍耐限度会越低。

二是声誉的重视程度。一般来讲，农户对声誉越重视，对超过契约价格忍耐程度会越高；相反，农户越不重视信誉，对超过契约价格的忍耐限度会越低。

三是专用资产规模。专用性投资在契约关系内使用所产生的价值比在关系外产生的价值更大。一般来讲，农户对专业性投资规模越大，对超过契约价格的忍耐限度会越高；相反，农户对专用性投资规模越小，对超过契约价格的忍耐限度会越低。

农业产业化的兴起是我国继家庭联产承包责任制后的又一次制度变迁，是我国实现农业现代化的重要途径。农业产业化在我国先后出现了多种利益联结形式，其中，“公司+农户”组织已成为农业产业化的主导形式。这种组织具有契约的不完全性、主体的非对称性、客体的特殊性和内在的风险性等特征，它的生成经历了由实践到理论的不断探索和提升过程，它缓解了“小农户和大市场”的矛盾，节约了费用，降低了市场风险，得到了农民和龙头企业的认可。

新制度经济学结合法学的研究成果，将契约规制形式划分为古典契约关系、新古典契约关系和关系型契约关系。“公司+农户”组织是通过契约连接交易双方的，契约成为公司和农户连接的桥梁和纽带，于是在公司和农户间形成了一个内部交易市场，即契约市场。

公司和农户成为这个契约市场的交易人，即在各种契约约束条件下追求经济效用最大化的契约经济人。通过契约市场公司和农户可以获得合作剩余、节约交易费用、降低市场风险。

于是公司和农户间的产品交易可以通过选择产品市场和契约市场来实现。现实中，公司和农户都有选择产品市场的条件，并且在我国选择产品市场的门槛很低。当然，公司和农户也有离开产品市场进入契约市场的动机，这是公司和农户作为经济人的理性选择。然而，当市场价格高出契约价格时，农户并不会立即退出契约市场，进入产品市场进行交易；同样，当市场价格低于契约价格时，公司也不会立即退出契约市场，进入产品市场进行交易。而必须是等到市场价格上涨或者下降达到某一点后，交易双方才会做出策略选择。

3 契约风险形成机理

3.1 风险的含义界定

风险一词已被广泛运用于经济学的各个领域。风险的基本含义是未来结果的不确定性（Uncertainty）。但是，对这一基本概念，在经济学、统计学、决策理论和保险学中尚无一个为各个领域一致公认的定义。[①]归纳起来关于风险的含义主要有以下三种观点：

3.1.1 风险是一种不确定性

不确定性是一种可能性，与必然性相对立，其含义包括：发生与否不确定，发生的时间不确定，发生的对象不确定，发生的状况不确定，发生结果的程度不确定。持有这种观点的学者认为，某种行为能否产生有害的后果以其不确定性来界定，如果某种行为具有不确定性，那么其行为就反映了风险的负担。不确定性越大，承担的风险就越大。刘新立认为，风险是指客观存在的，在特定情况下、特定期间内，某一事件导致的最终损失的不确定性。[②]美国经济学家奈特认为，风险指事物的发展在未来可能有若干不同的结果，但可以确定每种特定结果发生的概率，因此，风险是可以用概率方法定量计算的。

3.1.2 风险是遭受损失的可能性

损失是指没有代价地消耗或失去，其发生与经济主体的人身或

① 顾孟迪、雷鹏等：《风险管理》，清华大学出版社 2005 年版。
② 刘新立：《风险管理》，北京大学出版社 2006 年版。

经济客体的财产有直接关系。这种关系可以表现为多个方面，或者说所“消耗或失去”的是多种多样的，如人身的、财产的、精神的、心理的，等等。作为风险管理的对象的“损失”来说，仅指人身或财产的消耗或失去。持有这种观点的学者认为，由于客观情况的变化和主观决策的失误而使行为主体遭受损失的可能性即为风险，这种可能性越大，风险也就越大。

3.1.3 风险是实际结果与预期的偏离

持有这种观点的学者认为，风险是人们对未来行为的决策及客观条件的不确定性所引致的实际结果与预期目标可能发生的偏离，它可能造成行为主体遭受损失或获取额外收益。可能产生的偏离程度越大，风险也越大。

3.1.4 风险是风险因素、事故和损失的统一体

风险本质上就是风险因素、风险事故和损失三者构成的统一体。由图 3.1 可以看出，损失概率和损失幅度均较低的为低风险；损失概率虽然很高，但结果轻微的也可以看做是低风险；损失概率和损失幅度均较大的则无疑是高风险；但对于损失概率较低，而损失幅度较大的风险，则依不同的具体情况有不同的解释，如洪水灾害、特大地震等就被视为是高风险。

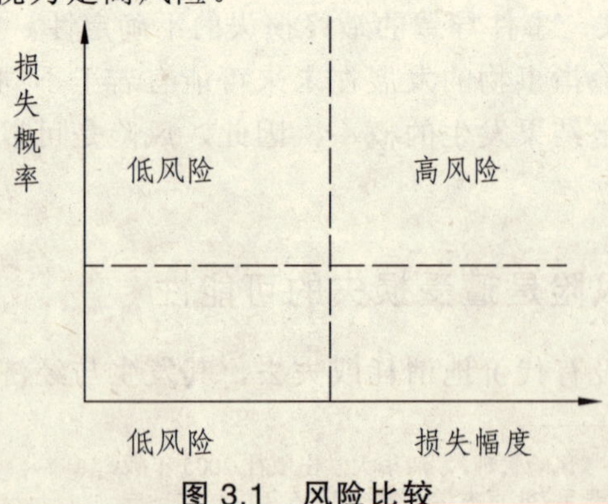

图 3.1 风险比较

风险因素（Hazard）是促使或引起风险事故发生的条件，是风险事故发生的潜在原因，是造成损失的内在的或间接原因。根据其性质，通常把风险因素分成实质风险因素、道德风险因素和心理风险因素三种。实质风险因素（Physical Hazard）是指增加某一标的风险事故发生机会或扩大损失严重程度的物质条件，它是一种有形的风险因素；道德风险因素（Moral Hazard）是指与人的品德修养有关的无形的风险因素，常常表现为由于恶意行为或不良企图，故意促使风险事故发生或损失扩大；心理风险因素（Morale Hazard）是指由于人主观上的疏忽或过失，导致增加风险事故发生机会或扩大损失的程度，并非故意行为。风险事故（Peril）又称风险事件，是指引起损失的直接或外在的原因，是使风险造成损失的可能性转化为现实性的媒介，也就是说风险是通过风险事故的发生来导致损失的。损失（Loss）是指非故意、非预期和非计划的经济价值减少或消失的事实。风险因素、风险事故、损失三者之间的关系是：风险因素引起风险事故，风险事故导致损失的发生，这种关系可以通过风险结构图加以说明（参见图 3.2）。

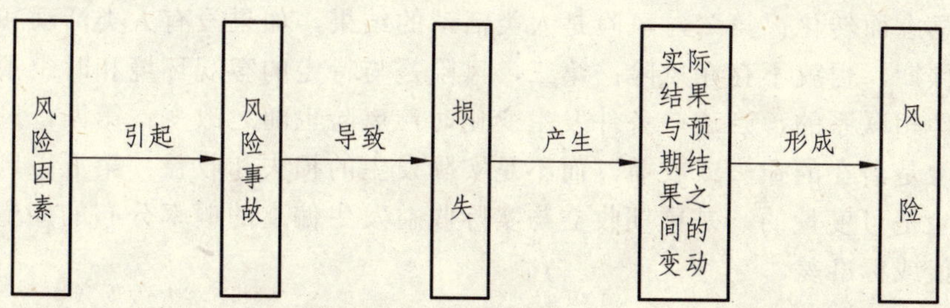

图 3.2　风险因素、风险事故、损失三者的关系

从风险因素和风险事故间的关系来看，风险因素只是风险事故产生并造成损失的可能性，风险因素只是引起损失的条件，并不直接会导致损失。风险因素的变化过程有时是容易被人察觉的，有时则是不容易被人察觉的，风险因素增加到一定程度或者遇到某一特殊情况才会引起风险事故，导致风险事故引起损失。由此可以说，风险因素是产生损失的潜在原因，而风险事故是导致损失的直接原因。

研究表明，第三种定义较能客观地表达风险的内在属性，准确反映风险的本质特征。因为在人的有限理性假说前提下，人们对自己的行为结果是有预期的，当预期结果与实际结果完全一致时，即不可能发生偏离时，行为主体的行为过程是不存在风险的，只有当预期结果与实际结果可能发生偏离时，或有可能产生多种实际结果时，风险才会出现。而不确定性虽然与风险直接相关，但它只是引起预期结果与实际结果发生偏离的原因，并不是这一原因的结果，如果这一因果关系并不必然存在时，用不确定性界定风险在逻辑上就显得不够严密。第二种定义只注意到了风险的负面效应（风险损失）而忽略了风险的正面效应（风险收益），所以在理论上也是不完善的。

本书采用第三种定义，并根据经济学和本书的规范，将风险重新定义为："在一定的客观环境和时期内，由于不确定性因素的存在和人们的有限理性，致使经济行为主体的预期收益与实际收益有可能发生的偏离程度。"从这一定义我们可以认识到风险的主要特征：第一，风险是客观存在的，即不论人们是否意识到，也无论人们是否能准确估计出来其大小，风险本身是客观存在的，不随人的主观意志而转化；第二，风险是人类活动的结果，如果没有人类活动和预期，也就不存在风险；第三，风险是与特定的客观环境和时空条件相联系的，当这些条件发生变化时，风险也随之改变；第四，风险是潜在的损失或收益，而不是实际发生的损失和收益；第五，风险是可度量的，是预期收益与实际收益发生偏离的概率分布的期望值或标准差。

3.2 契约风险概述①

契约风险问题是许多学者和管理者都关心的问题。公司与农户

① 李彬：《订单农业违约风险识别及防范》，《现代经济》2008 年第 11 期。

间的关系通过契约实现联结，契约成为联结公司和农户的纽带，公司与农户间形成一个交易市场，即契约市场。实践证明，契约市场并不能完全规避风险，对契约风险的研究也就显得尤为必要。

3.2.1 契约风险的生成条件

在“公司+农户”组织中，龙头企业与农户之间的联系或紧密或松散，但都是合同契约关系，合同意味着签约双方的权利和义务。合同是受到法律保护的，否则，合同也就失去了应有的意义。但是，目前在我国农户缺乏应有的法律意识，法律观念淡薄，履约意识不强，特别是在缺乏第三方制裁和诉讼成本较高及缺乏自动实施机制的情况下，我们经常发现，当市场价格高于合同价格时，签约农户往往不把农产品卖给签约企业，而是转售于市场，从而使签约企业蒙受损失。由于这种情况涉及农户多，诉讼成本高，在“法不责众”的惯例下，法律监督往往显得苍白无力。同样，龙头企业也有类似的违约情形，当市场价格低于合同约定的价格时，一些龙头企业也可能限价收购、压级压价收购和拒绝收购，转而从市场收购，给签约农户带来一定的经济损失。由于农户经营规模小、产品数量少，对龙头企业的违约行为进行诉讼的成本高，加上“搭便车”现象，使得一些农户只好保持“沉默”。这种合约中的机会主义行为严重影响了“公司+农户”组织的运行效率，产生了很大的契约风险。

3.2.2 契约风险的类型

现有的研究文献，特别是英文研究文献主要从公司和农户各自分别独立的角度来考察它们承担的风险，缺乏综合的观点，即农户与公司通过契约连接成结合体的观点。从综合的观点来看，可以将契约风险分成两个基本的类型[①]：

① 参见杨明洪教授在哥本哈根大学食品与资源经济研究所的报告——《风险形成的圈层结构：关于农业产业化经营风险的一般理论分析框架》。

1. 双边性风险（Bilateral Risk）

双边性风险是农户和公司都可能遇到的风险。当这种风险发生时，从短期的角度来看，要么公司利益受损，农户的利益在这一过程中得到保持，或者有可能增加；要么农户利益受损，公司的利益在这一过程中得到保持，或者有可能增加。从长期的角度来看，公司与农户的利益都会受损，因为，这会导致这种“软组织”解体，“合作剩余”消失，以后要重建这种组织，要么不可能要么费用更高。

契约风险和市场风险就是最明显的双边性风险。当契约风险发生时，农户为了获得更高利益违约，公司就会受到相应的损失，这种损失是不可能弥补的；反之，公司为了更高的利益，不履行与农户签订的契约，结果只能让农户的利益蒙受损失。当市场风险发生，即市场价格超出了契约稳定的范围时，上升的价格或者下跌的价格就会导致公司或者农户一方违约。违约一旦发生，市场风险就转换为了契约风险。

2. 单边性风险（Single-side-contractor or Unilateral Risk）

单边性风险是只有公司或者农户单方面可能遇到的风险。当这种风险发生时，从短期角度来看，公司或者农户单方面的利益受到损失，另一方的利益一般不会受到损失。由于公司与农户通过契约关系结成了“利益共同体”，当这种风险发生时，这种风险市场供求传递到“利益共同体”，结果严重时可能会对“利益共同体”造成伤害。

自然风险就是这种类型的风险。当自然风险发生时，首先遭受危害的是农户，农户的生产成果会遭到毁灭性的打击，其前期投入就无法收回，也无法履行契约，农户要么会减少产量，要么会降低产品质量，或者两者兼而有之。这种影响从大范围来看，会对市场供求状况形成影响，造成价格剧烈上升或者下降，推动农户违约或者公司违约。技术风险和管理风险也是这种类型，要么首先作用于农户，要么首先作用于公司，再借助市场风险，传递到契约风险上。

3.2.3 契约风险的危害

如前所述，契约关系是农业产业化经营的本质特征，因此契约风险对农业产业化经营的危害很大，其影响也更为复杂多样。

1. 直接危害

（1）单方受损。这是指当契约风险发生时，签约的一方当事人利益遭受损失，而另一方则从中牟利。一般包括两种情况：一是多数情况下是处于强势地位的龙头组织侵害分散农户的利益，如当约定生产的农产品市场不景气时，龙头组织往往以低于合同的价格收购，或不按合同数量收购，甚至于拒绝收购，从而使农户的利益严重受损。二是农户为了眼前利益而不履行销售合同，从而使龙头组织利益受损。这多是因为市场景气，市场价高于合同价，因而农民违背合同转向市场。

石家庄的三鹿奶粉事件，导致奶农不得不倒掉无法储存的鲜奶，奶农无奈大喊“SOS”。中新社说，据初步统计，从 9 月 14 号到 9 月 16 号，河北全省损失生鲜奶 5 936 吨。平均 3 000 元一吨的牛奶，除少量以 200 元一吨贱卖外，绝大多数都被奶农忍痛倒掉。中国农业部 9 月 19 日发布消息说，由于三鹿奶粉的问题，河北奶农遭受严重的损失，每天都在倒奶。媒体报道，无奈的奶农用牛奶浇树、浇菜，有些奶农甚至把牛奶直接泼在马路上。石家庄一位姓张的奶农说，这些天，他们把无法卖出的牛奶用来喂猪，真是“挺着急的”。北京东方艾格农业咨询有限公司乳品乳业高级分析师陈连芳说，三鹿集团原料奶的日处理量达 5 000 多吨，大批跟三鹿有供奶关系的奶农在此次事件中均受到影响：“原料奶的生产不会因为工厂的停顿就停止生产牛奶。它是动物的一种本能。一旦说让它不再生产牛奶的话，那么它可能就很长时间不能挤奶了。所以挤奶、原料奶的生产还在进行。这些原料奶的销路就决定了奶农的命运。”

（2）双方受损。指由于某些特殊的原因导致契约不能履行或不能完全履行，给签约双方同时都带来经济损失。不能履约的原因有客观的，也有主观的。客观原因包括自然灾害、政策变化、技术不适应等，主观原因是某一方为了短期利益而故意违约。不管怎样，最后都是以双方受损而告终。一个经典的案例是：某地曾采取“公司+农户”的产业化经营形式，大面积种植中药材，药材部门提供种子和技术服务，外贸公司保证按合同价收购，农民提供土地、肥料、劳动力并负责日常田间管理，地方政府很支持，农民由于预期收益高也有积极性。但当年遭遇特大干旱，排灌设施不配套，造成药材绝收，农民损失很大，有关部门也相应有所损失。

（3）多方受损。这是指当契约不能履行时，不仅给当事双方带来损失，而且可能使第三方遭致不利。第三方可能是契约担保人，也可能是地方政府，还有可能是金融机构。从比较宽泛的意义上讲，这种情况是相当多的。因为在市场经济环境里，契约双方并非是孤立存在的，它们总是与其他经济主体有着或松或紧、千丝万缕的联系。一旦契约非正常终止，必然对市场链条的某一个环节产生影响，从而使有关方面的人或部门遭受损失。如担保人可能承担连带责任、金融机构可能难以如期收回贷款、政府部门可能完不成既定工作任务等。

2. 间接危害

（1）导致恐惧心理。因为契约风险伴随着农业产业化经营的整个过程，无处不在，无时不有，而且现实中又不断产生各式各样、触目惊心的风险案例，时时告诫着人们：从事农业产业化经营，风险时时与你相伴。长此以往，就会在人们心里打上深深的恐惧烙印。笔者在基层调研时，接触到的村镇干部、农民群众、龙头企业的负责人等都异口同声地把风险列为农业产业化经营的头号敌人，只是他们没有认识到这种风险从本质上说是由契约所引起的。他们还对这种风险表现出极大的厌恶和恐惧，但又找不出好的办法予以化解，于是对农业产业化经营就更加担心。

石家庄的三鹿奶粉事件发生后，河北省正定县的奶农李某家有38头牛，其中有的奶牛是靠贷款买下来的。她说，借的钱还没还清，就开始往里赔钱了：“你说着急不着急。前两天我公公都急得发烧了，急得都没办法了，只能是天天找那些奶农商量，最后也没商量出个结果。”

（2）导致短期行为。由于契约风险屡屡发生并对当事者造成危害，使得部分人失去了对长远预期的信心，从而以眼前利益为行动目标，只考虑一次性交易的好处，不考虑长期多次交易的利益。于是，为了眼前利益而违约、背约者不绝如缕，并相互效法、反向激励，引起更多的人采取短期行为。

（3）导致诚信环境恶化。经济学家认为，从某种意义上看，现代经济本质上是契约经济，而契约经济只能生长在肥沃的诚信土壤里。如果农业产业化经营的契约风险得不到有效治理，人们就会因恐惧心理而采取短期行为，普遍的短期行为又会导致区域性甚至社会性的诚信环境恶化。

由此可见，契约风险对农业产业化经营的危害十分严重而深远，必须引起我们的高度重视，切不可等闲视之。

3.3 契约市场外部风险因素分析

风险因素是导致不确定状态可能发生的各种环境和条件，是风险产生的直接根源。风险因素会对农业产业化经营造成各种不利的冲击，导致不确定状态的发生。“公司+农户”组织中的风险问题十分复杂，除组织本身契约的不完全性等风险因素外，外部环境的复杂性和不确定性，是契约风险的另一个重要来源。

契约市场的外部风险包括外部环境和产品市场两个风险圈层。产品市场是农户或企业直接通过市场购买生产资料或消费产品或出售农产品的市场，是契约市场外的市场，它不受契约市场风险因素的影响，但它却受到自然环境因素的影响，自然环境的不确定性导致产品市场的波动，从而对契约市场产生一定的冲击，影响到契约市场的稳定，成为契约风险形成的一个重要外生风险源。故此，对产品市场风险因素可以考虑从环境圈层和市场圈层这两个圈层上进行分析。

3.3.1 契约市场外部风险层及其关系①

这里的外部风险是指契约市场以外的、对契约市场产生影响的风险。外部风险因素主要来源于两个圈层：一个是外部环境圈层，另一个是产品市场圈层。环境圈层的风险因素主要包括自然风险、制度风险、政策风险、社会风险等，其中影响最大的风险因素为自然风险。产品市场圈层的风险因素主要表现为市场风险，即市场供求关系的变化所引起的市场价格波动，从而对产品市场形成冲击。外部环境圈层风险因素和产品市场圈层风险因素统称为契约市场外部风险因素。其关系如图 3.3 所示。

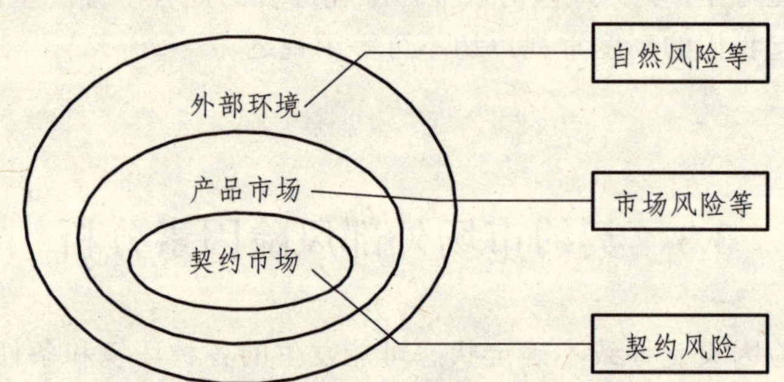

图 3.3 契约市场外部风险圈层结构示意图

外部风险因素对契约市场的影响通过两种途径实现：

一是间接影响，即外部环境的变化直接影响到产品市场的波动，如自然灾害的发生，导致农产品数量的减少和质量的受损，会进一步导致产品市场供求关系失衡，带来农产品市场价格的波动，引发市场风险，市场风险直接传导于契约市场，给契约市场带来不稳定性因素，造成契约履约障碍等。

① 该部分内容主要参考了杨明洪教授在哥本哈根大学食品与资源经济研究所的报告——《风险形成的圈层结构：关于农业产业化经营风险的一般理论分析框架》。

二是直接影响，即外部环境圈的风险因素直接影响到契约市场，给契约市场的稳定性带来危害。如由于自然灾害等造成农产品不能按期按质收获，导致签约企业无法按期按质获得农产品，致使对农产品的加工和销售受到影响。这种风险因素的传导机制最终导致契约风险的发生。这一过程可以表示为如图 3.4 所示。

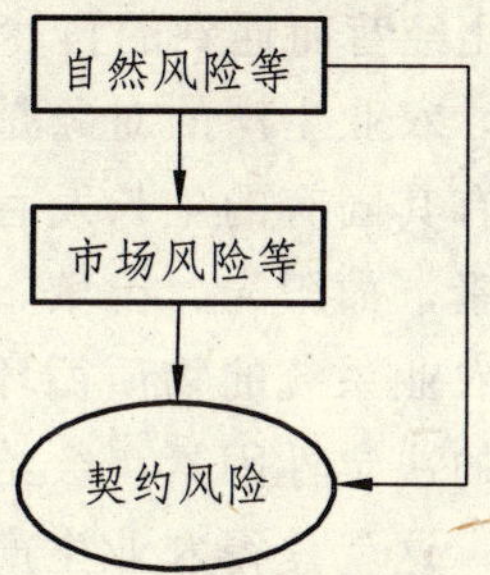

图 3.4 外部市场风险因素传导示意图

3.3.2 环境圈层风险因素分析

由于农业产业化经营暴露在外部环境中，外部环境充满着不确定性，环境圈层存有诸多风险因素，这些风险因素就会或直接或间接影响契约市场。环境圈层风险因素包括：自然风险、制度风险、政策风险、社会风险和其他风险等，其中主要是自然风险（参见图 3.5）。

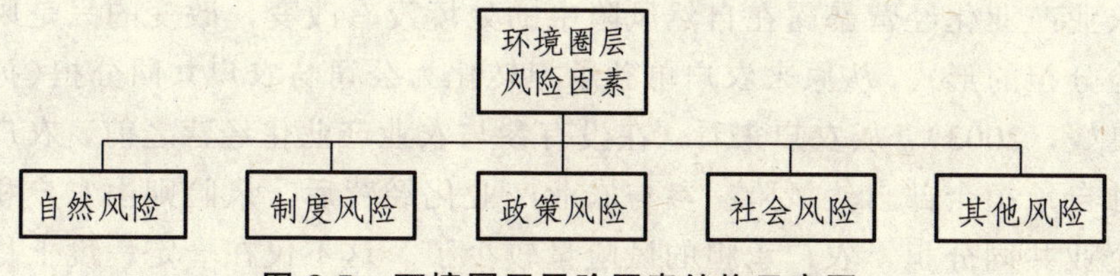

图 3.5 环境圈层风险因素结构示意图

1. 自然风险

农业是一个典型的高风险产业。农业生产是经济再生产与自然再生产相结合的经济活动。农业生产活动就自然地暴露在各种风险之中。对于农业或与农业相关的产业来说，自然风险具有不可回避性。

孙敬水认为，自然风险是指在发展订单农业中，由于自然力的非规则性运动所引起的自然现象（如风暴、火灾、洪灾、旱灾、冰雹、病虫害等）以及农产品的自然属性（鲜活、易腐烂、难储运等）给签约方造成经济损失的可能性。[①]自然风险可分为两种：一种是无论农户是否参与农业产业化经营都会遇到的自然风险；另一种是由于农户参与了农业产业化经营而遇到的自然风险。

就第一种风险而言，农业生产的对象是有生命的动物、植物和微生物等，这些生物体有其固有的生长发育规律，受外界环境影响大。因而，各种自然因素，如阳光、土壤、雨量、冰雹、霜冻、低温、病虫害等直接进入农业系统的物质循环和能量转换过程，成为影响农业投入产出关系的决定性因素，会给农业生产造成损失，轻则减产，重则颗粒无收，这就使得农业生产的风险高于其他产业，从而形成农业的自然风险。加上农产品易毁性强和不易储存性等特征，决定了农产品供应很难同市场的需求保持很好的一致，农产品的价格波动大，产品的产量和价格关系表现为明显的蛛网模型，这就使得农业生产的风险高于其他产业。此外，中国幅员辽阔，地质地理条件复杂，气候条件异常多变，各种自然灾害经常发生，从而形成威胁农业发展的自然风险。

就第二种风险而言，公司与农户签订契约，进入契约市场交易。自然风险对农业生产经营的威胁并没有消除，自然风险依然存在。农业产业化经营暴露在自然风险中的处境没有改变，改变的只是风险分担的形式，从原来农户单独承担转化为公司与农户共同分担（孙良媛，2003）。从农户来看，在没有参与农业产业化经营之前，农户独自承担全部自然风险；参与农业产业化经营后，风险则由农户和企业共同分担，农户承担的风险量较少了。这不仅在一定程度上稳定了农户的经济收入，使农户参与农业产业化经营有了积极性，而且也在一定程度上保障了农户生产的可持续发展。企业之所以愿意分担一定的自然风险，是为了稳定农户的生产，获得有保障的农产

① 孙敬水：《试论订单农业的运行风险及防范机制》，《农业经济问题》2003 年第 8 期。

品供给，从而减少市场交易费用并降低市场风险。然而，当自然风险造成的损失过大，农户和企业根本无法承担时，农业产业化经营就只能接受失败的事实。

2. 制度风险

制度是集体行动对个体行动的约束，是社会交换中的合作规则。现实中的制度存在于政治、经济、社会、文化等众多领域。制度风险表现为两个方面：一是由于制度变化过快，产生不确定性而带来人们行为的不确定性；二是制度本身由于存在着自身功能履行的不确定性而存在着风险—— 制度风险。

调查中发现，产业化农户面临的比较突出的外部因素的制约来源于目前分散、零碎的土地经营状况。我国农村土地承包制度 30 年不变的政策，必须辅之以因地制宜的土地流转制度，增加灵活性，方能促进农业产业化进一步向纵深发展。

以山东的情况来看，全省人均耕地只有 1.25 亩，低于全国人均 1.55 亩的水平。按一家 4 口人计算，户均耕地不过 5 亩。在以非农收入为主、外出打工为主或经济发达的地区，这种土地平均分配的小规模家庭经营遇到了一些实际问题。[①]第一，因升学、出嫁或死亡等减少的人口所分配到的土地不能及时收归集体，而新增人口却要分得土地。这不仅会导致村民之间、村民与村级领导之间产生矛盾，而且也会使农户经营的土地更加分散和零碎，无法统筹安排耕种、收割，不利于推广农业科技和良种，不能达到专业化种植所必需的一定规模。第二，有些村有村民外出打工的传统，对土地基本上是粗放式经营；而有些村的村民均以在家务农为主，擅长对土地进行精耕细作，对土地的需求较大。由于耕地属于村集体所有，上述两个村的土地很难进行调剂。虽然也有跨村承包土地的情况，但是很不普遍。[②]第三，土地流转能够有效改善土地资源配置效率，进一步激活农业剩余劳动力的转移，为农业规模化、集约化、高效化经营

① 陆文聪：《民营经济与烦恼业产业化发展》，经济科学出版社 2006 年版。

② 陆文聪、西爱琴：《农业产业化中农户经营风险特征及有效应对措施》，《福建论坛》2006 年第 7 期。

提供广阔空间。而规模经营也有利于改善农业的标准化与农产品质量安全。“允许农民以转包、出租、互换、转让、股份合作等形式流转土地承包经营权，发展多种形式的适度规模经营。”[①]而现实中，农户之间的土地流转多通过由私人关系达成协议来完成，人为因素影响大，随意性强，缺乏稳定性和长期性。

如莱阳市某村农户宋某，为了达到农业产业化龙头企业所要求的50亩以上的生产规模，从邻村承包了50亩土地种植蔬菜，成为莱阳市北海公司的一个蔬菜基地。但在后来粮价上涨、种粮有补贴的情况下，有一户本来已经将土地转包出去的农户重新在自己的土地上种上了玉米，致使宋某不能按照预定的规模进行生产安排。这道人为造成的“隔离带”不仅带来日常经营管理上的不便，最重要的是玉米的病虫害以及为防治病虫害而喷洒的农药、杀虫剂等很容易溅洒到宋某种植的地块上，使蔬菜农药残留等质量指标受到影响。[②]

3. 政策风险

政策风险，是指由于农业政策不当或失误给农业生产经营活动带来的风险。从中央到地方为促进农业产业化发展都出台了一些政策，但是在政策执行方面存在一些问题：一是政策缺乏连续性，经常会出现因干部人事变动而政策变动的现象；二是许多优惠政策落实不到位，或者同行企业享受不同的待遇。[③]

例如，山东泰安市为吸引国内一家著名乳业集团进入本市，在土地使用、税收以及贷款方面给予非常大的优惠，不仅土地免费使用，还提供2亿元无偿贷款。这不仅造成了企业间不公平竞争，还由于原料基地建设跟不上而造成奶源争夺战，从而使得本地区最大的同类龙头企业——山东亚奥特乳业有限公司的发展受到很大影响。此外，还有社会、政治风险、贸易风险等。

① 中共中央十七届三中全会《关于推进农村改革若干重大问题的决定》(2008年10月19日)。
② 案例来自陆文聪：《民营经济与烦恼业产业化发展》，经济科学出版社2006年版。
③ 比如在农业产业化招商引资过程中，当地政府往往对引进的企业给予非常优惠的政策，从而对本地区原有的龙头企业造成了不公平的竞争环境。

3.3.3 产品市场圈层风险因素分析

市场是商品和劳务的交易场所，是联结供需双方的桥梁和纽带，是满足消费者需求的重要机制。产品市场，是指农户或企业直接通过市场购买生产资料或消费产品或出售农产品的市场。它是农业产业化经营系统外的市场，其交易机制如图 3.6 所示。

图 3.6 公司和农户通过产品市场交易协调机制

在产品市场上，农户生产什么、生产多少、怎样生产完全由自己根据市场的价格作出决策，生产所需的生产资料直接从农产品市场购买，生产出的产品通过农产品市场进行销售。

龙头企业和农户以及其他经济主体之间的联系，是通过一般市场买卖活动进行的。它们之间没有契约约束，龙头企业原料基地不固定，对农户很少有优惠措施，农产品收购价格也是根据市场状况变动的。在农产品的收购上，龙头企业能够自己定价。在市场体系不健全、加工企业发展滞后、农民组织化程度低的情况下，这种直接交易方式的成本较低，在产业化初期有广泛的适应性，但不是未来发展的主流。

在产品市场圈层结构中，主要风险为市场风险。市场风险被界定为，农户在产业化生产过程中，其生产出来的农产品能否顺利地卖出去，或个别劳动能否转化为社会劳动从而能否获利的不确定性，是农户在进行农业产业化后遇到市场无序变化或产品不对路而造成经济损失的可能性。市场风险是指由于市场预测失误、价格变动、消费需求变化或其他市场环境变动使农产品购买者或农户生产出来的产品不能顺利销售获利的可能性。[①]市场风险可以说是农户进行农业产业化决策遇到的最大风险。

① 孙敬水：《试论订单农业的运行风险及防范机制》，《农业经济问题》2003 年第 8 期。

杨明洪认为农业产业化经营的市场风险是客观存在的，风险来源也是多方面的。[①]市场风险因素主要表现在农产品市场供求变化引起的市场价格波动而带来的风险。一是从市场本身看，市场上的一切商品供求只可能处于暂时的相对均衡状态，技术进步、生产率提高、需求变化，都可能打破市场原有的供求均衡，而市场的不均衡性则是经常的、绝对的。均衡与非均衡周而复始地更替，隐含了许多不确定性，使经营者无法摆脱市场风险的困扰，无论是家庭经营还是产业化经营概莫能外。二是从农产品特质看，由于农产品需求弹性小，供给弹性相对较大，需求与供给的弹性差异使得农产品价格很容易波动，波动的农产品价格使农业的收益具有极大的不确定性，从而形成农业的市场风险。从农户市场决策看，分散的农户由于受市场价格和利益的诱导，相互间信息沟通不畅，其生产决策总是根据上期价格信息决定，而上期市场价格是当时农产品供给与需求的反映，上期供不应求引起的高价格会诱导下期多供给量，多供应量导致价格下降，同样，下期供过于求引起的低价格又诱导下下期的少供给量，少供给量导致价格上升，这种状况会一直不断地循环下去。农户的生产决策总是根据上期价格的信息作出，最终难免形成农产品周期性“卖难”。

市场风险对契约市场的影响主要表现为：一是针对农户而言，农产品市场供不应求时，农产品价格向上波动，存在农户因利益驱动将农产品卖到契约外市场的可能性，造成企业（公司）不能按合同约定保障农产品的供给，形成企业买难风险，会给企业（公司）造成损失。二是针对企业（公司）而言，农产品市场供过于求时，农产品价格会向下波动，在这种情况下，同样存在企业（公司）因利益驱动而不履约的可能性，对农户的农产品不能按合同约定的价格收购，产生农户卖难风险，也会给农户造成损失等。另外，企业在产品市场交易领域中仍然面临许多不确定性，一旦企业产品滞销或价格发生剧烈波动，企业本身就面临市场风险。当风险损失过大，

① 杨明洪：《农业产业化经营的经济风险及其防范》，《经济问题》2001年第8期。

企业无力承担时，其风险就会通过企业传递给农户，这样，企业直接承担产品交易过程中的市场风险，而农户则间接承担了市场风险。

但产品市场风险因素只是导致契约风险发生的一个外在潜在因素，也就是说，产品市场风险因素并非一定会传导至契约市场。据报道[①]，甘肃酒泉肃州区清水镇三丰农副产品购销公司是当地规模较大的一家农副产品购销企业，2007 年销售洋葱 1.2 万吨，收入了 120 多万元。2008 年以 200~300 元/吨的价格收购了 9 000 多吨洋葱，洋葱虽全部销售完了，却赔了 50 多万元。但为了不失去已占领 10 多年的市场，该企业明知是赔也得发运。洋葱终端销售市场让人难以预测，价格波动大，洋葱市场的波动，将风险转嫁于流通大户和外地客商身上，与农户相比公司所承担的风险更大。

3.4 契约市场风险层因素分析

契约市场风险因素是指在“公司+农户”组织形成的契约市场上产生的风险因素，其主要来源于契约本身、契约主体以及不同的契约组织等方面。

3.4.1 契约市场风险层

契约风险位于整个风险圈层的“核心圈层”，它既受到外部环境层风险因素的直接影响，也受到外部风险层中间层风险因素的间接影响。契约风险之所以会处在风险圈层结构中的“核心圈层”，主要是因为：

其一，这种风险是整个产业化的最基础部分。当契约风险出现后，会造成公司与农户退出合作，“合作剩余”立即消失，同时公司与农户还要承担此前花费的谈判和签约成本以及其他费用。

① 资料来源：http://gsnmb.gansudaily.com.cn/system/2007/12/28/010562889.html。

其二，当契约风险没有出现时，其他风险都被认为对产业化经营不会造成根本性的伤害，即使出现损失，这种损失也足以从公司与农户的“合作剩余”中得到弥补，对公司与农户双方来讲，仍然有净收益出现。

其三，这种柔性组织对交易费用的节约主要是发生在核心圈层的。

核心层实际上是一个契约市场，与作为“商品市场”的外层相比，既有作为“市场”的共同特点，同时，也有与“商品市场”不同的特点。这个不同的特点决定了它独特的运行规律。契约市场上的这个风险是传统农业生产经营中从未有的风险。无论对公司来讲，还是对农户来讲，都是必须面临的风险，它的产生根源是契约市场运行中的不确定性。从这个意义上讲，契约风险就是契约市场的风险。虽然，它被冠之以契约市场之名，但从根本上说它不同于产品市场，而是有着自己的特点。

3.4.2 契约市场风险层风险因素

农业经营本身面临巨大的风险，而农业产业化经营并没有消除这些风险，只是改变了风险的分担机制；相反，在某些情况下风险不但没有减弱，反而有所放大。大量研究成果证实，公司与农户间的契约非常脆弱，违约风险严重，契约风险成为农业产业化经营的核心风险。契约风险问题十分复杂，其来源也多种多样，本书主要从契约本身来分析。

图 3.7 从契约本身、公司和农户三个方面对农业产业化经营中的契约风险因素进行了详细的分析。由于众多因素的共同作用，公司与农户所签之契约为不完全契约，其本身就存在风险因素。公司和农户由于双方的目标函数不一致，特别是受机会主义思想的驱使，自然会出现主观违约。即使有时并非主观因素的作用，也会因客观的不可抗力，如地震、战争等事件的发生使得契约的履行成为不可能。

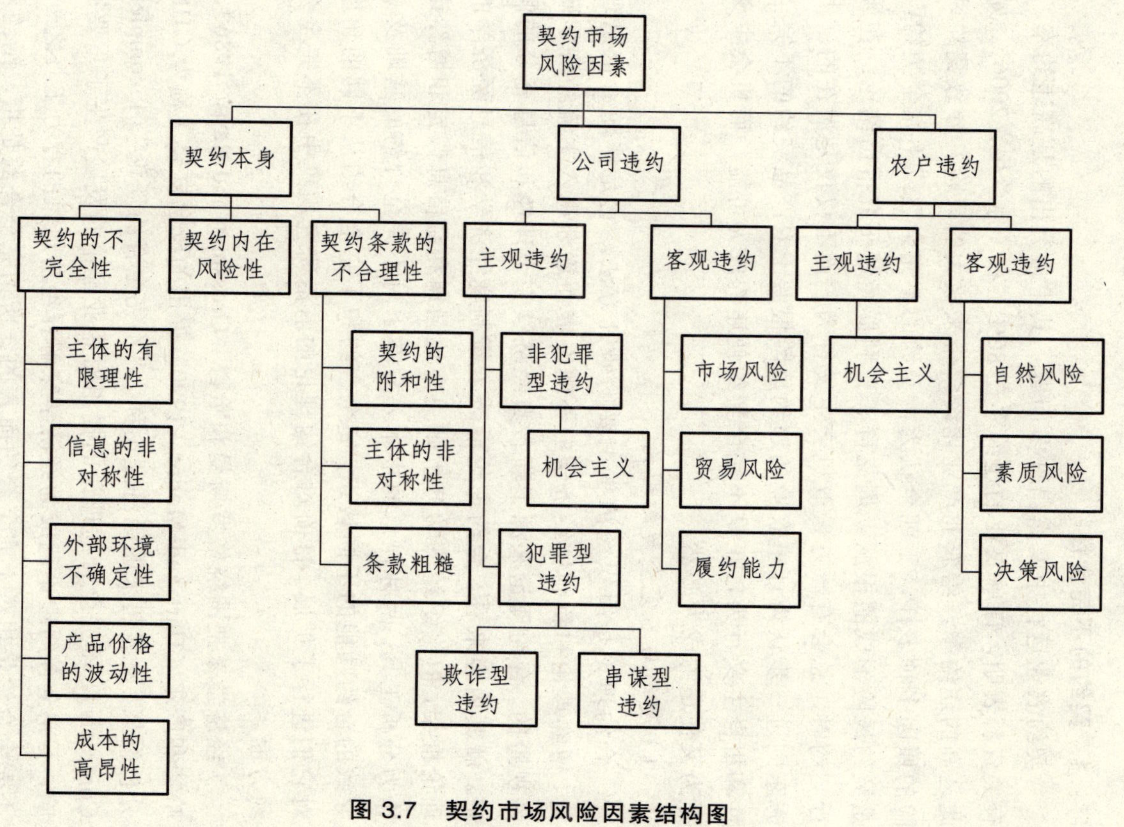

图 3.7 契约市场风险因素结构图

3.4.3 契约本身的风险因素

1. 契约的不完全性[①]

契约农业运行中暴露出许多问题，其中最突出的是高违约率。有关资料表明，订单农业的违约率在80%左右（孙兰生，2006）。如此之高的违约率，给农业产业化经营带来极大的风险。导致契约风险的原因多种多样，王朝全认为，契约的不完全性或不完全契约，是契约风险形成的根源。周立群、曹利群经过研究得出结论：在履行契约时，总会有一方采取机会主义行为，而不仅仅是潜在的。生秀东则进一步认为订单农业的违约风险根源于农产品契约的不完全性和机会主义行为，正是不完全契约使违约成为可能，而机会主义行为又使违约成为必然。

1）契约与不完全契约理论

合约理论是组织经济学主要的研究方法，它是伴随着信息理论、博弈理论和新制度经济学的不断发展而逐渐进入主流经济学研究视野的。合约理论来源于新古典经济学完全理性和信息充分的假定。就其内容来看，合约理论沿袭了新制度经济学和信息经济学的理论框架，但组织经济学分析则更多地强调利益信息假定和博弈论作为分析工具。两种视角的根本差异在于对不完全合约的基础及其导致的合约功能的不同认识，完全合约和不完全合约从不同的角度对它们进行了扩展。目前对合约理论的前沿研究均集中在不完全合约方面。

经济学家把围绕格罗斯曼和哈特（Grossman and Hart，1986）、哈特和摩尔（Hart and Moore，1990）提出的概念框架（称为GHM分析框架）发展起来的经济理论称为“不完全合约理论”（Incomplete Contracts）。不完全合约理论的提出对企业理论的发展产生了重要影响，不完全合约理论已成为经济学家解释经济现象的有力工具之一。不完全合约是相对于完全合约而言的。所谓完全合约是指，缔约双

① 李彬：《不完全合约与订单农业的违约风险》，《农村经济》2009年第4期。

方能够完全预见合约过程中一切可能发生的事件，并自觉遵守合约的有关条款；当缔约双方对合约条款产生争议时，第三方能够强制执行。不完全合约则是指，由于个人的有限理性、外在环境的复杂性和不确定性等不完全因素的存在，合约双方不可能详尽准确地将与交易有关的所有未来可能发生的情况及相应情况下的职责和权利写进合约。签订完全合约只是一种理想的状况，真实世界的合约在绝对意义上都是不完全合约。[①]

Arrow 认为，由于代理人努力的私人信息特征和委托人对代理人的努力与不确定性分离的困难，非对称信息引起的激励问题和道德风险的处理是组织选择理论必须面对的问题，信息获得困难是契约不完全的主要原因。[②]Klein 认为，除了不确定性因素外，契约不完全的原因在于参与人努力的高测度成本。[③]除此之外，契约不完全的原因在于：许多重要的投资是事后可观察但不可证实的；缔约双方面临新的获利机会时，会重新就契约条款进行讨价还价（Hart and Moore，1988；Segal，1999）。Hart 讨论了契约不完备的三个方面：一是复杂世界的不可预测性，使得人们难以考虑得太远；二是没有共同语言来描述；三是难以规定责任的划分和处理方式。他并从交易成本的概念出发，论述了不完全合约的成因。[④]他认为无限大交易成本具有普遍性，当交易合约不完全时，交易成本就是无限大。在实际交易过程中，存在未来不可预见性、语言非精确性、计算成本及协议签署成本等，这使得人们只具有有限理性。有限理性人事先难以考虑到所有可能发生的事件，所以任何合约也不可能将未来可能出现的所有情形都包罗殆尽，更谈不上在合约中事先规定好在这些情形下合约双方的权利与义务。一旦在合约执行中出现原来没有事先考虑到的情形，合约中的一方就可能采取机会主义行为获利而损

① 马力：《不完全合约理论述评》，《哈尔滨工业大学学报》（社会科学版）2004 年第 11 期。
② Arrow, K. J., 1974: Organization and Information. In the Limits of Organization. W. w. Norton.
③ Klein, B, 1983: Contracting Costs and Residual Claims: The Separation of Ownership and Control. Journal of Law and Ecnomics,Vol.26.
④ 参见郭熙保、张克中：《西方企业理论的新进展——不完全合约理论》，《国外财经》2000 年第 4 期。

害他方利益。假如事先可能将所有情形包括在合约中，信息不对称也会导致逆选择；即使事先信息是完全的，事后信息的不完全仍会导致道德风险，因为监视合约的执行情况存在成本。人类语言的有限沟通能力及合约可能是非纳什均衡，都会导致合约难以达成权利义务的完全界定与实施。刘凤芹认为：合约不完全的成因有：①语言的限制：由于语句的模棱两可或不清晰而造成的合约的模棱两可和不清晰。②疏忽：由于合约方的疏忽，未就有关事宜订立合约，从而合约是不完全的。③解决合约纠纷的高成本：因为合约方订立一个条款以解决某一特定事宜的成本超出了其收益而使一个合约不完全(成本中包括信息处理成本、制度运行成本等)。④由信息不对称引起的弱的或强的不可缔约性。⑤喜欢合作的倾向：指异质性商品或关系性合约。[①]

不完全契约经济学的研究根植于权利分配对于事后剩余分配和事前努力的影响，其重点在于研究契约安排与交易的适应性，不完全契约理论说明了一体化程度不同的原因——因为契约是不完全的。所以现实中的合约大多是依赖习惯、诚信、声誉等方式完成的。

2）公司与农户间契约是不完全的

龙头企业与农户在农业产品生产之前，签订具有法律效力的农产品产销合同，并规定双方的权利和义务；农户依据合同组织生产，龙头企业按照合同收购农产品，这就是通常所说的订单契约。签订完全契约只是一种理想的状况。因此，现实中的契约都是不完全的。造成契约不完全性的主要原因是：

一是公司和农户的有限理性。公司和农户都是追求自身利益最大化的经济人。古典经济学家亚当·斯密指出："当社会中的每个成员都努力追求自身利益时，通过一只看不见的手便可以实现社会利益的最大化。"[②]这句话奠定了经济自由主义思想的基础，并为大多数经济学家奉为信条。徐秋慧（2006）认为公司和农户的理性包括

① 刘凤芹：《不完全合约与履约障碍——以订单农业为例》，《经济研究》2003 年第 4 期。
② 杨小帆、张永生：《新兴古典经济学和超边际分析》，中国人民大学出版社 2000 年版。

两层含义：其一，在农业产业化经营过程中充满着不确定性，农户和公司生产经营的外部环境是复杂多变的，始终存在着不确定性。其二，农户或公司接受和处理相关信息的能力是有限的，对于未来经营和交易农产品时可能发生的情况，它们是不可能完全预见的，也不可能准确地了解各种情况下彼此利益关系的变化，因而不可能确切地判断出哪些契约结构是最有利的。相对于无限的知识和复杂的环境而言，任何个人和组织都只具有有限理性。

二是公司和农户信息的不对称性。公司多数市场经济意识强，经济实力雄厚，决策较为科学，还有严密的组织和完善的市场营销系统，通晓政府的经济政策和法律法规，掌握市场信息，处于信息强势地位。相对而言，农户家庭经营规模偏小，居住分散，资金、技术力量薄弱，市场经济意识往往淡薄，难以准确、充分、及时地捕捉市场信息，评估和辨别信息的能力低，加之农户缺乏代表自身利益的组织依托，这就导致农户在与公司的谈判中处于弱势地位。由于农户对合同知识缺乏以及农户与企业之间信息的严重不对称，所签订的契约也大多数为附和契约。甚至有的契约人为地设置一些陷阱，存在一定的欺诈性。

三是外部环境的复杂性和不确定性。农产品在生长过程中受到来自自然力量的多种不可控因素的影响，从而导致了农业生产活动往往面临极高的自然风险。同时，农产品生产又具有明显的季节性和较长的周期性特征。契约是对未来农产品交割的承诺，而农产品在生产过程中受多种自然环境的影响，致使签约双方难以预料未来会发生的事件，所以未来充满着不确定性和风险性。如生产过程中病虫害的出现、技术的不到位、天气的变化等因素很难避免。

四是产品价格的波动性。农产品需求弹性小，供给弹性相对较大，需求与供给的弹性差异使得农产品价格很容易波动，农产品价格波动的成因主要包括四个方面：农产品供求总量的变化（农产品生产投入品的价格、农产品生产技术的进步、农产品生产者对未来农产品行情的预期、农产品储备变化和农产品需求结构变化）、农产品市场的发育程度、国家农业政策的调整和国际市场的稳定程度。

波动的农产品价格使公司和农户很难签订一个符合市场价格的订单价格，为降低交易费用，双方只能签订较为粗略的契约。

五是订立契约成本的高昂性。如上所述，由于现实世界的复杂性和人的有限理性，缔约者要想签订一个包括对付未来任何偶然事件的详尽契约条款是不可能的，因而契约往往是注定不完全的。对一个“注定不完全契约”来说，规范契约条款是不可能的，因为试图在契约中预见所有偶发事件的成本极为高昂。这些交易成本包括与不确定环境相联系的、与更详细地明确规定契约有关搜寻信息和再谈判的成本。对交易者而言，对许多潜在的、不一定发生的偶发事件提前采取预防措施而付出成本是一种浪费。

总之，由于外部环境的复杂性和不确定性，产品市场价格的波动性和人的有限理性，公司和农户在签约之前难以预测未来可能发生的一切事件，也不能准确地预见未来价格的变化，因而，双方很难确定详尽的契约条款。加上订立契约的高昂性，为节约交易费用，双方只能签订一个较为粗糙的契约。这种不完全契约为公司压级压价或拒收、为农户少售转售或拒售等机会主义行为的发生提供了可能。现实中常见的典型违约现象也就不奇怪了：当市场价格低于契约价格时，公司常常压级压价收购或违约直接从市场收购；而当市场价格高于契约价格时，农户则少售或转售于市场。

2. 契约的内在风险性

在公司与农户的契约关系中，由于公司和农户是两个不同的契约主体，它们的契约关系受制于双方所追求的契约目标，而两者的契约目标函数往往并不完全一致，在信息不完全、不对称的情况下双方受机会主义思想的驱使，就容易出现败德行为，这就决定了双方契约关系具有很高的内在风险性。

具体表现为：一是农户与公司签订契约目的是为了保证农产品的销路。但市场行情难以预测，到期市场价格或高于或低于市场价格，都会导致农户或公司产生违约倾向。二是虽然公司与农户签订了契约，但是，由于农户生产经营的分散性与独立性使得对农户的生产经营活动过程难以进行有效的监督，从而进一步加大了交易成本，使得契约双方面对自然风险、市场风险时，往往运用各自拥有的隐蔽信息进行利益最大化的机会主义行为，以回避风险。三是当契约的履行成本高于违约成本或契约的履行收益低于违约收益，以及在诉诸“第三方”（如法院）成本较高时，契约本身又无法保证所规定的义务的履行，违约风险不可避免。

3. 契约条款设计的不合理性

根据交易费用理论可知，由于人们的理性是有限的，契约主体不可能事前完全搜集所有相关信息，也不能预测事后可能发生的一切变化，因此，契约条款注定是不完全的。目前，公司和农户缔约的问题不仅仅是现代经济学中所说的“契约不完全”问题，也表现为契约条款设计的不合理性问题。契约条款设计的不合理使契约条款风险的发生成为必然。契约条款风险因素主要表现在：契约的附和性、订立主体的非合理性、条款的粗糙性等方面。

（1）契约的附和性是由契约的签订过程中，公司和农户所拥有的信息的非对称性所造成的。如前所述，公司与农户自身的特点决定了在谈判中公司处于信息强势地位，而农户处于信息弱势地位，导致农户与公司签订的契约大多数为附和契约。

（2）订立主体的非合理性主要表现为一些地方政府“定位不准”，职能错位、越位，既当“运动员”，又当“裁判员”，越俎代庖，代替农户签订“合同”。乡镇政府在很多情况下，将订单视为招商引资项目，主动与企业签订合同，再与农户签订合同，农户对内情并不了解。在三方的博弈中政府始终处于强势地位，企业和农户都很难对政府的行为进行约束，因此，所签合同条款也很难满足农户需要，存在一定的不合理性，为以后的履行带来了困难。

（3）条款的粗糙性主要表现为契约条款格式不严格、随意性大，有的契约违约责任不清，处罚不明，执行困难，以至于让不守信用的契约主体有机可乘，以趋利的动机归责他人，造成契约另一方的经济损失。

湖北省某公司与农户签订的“双低”油菜收购契约就是一个典型。契约规定，公司以保护价 1.00 元/公斤保收基地农户的全部油菜籽。公司每年的油菜加工能力是50万吨，但限于收购资金不足，每年实际在本地区收购油菜籽不足20万吨。由于油菜籽含水量高，最多只能储存3个月，而通常油菜籽的收购季节正值长江流域的梅雨季节，更容易使油菜籽霉变。所以，农户要么是将油菜籽低价卖给小油厂，要么是任其坏掉。农户丰产不丰收，这大大影响了其种植油菜的积极性，也影响了公司与农户间的长期合作关系。[①]这一案例说明，公司在缔约环节上没有下工夫，对契约执行后果缺乏责任感。

4. 契约实施的制度不完善性

无论是公司还是农户都存在着单方撕毁合同且不受惩罚的可能。由于公司和农户的违约成本太低，契约的实施成本变得很高。其中一个重要原因是政府相关部门市场监管不力，对契约法人的登记制度设计和实施存有问题。同时在农村缺乏对农户违约的约束机制。

专栏：倒奶的损失谁“买单”

2004年4月，受安徽阜阳奶粉事件的影响，浙江乐清市4家乳品厂全部被列入产品质量黑名单，6月下旬这些企业被查封。与此同时，乐清市100多家奶牛养殖场，日均生产的20多吨鲜牛奶因无处供应，而出现了轰动全国的倒奶事件。

乐清市振发畜牧场场主吴忠银告诉记者，（2004年）6月29日，受虹桥乳品厂等企业被查封的影响，鲜奶一时没有销路，无奈之下，他只好把鲜奶无偿地送给附近的村民。连续5天，乡亲们拿着瓶瓶罐罐到他的畜牧场打鲜奶。

鲜奶除了饮用以外，有的村民还用鲜奶洗脸，有的村民用鲜奶给小孩洗澡，鲜奶实在喝不完、用不完，就用来喂猪。

尽管村民们每天都来畜牧场打鲜奶，但吴忠银面对每天剩下的300多公斤鲜奶还是犯了愁，没办法，他只好把鲜奶倒进草地里。吴忠银对记者说，自己辛辛苦苦养的牛，却把牛奶倒掉了，自己说什么也是想不通。

---

① http://www.docin.com/p-80804423.html。

王同荣是乐清市最大的奶牛养殖户，前两年他投资几百万元买了100多头优质奶牛，到现在成本还没有收回。王同荣告诉记者，企业拒收鲜奶，给他造成直接损失1万多元。谈起倒奶风波，蒙在王同荣心里的阴影至今还没有散去。他告诉记者，倒奶那几天，他们一家人吃不好、睡不好，人急的就是没命了，老伴急得都不想活了，要跳楼。

吴忠银给记者算了一笔账，按每天送给村民以及倒掉的600多公斤鲜奶计算，收购价在900元左右，再加上七八个工人的工资和饲料钱等，一天净损失1 300多元，倒奶5天，总共损失6 000多元。许多奶牛养殖户告诉记者，倒奶之后由于给牛停喂了精饲料，这批牛的牛奶产量再也恢复不到原来的水平，这种间接损失比倒奶本身的损失还大。

倒奶事件发生后，吴忠银拿出当时与虹桥乳品厂签订的鲜奶收购协议书，记者看到，协议条款是单向的，协议规定：吴忠银的畜牧场生产的牛奶只能供给虹桥乳品厂一家企业，一经发现擅自供应其他企业，没收当月奶款，至于企业如果在协议期内拒收鲜奶怎么赔偿则只字未提。

记者在调查中了解到，许多奶牛养殖户明明知道这些协议有许多不规范的地方，但由于种种无奈也只好认了。倒奶事件发生之后，100多个奶牛养殖户蒙受了巨大的经济损失。

目前，一部分奶牛养殖户已经与企业签订了鲜奶购销协议，尽管协议中有一些条款约束了企业的行为，但一些奶牛养殖户还是有些担心。因为乐清市四家乳品企业到现在还没有恢复生产，他们面对的收购商只有这一家企业，他们又没有了选择的余地，对此，企业负责人表示，企业准备投资几百万元，在公司附近建牛舍、建农舍，只要农户愿意，他希望这些农户能够到公司附近集中饲养、集中挤奶，达到规模效益。这对公司和农户都有利。

资料来源：作者根据 http://www.aweb.com.cn 2004-8-20 15:08:14 央视国际整理。

3.5 违约风险形成机理分析

3.5.1 契约主体的客观违约

契约主体的违约主要是指公司和农户的违约。契约主体的违约可划分为契约主体的客观违约和契约主体的主观违约。上文研究表明，很多学者把违约的根源归结为订单的不完全性，作者也认为这是违约的一个重要原因，但根据契约理论，现实中的契约都是不完全的，这是由外部环境复杂性和不确定性以及人们的有限理性决定的，因此，契约的不完全只是违约的一个重要原因。本书试图从“公司+农户”组织契约主体的角度加以分析，分析其违约的客观上的原因和主观上的原因，这是一个很少有学者涉及的研究视角。而通过这两方面研究公司和农户的违约成因，有助于更加清楚地看到其违约的动机和根源。

1. 公司的客观因素违约分析

1）公司的含义及特征

公司是一种企业的组织形式，它具有独立的合法身份，可以根据自己的利益购买、出售、生产商品，提供劳务和签订合同。“公司+农户”组织模式中的公司，是指根据市场需求与农户或中介组织签订农产品种植、养殖或加工等的合同，从事农产品交易活动的组织。我国农业产业化组织形式中的公司主要指龙头企业。所谓龙头企业是指经济基础雄厚、辐射面广、带动能力强的农副产品购销企业、加工企业或企业集团。龙头企业内联千家万户，外联国内外市场，具有开拓市场、深化加工、提供全方位服务的多种功能，是带动农业产业化系统的“火车头”。

龙头企业与农户通过合同的形式将农业产前、产中、产后各环节有机地结合起来，将各部门间的外部交易变为产业化组织的内部交易，降低了市场交易费用，增强了市场的竞争力。企业与农户结合后，企业可以获得稳定的原料来源，农户因企业提供的扶持或服务，可以得到稳定的收入，从而降低经营风险。

龙头企业组织形式主要分为以下几类：一是加工型龙头企业。对农业产业化基地生产的农副产品，加工企业按照合同(计单)收购后，进行加工和销售，与基地和农户形成产加销一体化。二是流通型龙头企业。由对内对外的商贸公司代购或收购生产基地的农副产品，经过分检、储藏、包装之后销售。通过产销合同规定签约双方的责任和权利，公司实行注册商标，统一标准，统一品牌，组建销售网络推向市场。三是专业市场型龙头企业。以农副产品专业市场为龙头与广大农户直接沟通，将农户纳入市场体系。主要形式为“专业市场+农户”，流通是生产的继续，市场是流通的载体。四是中介组织带动型龙头企业。以“专业协会”“合作社”为龙头与农户在某一产品的生产或再生产全过程的各个环节上，实行区域联合，以增强产品竞争能力。主要形式为“中介组织+农户”。五是科技服务组织带动型龙头企业。以科技服务组织为龙头带动农户，将现代科技手段融入生产加工，引进新技术、新品种，开发名、特、优新产品，带动区域专业化生产和一体化经营。主要形式为“科技服务组织+农户”。①

本书中的龙头企业并不局限于国家认定的国家级和省级龙头企业，本书认为只要能带动农户实行专业化生产，实现农业产供销、贸工商紧密相连，从事农副产品加工销售，具有法人资格的企业，不论其规模大小，实力强弱都是龙头企业。从山东省潍坊市的实践看，龙头企业的突出特点是“大、高、外、强”。“大”是指规模大，“高”是指起点高，“外”是指外向型，“强”是指带动强。像诸城对外贸易集团公司、得利斯集团公司、潍坊美城肉鸡有限公司、潍坊大江集团公司、潍坊乐港食品股份有限公司等，都较好地体现了农业产业化组织者、营运中心的身份，真正起到了中枢的作用。

根据新古典经济学的观点，在所有权和管理权同一的情况下，假设公司行为是理性的，它一定是以利润最大化为主要目标的。在

① 王仁志：《农业产业化龙头企业：发展与创新研究——以泰兴市为例》，山东农业大学硕士论文 2005 年。

所有权和管理权分离的情况下，许多经济学家认为管理者更可能去追求一些非利润目标。本书研究认为企业作为获利性组织，它的一切出发点是获取利润，现代企业也大多以实现股东权益最大化为目标。所以，企业价值观应首先建立在满足自身需要的基础上，企业是一个追求利润最大化的理性“经济人”。

2）公司客观因素违约的表现

公司的客观因素违约可以界定为，公司在主观上没有违约的故意，但由于不可抗力或意外事件的发生等原因致使企业不能履约、不能完全履行或履约将会给企业带来灾难性的影响等，致使企业违约。由此可见，公司的客观因素违约是由两类因素导致的：一类是不可抗力，另一类是意外事件（参见图 3.8）。

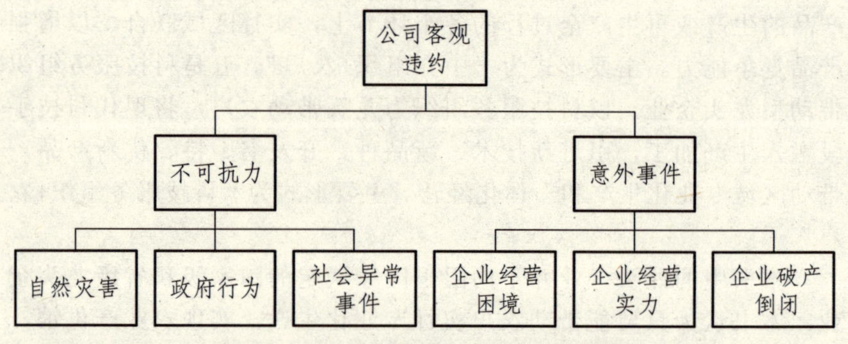

图 3.8　公司客观违约风险因素结构图

（1）不可抗力。不可抗力在我国《民法通则》上是指“不能预见、不能避免和不能克服的客观情况”。不可抗力主要包括以下几种情形：① 自然灾害，如台风、洪水、冰雹；② 政府行为，如征收、征用；③ 社会异常事件，如罢工、骚乱。不可抗力所指的事件必须是当事人在订立合同时不可预见的事件，它在合同订立后的发生纯属偶然。当然，这种预料之外的偶然事件，并非是当事人完全不能想象的事件，有些偶然事件并非当事人完全不能预见。但是由于它出现的概率极小，而被当事人忽略不计，把它排除在正常情况之外，但结果这种偶然事件真的出现了，这类事件仍然属于不可预见的事件。在正常情况下，判断其能否预见到某一事件的发生有两个不同的标准：一是客观标准，即在某种具体情况下，一般理智正常的人能够预见到的，该合同当事人就应当预见到。如果对该种事件的预见需要一定的专门知识，那么只要具有这种专业知识的一般正常水平的人所能预见到的事件则该合同当事人就应当预见。二是主观标准，就是在某种具体情况下，根据行为人的主观条件，如当事人的年龄、发育状况、知识水平、职业状况、受教育程度以及综合能力等因素来判断合同当事人是否应该预见到。不可抗力事件必须是该事件的发生是因为违约人不可控制的客观原因所导致的，违约人对事件的发生在主观上既无故意，也无过失，主观上也不能阻止它发生。当不可抗力事故出现，致使契约无法履行时，客观违约即会成为现实。发生不可抗力事故后，对于契约的处理有两种结果：一种是解除合同，一种是延期履行合同。究竟如何处理，应视事故的原因、性质、规模及其对履行合同所产生的实际影响程度而定。

一是自然灾害。自然灾害危害面广、破坏性大，是对人民生命财产安全的最大威胁和对社会经济发展的重大制约因素。在所有的自然灾害中，地震、洪水、大风、风暴潮、滑坡、泥石流等高强度灾害对企业的危害不容忽视，可以使整个企业或其中一部分顷刻毁灭，造成巨大损失。

地震灾害是“群害之首”。“5·12”汶川特大地震不仅造成了大量的人员伤亡，而且对震区企业也造成了空前的破坏。占四川 GDP 45%的“成德绵经济带”总损失估计超过 2 000 亿元，全国重装基地德阳在此次地震中受灾工业企业达 1 400 多家，机械损失超过 100 万台，其中绵竹的工业几乎全部瘫痪。[①]受损公司和农户签订的订单自然无法履行。

二是政府行为。从中央到地方为促进农业产业化发展都出台了一些政策，但是在政策执行方面存在一些问题：一是政策缺乏连续性，经常会出现因干部人事变动而政策变动的现象；二是许多优惠政策落实不到位，或者同行企业享受不同的待遇。

---

① 陈其钰：《震后重建大幕即将拉开　相关产业得失几何》，http: //www. guosen. com. cn/webd/public/info Detail. jsp?infoid=4271659。

三是社会异常事件。社会的动荡不安引发的政治风险等会使企业难以正常运行。如作为意外事件的次贷危机的爆发，对我国出口型龙头企业就带来一系列负面影响。

国际金融危机发生后，2008 年第三季度我国农产品的出口额大幅降低。从山东省诸城市中康公司来看，2008 年因受国际金融危机的影响，1~10 月份共出口各类蔬菜 6 980 吨，创汇 783 万美元，其中第三季度出口 2 370 吨，同比减少 18.2%，创汇 267.3 万美元，同比减少 9.8%。虽然 2008 年订单数量与 2007 年基本持平，但从全年情况看，形势不容乐观。本来客户可以签下 2009 年全年的订货合同，但是到现在有的客户对某些产品还是在等待观望，没有签下全年的订单，或者只签了一部分订单。据初步了解，这种订单数量下滑减少的现象在多数农业龙头企业普遍存在，应当引起我们的高度重视。①

（2）意外事件。因意外事件的发生而导致违约，是指违约人在客观上给对方造成了经济损害，但是违约人在主观上既没有故意也没有过失，而是由于意外事件的发生造成契约无法履行。对于龙头企业而言主要表现为：

一是企业的经营困境。企业在经营过程中无时不处于大大小小的危机之中，因市场信息不足、经营不善或受国内外市场的严重冲击，特别是在危机处理方面采取的措施失当时，都会使企业处于经营困境之中，致使企业无能力完全履约，这种情况多见于小型的农产品加工企业。

如山东省是肉鸡生产大省，肉鸡产量占全国的 20%，出口更占到 50%以上。近些年来一方面由于国外低价肉鸡产品大量进口，山东农业产业化龙头企业 6 800 多家，普遍开工不足，绝大部分企业处于停产或半停产状态，甚至破产。另一方面，中国农副产品出口近年屡屡受阻，自 2008 年以来，特别是受金融危机的严重影响，出口贸易受阻使得一些外向型龙头企业难以完全收购契约规定的农产品数量，造成部分违约。

① http://sdny.gov.cn/art/2008/12/8/art_621_157470.html。

二是企业的经营实力。一般而言，实力强的企业抗风险能力强，违约率低；相反，实力弱小的企业，抗风险能力弱，违约率高。当农产品市场价格大大低于契约价格时，一些规模小的公司即使想按合同价格收购农产品，但也会限于实力难以实行，造成违约。

三是企业的破产倒闭。由于企业的决策失误、经营不善，特别是在受到市场风险袭击时，企业可能要破产倒闭，它与农户所签契约也将随之流产。如曾是中国知名的乳品企业——三鹿集团，因“毒奶粉”事件而破产后对整个乳品乃至食品行业造成了难以估量的损害，而与其存在契约关系的农户也遭受了重大损失。

2. 农户的客观违约因素分析

农户客观违约是指农户虽然在订单一开始就没有违约的故意，但是由于自然原因和自身的素质等因素导致农产品在数量和质量上不能达到契约规定的要求而发生的违约行为。农户客观违约因素主要来源于两方面：

（1）自然灾害。如前所述，农业是自然再生产和经济再生产过程交织在一起生产活动，受自然环境、外界条件影响极大。

以山东省为例，据统计，1949—1989年的40年里，因气象灾害平均每年减产粮食15.1亿公斤，减产棉花0.95亿公斤，减产油料1.85亿公斤，倒塌房屋55.9万间，受灾人口1673.5万人。这些灾害都是造成农户客观违约的因素。

（2）意外事件。意外事件所带来的农户客观违约风险主要指农户因受自身文化素质的限制，在农产品的生产过程中，对于技术要求、操作规范等失控，所导致的风险。中国目前4.9亿农村劳动力中，具有高中以上文化程度的仅占13%，小学以下文化程度的占36.7%，接受过系统农业职业技术教育的不足5%。[①]由于龙头企业对农产品的标准化程度要求较高，技术难度大，而农户自身素质的限制，影响了其对种植、养殖或加工等新技术、技能的熟练掌握。表现为：

① 程新、崔金秀、林娟娟：《论电子商务在我国农产品贸易中的应用》，《技术与创新管理》2009年第30卷第4期。

① 影响产品的质量，造成质量达不到契约的标准，带来质量风险。② 影响农产品收获数量，造成数量达不到契约规定的总量，带来数量风险。它表现为农户愿意提供但无能力提供，比如由于自然风险的存在致使农产品的产出低于预计产出，以至于农户无法如数履约。③ 影响农产品收获的时间，造成农户不能按契约规定的时间交付农产品，带来时间风险等。

3.5.2 契约主体的主观违约

公司和农户作为理性的经济人，在利益最大化动机的驱使下，都会采取各种手段，为获取自身利益，而主观违约，特别是在契约不完全，约束机制和第三方裁判失效的情况下，更是肆无忌惮。公司和农户的主观违约可以简单地区分为两大类：一类是非犯罪型违约，另一类是犯罪型违约。下面就公司和农户的这两类违约行为分别论述。

1. 公司的主观违约

公司的主观违约可区分两大类：一类是非犯罪型违约，另一类是犯罪型违约。犯罪型违约又可进一步细分为契约欺诈型违约和公司与农户合谋共同犯罪型违约。

公司的主观违约形式多种多样，成因非常复杂，本书按照非犯罪型违约和犯罪型违约，分别进行论述（参见图 3.9）。

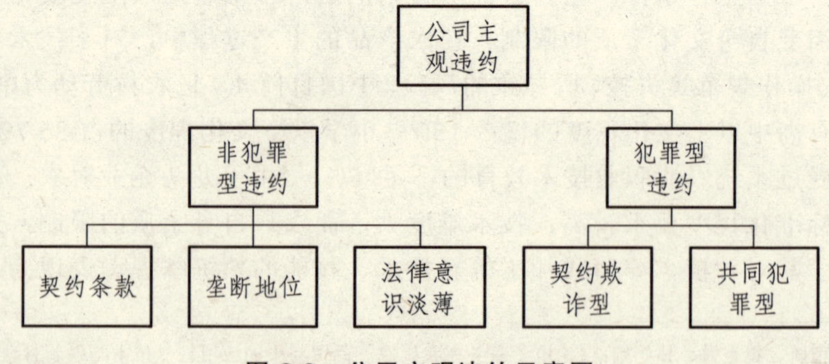

图 3.9 公司主观违约示意图

1）公司的非犯罪型违约

公司的非犯罪型违约是指公司有能力履约，但因主观原因而不履约或不完全履约而给另一方（或多方）带来损失的行为。公司这一违约行为主要通过以下四种手段实施：

一是利用“不平等”的契约条款来违约。由于企业在与农户签订契约时处于强势地位，公司有可能通过单方面制订对己有利的“不平等”条款，约束农户违约的机会，而尽量不对自己的行动加以限制。农户，特别是一些小农户由于处于弱势地位，缺乏一定的谈判力，为使农产品能卖出，则不得不接受。例如在价格条款的保底收购基础上执行随行就市的价格，这种办法几乎完全消除了农户违约的可能性。但是当市场价格下降时，契约能否执行，完全取决于企业“承诺”之可信性。①

据莱阳市梁好泊村的一位种菜大户徐某讲，他曾经在当地一家外资食品加工企业干原料供应厂厂长。从种菜、贩菜到管菜，徐某既有切身利益受损的体验，又亲眼目睹企业无视菜农利益的失信行为。他深刻认识到，在经济活动中，农民是地道的弱者。在这家外资企业管菜时，徐某惊讶地发现企业出口价格高得令人“可怕”，但企业还是最大限度地克扣菜农。在原料多时，企业就压级压价，有意抬高原料的不合格率。有时，菜农送来的菜交给企业后，第二天出来的不合格率竟高达 30%，甚至出现 60%的不良率。其实，当时的验收只是一个幌子，每次验级前先由老板定调。每年企业仅克扣种植户的不良率就能赚 200 多万元。而实际上，这些所谓不合格的蔬菜，多数被企业按合格品加工出口了。当时，几家加工企业收菜前往往互相通气，把收购价格压低。而势单力薄的农民，只好眼睁睁看着自己利益受损，成为企业廉价原料的供应者。

二是利用自身的垄断地位违约。由于龙头企业数量少，在缺乏竞争力的环境下，容易形成市场垄断，而相比之下农户在市场经济中处于劣势地位，这样致使双方签订的契约条款往往会损害到农户

① 生秀东：《订单农业的合同违约问题》，《商场现代化》（下旬刊）2006 年第 12 期。

的利益。调查中发现，在山东寿光几乎所有的养殖龙头企业都采用“公司+鸭子户”模式。拿养鸭来说，农户养一只鸭首先要向公司交纳 6 元/只的押金，以防农户违约，其实质是防止大多数农户在破产后无力或不偿还，然后双方签订显然不平等的合同。在合同中除了公司保证回收成鸭的义务外，其余的义务都是农户的。在养殖过程中，农户必须购买公司高于市价 5 倍的鸭苗和不低于每只 15 公斤的饲料（其价格高于市价 1 倍）以及每只 1 元的兽药。这样在不计算人工成本、固定资产及押金的时间价值、机会成本的前提下，在 100%的成活率和理想生长状态下，养一只合同鸭的利润为：

利润= 销售收入-鸭苗合同价-饲料合同价-兽药合同价

=6 斤/只×4 元/斤-5 元/只×1 元/斤-16.5 斤×1 元/斤-1 元/只

=24-5-16.5-1

=1.5 元

在同样的前提下，在 95%的正常成活率和因为降低成本而提供劣质饲料、兽药获利致使鸭群生长缓慢的现实下，养殖户是赔本的，甚至养几批鸭连押金都会赔上。

三是利用合同，规避法律来违约。为了骗取信任，一些公司信誓旦旦地与加工户签订回收合同，在合同中规定：加工户加工出来的产品，只能卖给本公司，不得卖给他人，一旦公司发现加工户将产品卖给他人，将依法追究加工户的责任。类似的规定让加工户们深信公司会收购他们的产品，而对公司方违约却没有任何限制。有的公司在与加工户签订的合同中，对产品的质量作了苛刻的要求，使加工户认为自己的产品质量不合格是技术上的问题，而不是公司有意设计好的骗局。为了避免被追究法律责任，一些公司潜心研究合同，如有的公司在与对方履行一年合同期满后，既不与加工户续签合同，也不与其解除合同，而是口头承诺对方“你们尽管按照去年的合同加工产品，我们还是按照原合同规定回收”。加工户在没有续签合同的情况下，继续加工产品，一旦产生纠纷而对簿公堂，加工户便会因缺乏证据而无法维护自己的权益。

四是利用农户法律意识淡薄、相关合同知识缺乏来违约。一些公司与农户签订事先拟定好的对己有利的合同，致使当合同纠纷发生时，公司以农产品质量达不到合同中规定的收购标准为由，拒绝收购或压级压价收购农产品，导致农户的利益受损。

2008 年笔者到山东诸城县镇百尺河村深入涉农企业和农户家中，调查了解订单农业的合同制定、执行、履约情况。诸城县共有 70 家涉农企业和 4.27 万农户签订了 60 781 份订单合同，订单标的达 2.55 亿元，约占全县农业总产值的 70%。但是，笔者发现几乎所有的合同都是企业的自制合同，不少合同为内容单一的产销意向书，与严格的经济合同相去甚远。虽然诸城县涉农企业和农户认为长期以来双方履约率都在 80%以上，应该没什么关系，但这其中存在很大的风险。对农户来说，因为自制合同不具有法律效应，不受法律保护，如果涉农企业（收购方）违约，农户难以追究，导致农业订单兑现难，增加收入难。有些企业在收购时对农产品质量标准、等级方面额外提出不合理的要求，或压级压价收购，直接损害了农民的利益。

调查中发现，龙头企业的故意违约和农产品的专用性强弱有关。对于专用性不强的农产品，由于市场上大量存在，特别是在收获季节，龙头企业随时都可以低价市场收购，因而，当市场价格下降时，有些企业就会以各种理由拒收签约农户的产品，具体表现为限量收购、延期收购、压级压价收购、克扣斤两收购等所谓的“隐性违约”。隐形违约指那些违约事实不太清晰、有关信息难以收集或证实的违约事件。①

2）公司的犯罪型违约

公司的犯罪型违约具有公司的契约欺诈型违约和公司与农户合谋共同犯罪型违约。

（1）公司的契约欺诈型违约。欺诈行为是一种利用交易对方的信息劣势（信息不对称）或契约劣势（契约不对等）而谋取超额交

① 生秀东：《订单农业的契约困境和组织形式的研究》，《中国农村经济》2007 年第 12 期。

易收益的市场交易行为。[①]公司的契约欺诈型违约主要是指有的企业打着“公司+农户”的幌子，大量收取农户保证金，大量赊购货物，当现金收取到了一定量时，携款潜逃，以致农户无处追诉；有的公司利用“农业订单”设置合同陷阱，骗取定金和保证金及以回收农产品为借口，高价向农民推销劣质种子和假劣农资等。这类违约也称为“显性违约”，显性违约指那些违约事实清楚的违约事件（生秀东，2007）。

公司利用合同进行欺诈的行为已不是一般意义上的机会主义行为和败德行为，而是一种损人利己的行为或者是一种犯罪行为。机会主义行为不同于欺诈行为的一个重要标志是机会主义行为只在有机会的时候发生，具有随机性和投机取巧的特点；欺诈行为则不同，此行为一开始就准备违约，而不准备履约。对欺诈者来说，签约只是一个幌子，其真实动机是行骗。这种行为与盗窃无异（曹玉俊、李怀祖，1998）。

诚实经营，童叟无欺，不搞欺诈是经济法中一个比较普遍的原则。然而，在订单农业中，见利忘义、订单违约、骗农坑农的事件屡有发生。一些地方出现了不法公司利用订单进行欺诈的行为。如湖北省秭归县龙泰公司分别与秭归县 7 个乡镇的 58 个村签订了雪里红、莴笋、西芹等蔬菜项目的种植合同，共有 4 141 家农户参加“订单农业”生产，合同种植面积为 5 000 多亩，实际种植面积为 3 600 亩，合同价款 480 多万元。龙泰公司在和各村签订合同时承诺，向订单农户实行“五包”，即包产前投入、包技术指导、包产量达标、包定价收购、包产品销售。然而，龙泰公司根本未履行合同承诺。合同中明确规定，农户不搞产前投入，但实际上龙泰公司却要农户到公司指定的信用社贷款。据统计，农户贷款总额为 75.6 万元。事后，龙泰公司未经允许擅自从信用社提取农户贷款 64.6 万元，其中用于购置生产资料费用为 37.2 万元，其余 27.4 万元由龙泰公司所得。龙泰公司不具备发展订单农业的主体资格和技术实力，公司无一专

① 徐秋慧：《农户生产经营的契约风险与规避》，《山东财政学院学报》2006 年第 4 期。

业技术人才，在农作物种植期间，龙泰公司只派了一名外地技术人员在一个乡组织了三场莴笋种植培训，无任何效果，没有发放任何有关种植技术的资料，更没到田间给农户指导。农作物成熟后，龙泰公司以种种借口不进行收购，限制农户外销、自销，致使农户种植的雪里红、莴笋全部报废，仅这两项就给农户造成直接经济损失近 80 万元。后在乡镇领导的再三协调、督促下，龙泰公司才采取记账收购的方式收购了农产品 280 多万公斤，价值 45 多万元，但至案发时仍未向农户兑现分文。此外，龙泰公司还打着“订单农业”的幌子，超范围经营农业生产资料，龙泰公司向农户出售的种子价格比市场价格高出 2~3 倍，化肥价格高出 20%~30%。[①]

利用订单农业合同欺诈，其主要特点首先是隐蔽性强。表现为：从合同主体看，它们一般是经过注册的公司，持有合法的《企业法人营业执照》；从合同交易标的看，其标的不仅没有违反国家规定，而且都是合法经营的项目，并大多包装成从国外引进的高科技项目；从整个合同条款到办公场所，也都看似正规。其次是智能性高、手法多变。违法行为人具有一定的法律知识，由他们制定的合同条款设置的陷阱更加复杂、不易察觉。他们不断变换公司名称和地址，时常变化加工技术、养殖品种等内容，使本来就缺乏法律常识的农户们防不胜防。最突出的是以广告做诱饵。目前大量的合同欺诈，多是以广告宣传为开端的，他们通过报纸、杂志、电视等媒体进行宣传，对项目前景进行诱人的分析和可观的经济效益预测，引诱农户上当。

专栏：食用仙人掌套牢上亿资金“订单农业”凸显五大风险

海南锦绣大地生物工程公司的“仙人掌订单骗局”使万名农户落入陷阱。自 2000 年起，该公司打着“种上半亩仙人掌，此地有金三百两”的广告，以高价收购为诱饵，诱骗农户签订订单农业合同，

① http://news.xinhuanet.com/china/2001-12/06/content_150874.html。

在全国范围内有近 1 万农户因签订这样的合同，而上当受骗。2002 年 4 月，山东商河县胡集乡良家村农民王御和公司签订了联合销售协议，以 18 元一个种片的价格，花 9 000 元从海南锦绣大地有限公司山东分公司买了 500 个食用仙人掌种片。可当王御按对方的要求种好仙人掌后，却遇到了麻烦，“他们能卡就卡，能拖就拖”，从此，王御接二连三地到公司要求对方履行合同。但从 2003 年 11 月对方就再也没收过一片仙人掌。而为了种植仙人掌，光买种片、建蔬菜大棚等，王御就花掉五六万元。2002 年 11 月，家住四川双流县大林镇茯苓村的夏明书与海南锦绣大地成都分公司签订了《墨西哥米邦塔食用仙人掌订单种植专用合同》，购买了 2.4 万元的仙人掌种苗。紧接着，老夏专门租了近1亩土地种植仙人掌。2003 年 6 月，见地里的仙人掌已经达标了，原本期望卖个好价钱的老夏立即给该分公司打电话，分公司一推再推就是不派人来收购。同年 8 月，老夏一怒之下向青羊法院递交诉状。分公司见此，让老夏自己将仙人掌送到公司，但一车仙人掌仅 1/3 左右被验收合格。但老夏没想到的是，卖了 6 000 多元钱，分公司却只给他 5 000 多元的现金，另 1 000 元则用所谓的仙人掌饮料进行冲抵。

据了解，海南锦绣大地公司成立于 2000 年 4 月，法定代表人是王志忠，工商档案中明确记载：海南锦绣大地公司于 2002 年 11 月 16 日向工商局申请变更时才增加了“收购仙人掌”一项。“这就意味着该公司在这之前与全国很多种植户签订的种植收购合同是虚假合同。”其实，不仅是仙人掌，该公司还有波尔山羊、黑豚、鸵鸟、长毛兔、海狸鼠等特种养殖的欺诈行为。

资料来源：笔者根据《法制早报》有关报道整理。

（2）公司与农户合谋共同犯罪型违约。公司人员为了自身的经济利益，作为公司的代理人，在与农户的交易中，有时会利用公司的信息不对称，与签约农户合谋共同侵害公司的利益，致使公司经济和信誉受损，甚者会使公司破产倒闭。

专栏：从三鹿“毒奶粉”事件看合谋违约

石家庄三鹿集团是1996年12月23日设立的企业法人，注册资金3亿元。该集团是集奶牛饲养、乳品加工、科研开发为一体的大型企业集团，是中国食品工业百强、中国企业500强、农业产业化国家重点龙头企业，也是河北省、石家庄市重点支持的企业集团。2006年，集团实现销售收入同比增长16.5%，利税同比增长9.6%。2007年，三鹿集团实现销售收入100.16亿元，连续6年为中国500强，销售量15年保持全国第一。一度成为中国最大奶粉制造商之一。2008年9月，该公司因涉嫌生产、销售伪劣产品被责令停止生产、销售。2008年12月18日，石家庄市中级人民法院根据债权人石家庄市商业银行和平路支行的申请，裁定受理了对三鹿集团的破产清算申请。经审计，截至2008年12月31日，三鹿集团不能清偿到期债务，已资不抵债，符合法定破产条件，2009年1月12日被依法宣告破产。三鹿集团的破产很大程度上是由企业内部经营风险管理的失控所致，但经其内部工作人员与签约奶户的勾结合谋是问题的所在。三鹿集团奶粉的生产和销售，要经过原奶及原奶采购、生产加工、产品储存、流通销售四个环节，每个环节无不存在风险。奶粉事件出现后，经办案民警调查发现，问题出在原奶及原奶采购环节。三鹿的奶源主要有四种途径：一是牧场模式，即集中饲养百头以上奶牛统一采奶运送；二是奶牛养殖小区模式，即由小区提供场地，奶农在小区内各自喂养自己的奶牛，由小区统一采奶配送；三是挤奶厅模式，即由奶农各自散养奶牛，到挤奶厅统一采奶运送；四是以上三种交叉模式。对于牧场奶，奶源有三鹿专门的技术人员和管理人员负责，质量可以保证；对于占到三鹿奶源比例一半的散户奶，有的直接由奶农交给三鹿，有的通过奶站交给三鹿，而三鹿的奶站超过四分之三的兴办主体是个体私营业主和养殖小区，相当一部分还是流动收奶点，这些奶站经营主体成分复杂、数量较多，硬件设施达标难度很大，监督成本较高，存在很大的风险隐患，难以保证奶源质量。一些负责奶源收购的企业工作人员和奶站合谋，在造假掺假可获巨大利润的驱使下，侵害公司的利益。据一位奶农王某讲，奶站每制造一公斤假奶，成本是0.4元，卖给公司的价格却是每公斤1.8~1.9元。有的一天可以掺假超过1吨，而有的收6吨鲜奶，通过掺假可以达到8吨以上。2005年下半年到2006年初，那些曾经拒收掺假奶、不愿意同流合污的公司员工或奶农都被公司通过各种手段清除出去，或者干脆开除。这样就形成了行业“潜规则”，掺假的牛奶走俏，不掺假的鲜奶反而没人要。

资料来源：笔者根据有关报道材料整理。

2. 农户的主观违约

1）农户及其对风险的态度

农户是以血缘关系为基础而组成的从事农业生产经营活动的农民家庭。①农户是一个社会与经济功能合一的单位。它既是从事农业经营和农业生产的经济组织，又是建立在姻缘和血缘关系基础上的社会生活组织。它具有生产、消费、生育、教育、积累、文化等多方面社会经济职能。根据史清华教授的解释，从字面上理解，农户是一个和“农”字相关的地域概念，一般地，由于“农”具有多种含义，那么由“农”和户结合形成的词也应有多种内涵。归纳起来，农户的概念至少有两重含义：一是对户的职业划分，农户是从事农业为主的户，它的对立面是工业、运输业、商业等非农业户；二是对户的经济区位划分，农户是居住在农区的户，它的对立面是城市或城镇户。

在传统计划经济体制下，农户的生产经营依靠国家计划和上级行政命令，农户没有生产经营自主权；在实行家庭联产承包制和统分结合的双层经营体制下，农户获得了生产经营中的主体地位，具有经济人的特征，即在外部环境条件的约束下，追求自身利益最大化和生存的最大化。这一特征是农户加入产业化经营的原动力。

目前国内外关于农户行为的研究，重点集中在农户是否理性的争论上。一些学者认为农户的行为是理性的。最具有代表性的是诺

① 韩明谟：《农村社会科学》，北京大学出版社2001年版。

贝尔经济学奖获得者西奥多·舒尔茨的观点，他分析了社会学家对危地马拉和印度等的调查资料，指出全世界的农民，在考虑成本、利润及各种风险时，都是很会盘算的生意人。也就是说，农民是理性的“经济人”。也有不少学者认为农户经济行为是非理性的。国内学术界对农户是否是理性的同样也存在两种截然不同的观点，具有代表性人物是林毅夫。他认为小农是理性的，当然理性行为要受到外部条件、信息搜寻成本以及主观认识能力的多重制约。综合国内外已有的研究成果，农户行为是理性的观点更具说服力。本书认为我国农户的行为是理性的“经济人”的行为，农户参与农业产业化的行为是理性的体现。

信息经济学认为市场参与者是风险厌恶者，即他们宁愿获取确定收益，而不愿意承担风险以获取风险收益。当面对多种风险的选择时，风险厌恶者将选择具有较大确定性的机会。徐金海认为，对于农户而言，由于面临着很大的风险和不确定性，也由于缺乏控制风险的必要手段和物质基础，冒险的失败可能危及家庭的生存，所以农户特别是小规模农户常常对风险有保守甚至恐惧心理。[①]但是，农户的风险倾向并不意味着他们不敢冒险。一旦理性的农户认为冒险后所获得的收益大于他们为此所付出的成本，农户将选择有风险的机会。

2）农户主观违约的主要表现

（1）农户的非犯罪型违约。农户的非犯罪型违约主要指农户具有履约能力但不履约或不完全履约的行为。

一是由农户的理性经济人特征所致。当市场价格高于契约规定的价格，且违约成本低于违约收益时，农户理性违约转售农产品于市场。这里有两起典型案例：

案例一，2006 年 3 月，酒泉市伟春商贸有限责任公司与玉门市赤金镇和平村姜某签订了洋葱订单种植合同 3 份，根据合同伟春商贸公司给姜某提供种子，由姜某种植洋葱 63 亩，收购时间为 2007

① 徐金海：《专业化分工与农业产业化组织演进》，社会科学文献出版社 2008 年版。

年8月1日至9月20日，货款以现金方式支付，违约责任约定为违约方支付对方每亩地400元违约金。合同签订后，姜某根据种子出苗情况，实际种植45亩。2006年9月23日，洋葱成熟开始采挖，伟春商贸公司派人前去收购。但因2007年市场价格涨幅较大，双方因价格和付款方式等问题未能达成协议，姜某于9月27日将伟春商贸有限责任公司的种子款全部付清，于10月23日将洋葱全部出售给他人。①

案例二，达县由于一些农民不兑现农业订单，造成2008年签订的蘑菇收购合同成了一纸空文。2008年初，在达县政府的倡导下，该县发改委批准立项，全县共规划了12个乡镇为蘑菇种植基地。为支持这一项目的发展，促进农民增收，达县工商部门积极牵线搭桥，促成达州市某农产品经营公司与当地广大农户签订了蘑菇种植收购合同。合同明确规定：由该公司向种植的农户提供蘑菇菌种，成熟后再按每公斤3元的价格进行回收，而农户则从销售给公司的蘑菇销售款中扣除菌种款。为让广大种植户掌握蘑菇的种植技术，该公司还先后组织有关乡镇的领导和农户到外地参观学习，并委派了技术员深入田间地头，现场指导农户进行种植和开办培训班等。为此，该公司先后投入菌种、农膜、肥料等资金总共25万元。但到了蘑菇收获之际，却发生了让人意想不到的情况。由于市场上出现了蘑菇价格大幅上扬的局面，造成了众多农户看谁家出的收购价高就出售给谁的局面，使原有合同不能兑现。据了解，签约公司原先与农户签订的蘑菇收购价为每公斤3元，而现在的市场价位却在每公斤4元上下波动。正是看到了这中间存在的利润差价，所以，众多的蘑菇种植户便受眼前利益所趋，不愿兑现原有的合同。为此给某农产品经营公司造成20余万元的损失。②

① 韦亮：《一纸订单金凭来做》，《酒泉日报》2006年12月29日。
② 胡庭权、谢诚：《农业订单缘何成了一纸空文？——达县部分农民不兑现蘑菇收购合同引人思考》，《中国工商报》2006年12月29日。

专栏：农户违约 企业苦恼

在蓝天白云下，碧草青青的云南丽江瓦莎毕实业有限公司厂区清风徐徐，鸟鸣婉转，尤显宁静。在这里，没有工厂里常见的人员奔忙，也没有工厂通常的喧嚣。由于原料供应不足，公司的设备处于半开工状态。公司负责人满脸愁容：我们的半停工不是因为我们的产品没有市场，实际上日本市场要求订购山嵛菜产品的电话和传真不断，但是，由于与我们合作的农户失约，原料供应不上，生产被迫半开工，大量的出口订单都只能忍痛拒绝了。

瓦莎毕公司是丽江山嵛菜产业化开发的龙头企业，也是云南省生物资源开发创新工程项目和丽江地区农业产业结构调整重点项目。这家公司是目前国内唯一长年向日本出口山嵛菜的企业，按公司设备生产能力和市场需求，每年可接 3 000 吨鲜品山嵛菜的出口订单。但由于原料供应不足，去年（2001 年）仅出口 200 吨。山嵛菜是从日本引进的植物，日语称作“瓦莎毕”，在日本需求量很大。它是一种辛香调味料，类似于我国的芥末。但与以辣根为原料生产的芥末相比，山嵛菜具有强烈的杀菌作用，在日本已经有 700 多年食用历史。最初山嵛菜用于吃生鱼片，现在已扩大到各种食品，甚至糖果、糕点、酒类都添加山嵛菜，也入药制防腐剂。

山嵛菜仅适宜在年平均温度为 10 摄氏度多、无污染的环境下种植。日本人在中国各地考察后，认为丽江山区最适合种植。1984 年，丽江地区农业局开始引种研究，后研究中断。1991 年，中科院丽江高山植物所与日方接触后，通过 3 年多时间引种成功，但没有开发。1996 年云南生物资源开发公司选中这个项目，1997 年 1 月在丽江投资组建了瓦莎毕实业有限公司，专门从事山嵛菜种植加工。

山嵛菜生长周期 24 个月，18 个月才能收获。按设备生产能力设计，每年收购山嵛菜 3 000 亩，即每年种植面积达 6 000 亩，公司设备就可满负荷开工，年生产管状瓦莎毕 500 万支，加工鲜品 1 000 吨，总产值 1.2 亿元。

为了促进山区农民种植山嵛菜，瓦莎毕公司与农民签订协议。

协议规定公司对农民进行种植扶持，其中一部分为无偿投资，另一部分扶持由公司垫支款，条件是农民种植的山嵛菜必须卖给公司，公司收购时从农民交售的山嵛菜货款中扣回垫支款部分。

最初公司对农户每亩投入6 000元左右，农民只出土地、劳力。后来逐渐鼓励农民自己投入，公司每亩地投入2 000元左右。公司有12名技术员组成的栽培技术队伍一直住在农村，无偿为农民种植山嵛菜提供技术服务。目前山区农民种植山嵛菜平均每亩产山嵛菜鲜货（原料）约800公斤，亩产值4 000元至5 000元。扣除全部投入，每亩地年利润2 000元左右。

5年来，在瓦莎毕公司的直接推广扶持下，丽江县4个乡1 100多户农户种植了2 000多亩山嵛菜，多的一户一两亩，少的一家种几分地，由分散的农户种植形成种植基地。但是，这并没有给瓦莎毕公司带来丰收的喜悦。去年（2001年）瓦莎毕公司收到手的山嵛菜鲜品仅500亩，仅占其扶持面积的约1/4，原料因此严重不足，设备也就处于了半开工运行状态。

原来，山嵛菜大面积种植成功后，许多外地商贩来丽江收购。由于这些外地商贩纯属半路杀出的程咬金，在前期扶持农民种植山嵛菜时他们没有投入一分钱，所以他们来收购时可以开出较高的价格。部分农民一方面贪图外地商贩的高价，另一方面绕过瓦莎毕公司将产品卖给商贩可以逃避被公司扣除垫支款，就纷纷将山嵛菜卖给外地商贩。尽管乡镇干部阻止，但外地商贩和农民采取“打游击”的办法交易，公司和乡镇干部都无能为力。有的农民把质量好的产品卖给外地商贩，把商贩不要的质量差的产品卖给瓦莎毕公司，还抱怨说种山嵛菜效益不好，要求公司再予补偿。

瓦莎毕公司副总经理李建波说，在他们签订的合作农户中，只有一半左右的农民能遵守协议，把山嵛菜按约交售给了公司。

资料来源：《市场报》2002年7月23日。

二是因农户违规操作致使农产品质量达不到合同规定的标准而造成。例如，2000年荣城市副食品公司花生加工厂与大疃镇5 000多户农民签订了种植900多亩日本花生的合同。由于农民仍按传统种植方法管理，因而农产品质量有一半达不到出口要求，给企业造成很大损失。再如在莱阳调查时发现，有些农户反映由于龙头企业指定或提供的杀虫剂、除草剂等价格较高，他们有时就会到市场上购买价格较低的农药来替代，结果导致产品的农药残留指标大大超出标准。

出现这些现象，究其原因在于：其一，合同当事人农户一方依法履行合同意识不强、法律知识有待提高。农户虽然知道通过签订合同、协议等方面来保护自身的利益，但真正涉及自身利益时又往往忽略对方、第三人的合法权益，也忘记了自己依法履行合同的义务和承担的法律责任，以致合同成为一纸空文。其二，合同当事人一方服务不到位，对于跟踪服务工作需进一步加强资金、技术投入。企业在合同存继期间，往往忽略了对农户的跟踪服务工作，缺少必要的沟通，双方没有建立相互信任的关系。在市场发生波动时，这种合同关系就变得很脆弱。其三，目前相关部门针对契约农业只开展合同备案等一些服务性工作，订单合同监管工作往往浮于表面。

（2）农户的犯罪型违约。农户的犯罪型违约主要表现为利用非法手段，不按契约质量标准进行生产和操作，从而给对方造成经济损失。例如三鹿毒奶粉事件中的奶农为了使自己的牛奶多卖些钱，他们就开始普遍往奶里掺水。但是变淡的牛奶很容易被奶站测出来——当地的奶站通常通过测定氮等元素的含量来给牛奶评级（这些指标的高低和牛奶蛋白质含量高低呈正比）。后来，当地的农民就开始学会往牛奶中加尿素、甚至氢氧化钠等物质，以提高氮等成分的含量。最后终于发展到掺杂三聚氰胺——一种很难被查出来的物质。

农户违约采取的手段在很大程度上与行业的性质有关，行业的性质不同，农户的主观违约动机和手段也各异。下面以家禽养殖业为例进一步分析农户的主观违约行为。我们知道，龙头企业一般都与农户签订合作协议，规定农户使用企业的种苗、饲料、药物，按企业的要求饲养，将产品交给公司销售等。在正常情况下，农户一般会遵守合约的要求，但在如下几种情况下，有部分农户将会违约，给公司造成损失：一是对公司不信任，公司在遇到资金困难时，农户担心公司无法兑现合约，会过量领取公司的物料或将产品自行处理，或者农户对公司新出台的管理措施不理解、不支持时，认为公司单方违约在先，也会采取违约行动，给公司造成损失。二是公司政策漏洞。公司向农户调拨的物料、农户交给公司的产品，一般有一个合理的内部价格，但当市场发生变化时，公司可能未及时调整物价体系，给贪小便宜的农户有可乘之机，部分农户会使用短期行为破坏合约。三是农户急于套现。有部分农户由于急需现金，特别是在他们没有交足保证金的情况下，明知违约会使自己负上全部责任，但还是会将产品自行销售，套取全额现金。四是农户亏本已成定局。精明的农户在饲养过程中会不断分析本批饲养的家禽盈亏情况，当他们遭受如疾病、自然灾害等打击的损失时，他们清楚如将产品交给公司销售而与公司结算定会亏本，有部分农户就会将产品自行卖掉套现，不与公司正常结算，不再与公司合作，使公司遭受损失。

凡此种种，只要农户刻意违反合约，公司在当前法律不是很完备的社会环境下，很难将损失追索回来，当这些现象普遍发生时，“公司+农户”的产业模式就难以为继，各地都有很多家禽龙头企业因农户违约而被迫停产。

3. 违约成本低是公司或农户主观违约的根本原因

当出现违约诱因时，公司或农户可以选择诚信或违约。如果选择诚信那么它将获得的报酬是正常的合同履约收入 L 和将来交往的长期获利 R 以及良好的信誉优势 A。信誉优势是一种效用函数，它与企业的声誉和道德规范有关，也与社会风气和社会赞誉有关。

如果公司或农户选择违约，它将获得因违约而得到的合同标的收入 D，但同时也将付出各种成本。成本主要包括两个部分：显性成本和隐性成本。显性成本主要指违约的直接投入 I；隐性成本由多种因素决定，包括政治处置成本（政治成本）CP、经济处罚成本（经济成本）CE、精神或名誉损失（道德成本）CM、未来收益损失 R。AD 代表因违约所付出的道德代价，L 仍代表合同履约收入。在讨论道德代价的效用函数 U 时，我们还必须考虑两种结果，即被追究法律责任的概率 P 和逃避法律追究的概率 $1-P$。在这里，有关概率的讨论是一个关键。

公司或农户违约的预期效用函数可以表示为如下方程：

$$EU = U\left[D - I - P(CP + CE + CM) - R - L,\ AD\right]$$

而现实中，公司或农户的违约成本都很低，主要体现在：

一是被追究法律责任的 P 值较低。当农户违约时，龙头企业将众多农户告上法庭的成本可能太高昂，逐个收集小农户的信息不仅困难而且不合算，以至获胜后所得到的补偿并不能完全弥补其由农户违约而造成的损失与进行诉讼的成本之和。这种情况下，龙头企业可能因为诉讼成本太高而理性地选择放弃对农户的违约行为进行起诉，这实际上相当于降低了农户的违约成本，强化了农户的机会主义倾向，增大了契约风险。相反，如果农户违约后会受到惩罚（比如龙头企业将农户告上法庭）的可能性很大，就会降低农户的违约收益，农户将选择履行契约，从而降低了契约风险。同样当企业违约时，由于联合众多的农户将企业告上法庭的成本可能太高昂，法律难以对违约企业产生威慑作用，这种情况下，农户可能因为诉讼成本太高而理性地选择放弃对企业的违约行为进行起诉，这实际上相当于降低了企业的违约成本。总之，无论农户还是企业哪一方违约，受害一方诉诸法律，都是得不偿失的。因为它们之间的交易量小，胜诉的收益也小，而诉讼（及执行）的成本却很高，违约者被查处的可能性较小，理性违约成为他们的选择。

二是经济处罚程度（经济成本）CM 低。其原因是：① 诉讼成本过高；② 法院取证困难；③ 即使公司或农户的违约行为被发现，对其惩罚力度也较小，大多惩罚形同虚设；④ 即使判决，有时也很难执行。赵西亮等调查研究发现，从违约处理情况来看，53%的被调查参与企业认为没有办法处理，有 7%的被调查参与企业认为可以通过法院处理，有 7%的被调查参与企业认为可以通过政府处理，还有 33%的被调查参与企业认为可以通过其他办法处理。[①]这个结果表

① 赵西亮、吴栋、左臣明：《农业产业化经营中商品契约稳定性研究》，《经济问题》2005 年第 3 期。

明，在目前保证契约履行的机制中，明确的法律履行机制所起的作用很小，主要还是通过非正式的履约机制来保证契约的履行。

三是精神或名誉损失 *CM* 低。信誉机制对龙头企业的约束作用十分有限。在很多的农业契约违约案例中，龙头企业作为规则的制定者，可以任意违约而不担心声誉受损和签约农户的“报复”。加上信息传播不畅，一些企业在一个地方违约之后，可以轻而易举地换个地方继续和农户签约。信誉机制对小农户同样没有约束作用。目前大部分农户在非常狭小的土地上进行简单再生产，多数农户财富极其有限，这就决定了农户的偏好是高度风险规避的，决定了信誉对农户自身收益的作用不大。据冯开文的调查，当问农户“按合约应该销售给公司的产品，在市场上又卖出了较好的价格，您会不会违约出售给市场”时，农户选择“在价格相差较大时会”的占 45%，选择“只要价格有差别时就会”的也占 45%。①

从公司和农户违约的决策树模型，我们认识到，从微观机制上减少公司或农户违约的基本思路是，必须大幅度提高被查处的概率 *P* 以减少逃避的概率；通过建立健全各种规章制度来减少违约的机会 *P* 以提高违约成本 *C*，包括 *CP*、*CE*、*CM*，从而大幅度降低违约收益。同时，注重诚信收益的提高。由于诚信是法律对缔约双方的基本要求，过度给予诚信方以优惠有悖法的精神。然而，由于在假设前提中设定了反复博弈的影响，所以诚信自然而然的结果是获得长期利益。

3.5.3 契约主体违约的博弈分析

“公司+农户”组织中，公司和农户作为两个不同的利益主体，其合作的目的在于获取利益的最大化，分享合作剩余，二者的合作过程也是一个不断的博弈过程。一方违约，必然给对方带来损失，契约风险随时可能发生。

① 冯开文：《村民自治、合作社和农业产业化经营制度的协调演进——来自山东烟台的调查报告》，《中国农村经济》2003 年第 2 期。

1. 博弈模型的构建

现通过公司与农户的动态博弈来分析公司和农户间的契约风险。模型的基本假设为：① 博弈双方都是理性经济人；② 市场价格属于博弈双方的共有信息；③ 博弈双方的行为有两种选择：违约与不违约；④ 违约金的执行不需要成本；⑤ 不考虑合同数量，按合同价计算；⑥ 字母的含义：P 为合同收购价，ε 为市场价高于合同价的水平，$P+\varepsilon$（$\varepsilon>0$）为市场价，R 为合同的净盈利，A 为惩罚成本，B 为起诉收益与起诉成本之差，C 为产品市场上卖出或收购产品的信息成本，S 为农户违约的概率。

农户先行动，农户有违约和不违约两种选择，农户选择违约时，企业有沉默和维权（反对—起诉）两种选择；农户选择不违约时，企业不会主动违约。博弈树（参见图 3.10）显示了这个动态博弈过程：

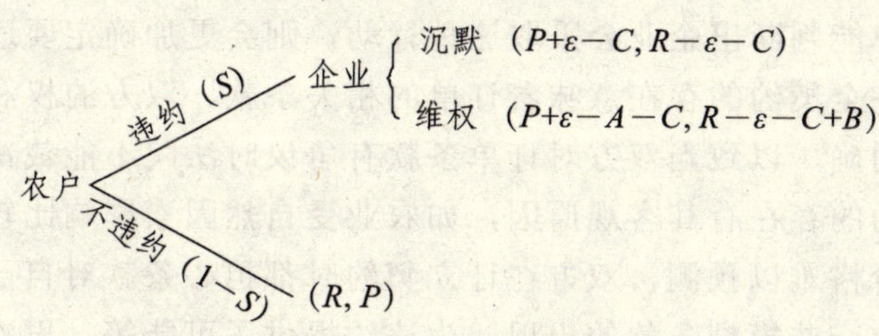

图 3.10 公司与农户的博弈树

2. 动态博弈分析

通过上述博弈分析可以看出，农户违约的概率是 S，不违约的概率就是（$1-S$），不考虑其他条件，农户是否违约依赖于市场价高于合同价的水平和进入产品市场的成本大小，即 ε 与 C 的大小。如果 $\varepsilon>C$，农户会选择违约，概率为 Pro（$\varepsilon>0$）；$\varepsilon<0$ 时，农户会选择不违约。考虑到农户违约后，企业有可能通过法律程序强制农户履约，假设强制农户履约的概率为 $\eta\left[\mathrm{Pro}(\varepsilon>C)\right]$，则农户违约的概率等于主动违约率减去强制履约率[①]：

① 赵西亮、朱喜：《农业产业化经营中商品契约稳定性研究》，http:// cenet. org. cn/cn /ReudNews. Asp_NewsID=13823.2003-10-6。

$$S=\text{Pro}(\varepsilon>C)-\eta[\text{Pro}(\varepsilon>C)]$$

给定农户违约的条件下，企业选择哪种行动取决于 B 的正负大小。如果 B 为正，企业会选择维权，（违约，维权）为纳什均衡，反之，（违约，沉默）为纳什均衡。

给定农户履约的条件下，企业的最优行动是沉默，即（不违约，沉默）为纳什均衡，二者的支付水平是（P，R）。

由上面的公式可以看出，市场价与合同价的价差越大，农户的违约率越大；强制农户履约的概率 η 越小，农户的违约率越大。从现实来看，一些因素决定着农户的违约率将很大。首先，农户和企业的交易量小，胜诉的收益小而起诉的成本很高，这意味着 $B<0$，从而 $(R-\varepsilon-C)>(R-\varepsilon+B-C)$。企业在农户违约的情况下，一般不选择起诉，最优行动是沉默，子博弈的纳什均衡是（违约，沉默）；如果农户能判断出企业会采取这种行动，则会更加确定要违约。其次，不完全契约的存在意味着订单的相关条款、双方的权利和义务规定不明确，以致当双方对订单条款有争议时法院不能裁决。但不完全契约的存在有其客观原因，如农业受自然因素影响比较大，农产品的价格难以预测，双方在订立契约时都担心条款对自己产生不利，导致一些模糊条款的出现，为违约提供了可能等。再次，农户经营规模小，拥有的财富少，这决定着农户是风险规避型，重实际收入而轻信誉。①最后，现实中 η 不会太大，如果法律强制执行的力度大，对违约惩罚的力度越大，双方就越趋于采取合作策略。但增加合同中违约金的数量会增加谈判的成本，从而降低签约的可能性。从现实情况来看，公司与农户签订合同时规定的违约金都较少，而这样较少的违约金额根本无法形成公司与农户都采取不违约策略的纳什均衡。可以说，无论市场行情好坏，双方违约都将是一种较为普遍的现象。

公司行为导致的风险，是指在市场价低于合同价一定水平时公

① 赵西亮、朱喜：《农业产业化经营中商品契约稳定性研究》，http:// cenet. org. cn/cn /ReudNews. Asp_NewsID=13823.2003-10-6。

司违约造成的风险。如市场行情有利于农户，农户不会主动违约。设到期时市场价为 $P-\varepsilon(\varepsilon>0)$，$R$、$A$、$B$、$C$ 的含义同上，S_1 表示公司的违约概率。这同样是一个动态博弈，公司先行动，农户在行动前知道企业的行动。公司有违约和不违约两种选择：公司选择违约时，农户有两种选择（沉默，维权）；公司不违约时，农户不会违约。用博弈树表示此动态博弈过程（参见图 3.11）。

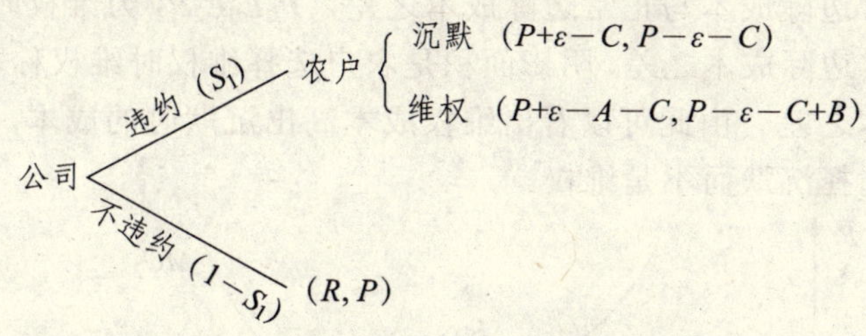

图 3.11 农户与公司的博弈树

通过上述博弈分析可以看出，公司违约的概率是 S_1，设公司主动违约的概率为 Pro（$\varepsilon>C$）$'$，η' 为法律强制企业履约的概率，$S_1=\text{Pro}(\varepsilon>C)'-\eta'$。$\varepsilon>C$ 的程度越大，公司违约的概率越高；法律强制企业履约的概率 η' 越小，S_1 越大。

3. 沉默成本与维权成本分析

在公司违约的情况下，农户的最优策略取决于起诉的净收益 B 的大小：如果 $B>0$，农户会选择起诉，反之选择沉默。实际上，契约农业的特点之一是农户分散，单笔交易规模小，单个农户上诉的成本高，收益小，因而 B 常常小于零；同时起诉的收益具有外部性，其他农户存在“搭便车”行为，因此单个农户不愿起诉，因此既定企业违约条件下子博弈的纳什均衡是（违约，沉默）。农户即使打赢了官司，也不一定得到全额补偿，即使补偿了，有些损失、耗费也无法用钱折算、补偿。高昂的维权成本与农户的有限收益相比，势必影响农户维权的自觉性和自信心。尤其是对于时间、精力和经济并不富裕的农户来讲，可能更会在成本上斤斤计较，常常选择息事宁人和忍气吞声，对所受侵害保持“沉默”。企业如果能判断出这个均衡的话，甚至会利用农户的心理，肆意违约，使农户面临的违约风险增大。

如图 3.12 所示，MC 是农户在正常情形下的边际成本，MC_1 是农户对违约行为保持沉默时的“沉默”成本，MC_2 是农户的维权成本，MR 为农户的边际收益。当 $MR=MC$ 时收益最大，MC_1、MC_2 明显高于 MC，收益变小。当契约没有履行，农户选择沉默时，$P_0E_0E_1P_1$ 为沉默时边际成本与正常边际成本之差，$P_0E_0E_2P_2$ 为维权时边际成本与正常边际成本之差，阴影面积是农户选择维权时维权称本与“沉默”成本之差。由此可以看出维权成本高出沉默时的成本，因此农户宁愿选择沉默而不是维权。

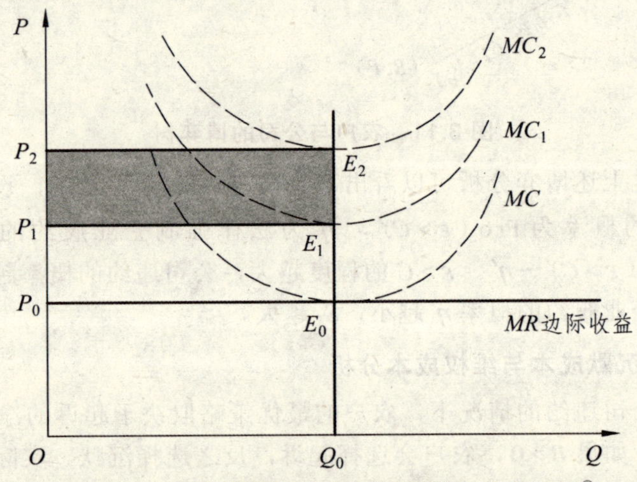

图 3.12 农户的维权成本和“沉默”成本比较[①]

另一方面，这也使得 η' 不是很大，对 S_1 影响不大。企业对信誉的重视程度是影响其违约与否的另一个重要因素。如果企业不注重信誉，违约可能性增加；如果视信誉为生存的根本，则不会轻易违约。

3.5.4 “公司+村集体+农户”违约

这里的村集体是指村党支部和村委会。公司根据市场需求，与

① 张一梁：《“企业+农户”主体的非对称性所致问题解析》，《华东经济管理》2005 年第 11 期。

集体签订原料产销合同，村集体再将合同分解到农户，有的与农户再签订个手续。合同内容包含原料品种、数量、质量、供应时间、价格等内容。这种形式在外部环境没有大的变化的影响，公司、村集体、农户都具有较强法制观念的情况下是可行的。但一旦外部环境变化较大，三方有一方不配合，就难以实行。

这种模式天生具有不稳定性。合同是村集体代替农户与公司签订的，但从实质上看，村集体并不具备承担这种职能的条件，土地使用权归农户，经营权归农户，村集体在经营上对农户没有约束。村集体与公司签订的合同，顺利实施了，皆大欢喜。这种合同对农户没有约束力，农产品价格市场行情好了，外来商贩抢购，农户违约高价出售，违约责任村集体要承担，因为村集体与农户打官司，很难打得清。赔偿公司的经济损失，农民是不会承担的，只有村集体承担，因为合同是村集体签订的。市场价格不好，与企业有合同关系的卖给企业，没有合同关系的也想办法充到合同里卖给企业，在这种情况下，村集体又往往站在农民一边。经过一段实践后，这种运营模式难以为继，目前山东在莱阳市村集体代表农户与加工企业签订原料供应合同的已为数不多。

3.5.5 “公司+大户+农户”违约

在“公司+村集体+农户”组织陷入困境中时，一种新的组织形态在莱阳悄然兴起，即“公司+运销大户+农户”组织。运销大户就是在加工企业和农户间起中介作用的大多是小农户转化而来的大个体户和合伙经营者。其运行机制是：运销大户先从加工企业获得供货订单及相关的种子、种禽和技术等配套服务，然后，再与农户签订生产和供货合同，农产品由运销大户销往加工企业。供给加工企业的价格、收购农户的价格，都由运销大户掌握。通过大户辐射带动小户，不仅解决了农产品销售难的问题，而且能繁荣当地经济。

如以山东苍山为代表的购销大户带动型，其特点是通过发展多种形式的农民运销组织，培育农民自己的营销队伍，带领农民进入市场。苍山县是山东的“南菜园”，年产蔬菜近 35 亿公斤，目前全县有 16 万人长年在江南 20 多个大中城市从事蔬菜经营。上海市 1 000 多处蔬菜批发市场、农贸市场，60%以上的摊位是苍山人经营的，苍山蔬菜在上海的销量占到上海市场蔬菜销售总量的 25%以上。①

（1）大户违约。在这种经营组织中由于农户严重依赖于经营大户的自身素质，市场信息瞬息万变，大户很难对市场信息进行有效的搜集、分析、处理，并作好市场预测。还有遇到如天气、运输、行情等诸多困难，大户收益的最大化目标与农户的目标发生冲突时，农户难以对其机会主义行为形成有效的约束。大户有强烈的利润最大化动机，在收购农产品时压级压价，在价格上既要压公司又要压农户，转移风险，甚至比公司行为更甚。在经济利益上，公司没少花钱，农民没多挣钱，运销大户赚大钱。在这种情况下，农户无法有效约束大户的机会主义行为。

山东荣成市俚岛镇肉食鸡养殖户刘某与荣成市崖头镇的收购大户殷某签订了正式的肉食鸡饲养回收合同，合同中约定，毛鸡保底价为每公斤 5.6 元，当市场价高于保底价时，收购方则按市场价收购。对有关结算方式，合同中也作了明确规定，毛鸡出栏 10 日后，养鸡户可凭合同、毛鸡收购单到收购方结算，原则上一次性结清，特殊情况不得超过 30 天。

肉食鸡长成后，刘某便和周边的养殖户一起，按合同将肉食鸡全部卖给殷某，由于市场行情好，双方合作还算愉快。2007 年 11 月中旬，第三茬肉食鸡要出栏了，总数是 3 000 多只，殷某看了以后表示满意，答应按每公斤 5.6 元的保底价收购。刘某遂将这批肉食鸡全部卖给了他，总值 1 万多元。可到了约定结算时间，殷某的手机一直关机。此后，刘某又多次拨打这一号码，还是无法联系到殷某。刘某于是找到周边 10 余户为其提供肉食鸡的养鸡户，这才知道，殷某同样也欠着他们的鸡款，总共约 10 万元。刘某后来听说，殷某“赔得很厉害”，已举家搬迁躲债了。

① http://www.gnce.gov.cn/ynce/site/main/article005.jsp?ArticleID=4426。

（2）农户违约。“公司+大户+农户”组织中，除大户本身违约外，农户也可能出现违约，这是因为农户的机会主义行为并不会因有了大户而消失。大户制约农户机会主义行为的作用毕竟还是有限的。农民诚信意识较差，不能照章办事，价格高时违背合同，价格低时向收购商提过分要求，只考虑眼前，不考虑长远。甘肃清水某农副产品购销大户，2007 年先后与 4 家外地客商签订洋葱收购合同，然后与下河清等乡镇 500 多户农民签订了洋葱购销合同，预定了 1 500 亩青苗地。到成熟时，由于市场价格上涨，80%的农户违约，要求涨价，最后为完成与外地客商签订的洋葱收购合同，该大户每亩洋葱比合同价格多给农户支付了 300~500 元。

3.5.6 “公司+合作社+农户”违约

合作社是按照“罗齐戴尔原则”组建起来的，即在保持农户独立经营的前提下，实行入社自由、民主管理，以服务为目的，合作组织盈余按社员业务量分配给全体社员。一般说来，合作社组织有如下功能：① 通过联合购买农用生产资料和组织农产品的联合销售与运输，实现产前与产后的规模经济，减少农户的购买和运输成本。② 协调农户的生产活动，解决农户生产中出现的外部问题。③ 提供生产信息和生产中的技术指导，减少信息的垄断和不对称现象。一方面在政府与农户之间传递信息，沟通联系。另一方面在市场与农户之间起中介的纽带和桥梁作用，把农业生产和农副产品推向市场，同时也把市场需求信息及时传递到农户手中。④ 代表农户同买方协商农副产品价格，签订和履行各种经济合同，参与市场商品交易；代表农户出面与有关部门交涉，维护农户利益。①

世界上农业产业化较发达的国家，往往也是合作社发展较发达的国家。美国每 6 个农场主就有 5 个参加了各种形式的合作社，有的农场主甚至参加多个合作社。1996 年，全美国有 3 884 个农场主合作社，平均每个合作社有 1 030 名社员，年营业额大约为 2 500 万

① 尤小龙：《农户经济组织研究》，湖南人民出版社 2005 版。

美元。美国农场主生产的农产品中有31%是通过合作社加工销售的，其中乳制品占78%，谷物占41%，棉花占35%，水果占20%；经合作社供应的生产资料占农场主购买总量的27%，其中石油占43%，农药占29%，饲料占16%，种子占15%（朱泽，1998）。法国由合作社收购的牛奶与谷物分别占总产量的50%和71%；在食品出口中，通过合作社出口的谷物占45%，鲜果占80%，肉类占35%，家禽占40%（王西玉，1997）。

“公司+合作社+农户”组织中，龙头企业根据市场需求预测，与合作社进行契约安排，规定农产品的生产数量、质量、品种、价格、技术指标、交易时间以及各方在农产品生产过程中的双方权利、义务及罚责条款等。然后，合作社按照契约约定的品种、数量和质量组织社员进行生产。在生产过程中，有的合作社还为农户提供购买生产资料的服务，生产过程所需的技术服务一般由合作社提供，但也有由龙头企业提供或由龙头企业为合作社培训技术人员的情况。农副产品成熟后，由合作社验级、收购，有的还做初加工，而后由龙头企业集中并做最终加工和销售。企业把收购款拨付给合作社，由合作社分发给农户。

但是，合作社在运行过程中也遇到了违约问题。从山东莱阳的实践来看，社员在向合作社交售产品时，经常出现两方面的问题：一是，当某种农产品比较紧缺，价格比较高时，社员不交给合作社，而是自由出售。据当地的一位农户讲，当市场价格高时，许多农户都把芦笋卖向市场，合作社就采取围追堵截或驱逐外来收购商的办法，强制农户把产品卖给合作社。这样一来，合作社与加工企业或销售企业签订的供销合同就难以兑现，影响合作社的声誉。二是，当某种农产品供大于求、市场价格比较低时，社员挟带非社员的产品交给合作社。合作社销售产品一般与工业和商业签有供销合同，它有最低保护价，市场上某种农产品供过于求时，价格往往要降到最低保护价以下，这时，合作社社员如果把亲朋好友的产品冒充自己的产品提供给合作社，无疑是给合作社增加销售难度。特别是在合作社成立初期，这两种现象难以避免。当市场价格低时，合作社有时也以质量不符合规格为由压级压价或拒收，把市场风险转嫁于社员，使社员一提到合作社就反感。

风险被定义为未来的不确定性。契约主体为了自身经济利益最大化采取违反契约规定的义务行为，由此而带来的风险被定义为契约风险，它是农业产业化经营的核心风险。契约风险主要表现为违约，即违反契约规定的义务的行为，它是公司和农户都必须面临的违约风险，其产生的根源在于契约市场的不确定性和契约主体的机会主义行为。

契约风险的发生，使签约的一方当事人的利益遭受损失，而另一方则从中牟利；有时也会给签约双方都带来经济损失，甚至还可能使第三方遭致不利，这种损失既包括直接损失也包括间接损失。因此，契约风险对农业产业化经营的危害极大，是农业产业化经营中必须防范的风险。

契约风险的来源具有多样性特征，既来源于契约市场外部又来自于契约市场内部。契约市场外部风险因素主要包括环境圈层风险因素（如自然风险、制度风险、政策风险、社会风险等）和产品市场圈层因素（如市场风险等）。契约市场内部风险主要来源于契约本身（如契约的不完全性、契约的内在风险性和契约条款的不合理性）、龙头企业和农户的主观违约和客观违约以及“公司+农户”组织的演变形态（“公司+合作社+农户”“公司+大户+农户”等）。

公司和农户的违约可分为两大类：一类客观违约，另一类是主观违约。这种划分有助于更加清楚地找到其违约的动机和根源，因此，是一个重要而又有价值的研究视角。客观违约可以界定为，公司或农户在主观上没有违约的故意，但由于不可抗力或意外事件的发生等原因致使其不能履约、不能完全履行或履约将会给自身带来灾难性的影响等，所导致的违约。它是由客观环境的不确定性造成的，突出表现为不可抗力和意外事件的发生。

公司和农户作为理性的经济人，在利益最大化动机的驱使下，双方都会采取各种手段，为获取自身利益，而主观故意违约，特别是在契约不完全，约束机制和第三方裁判失效的情况下，更是肆无忌惮。公司和农户的主观故意违约按其违约的性质不同区分为两大类：一类是非犯罪型故意违约，另一类是犯罪型故意违约。公司或农户有能力履约，但因主观原因而不履约或不完全履约而给另一方（或多方）带来损失的行为，就是非犯罪型违约。如果公司签约的目的不是在于履约，而是在于利用契约进行欺诈，设置合同陷阱，骗取定金和保证金，以及以回收农产品为借口高价向农民推销劣质种子和假劣农资等，则这种利用合同进行欺诈的行为已不是一般意义上的机会主义行为和败德行为，而是一种损人利己的行为甚或是一种犯罪行为，这种行为多发生在一些不良企业身上，有时公司内部人员也会同农户合谋侵害公司的利益，给公司带来灾难。

4 契约风险因素评估①

在充分探讨了"公司+农户"组织契约风险成因的基础上，下一步要做的是对诸多风险因素进行评估，区分其在契约风险形成中的重要程度以及发生的概率状况。风险评估是介于风险识别和风险管理措施选择之间的一个环节，这是一个非常关键的环节。因为风险从本质上来说就是人们对未来的一种预测，风险管理措施的成效在相当大程度上有赖于这种预测的准确性。

4.1 契约风险因素评估概述

风险评估是风险管理的基础。风险评估要明确风险评估的目的，采取科学的风险评估方法，在占有大量数据的基础上展开。

4.1.1 风险评估的目的

风险从本质上来说就是人们对未来的一种预测，风险管理措施的成效在相当大程度上有赖于这种预测的准确性。风险评估的目的在于通过探索诸多风险因素中，哪些因素是导致违约的主要因素、哪些因素是导致违约的次要因素以及某一种风险发生的概率有多大等问题来为科学有效地进行风险管理提供一个依据。因此，风险评估是风险管理的基础，风险管理措施的成效在相当大程度上有赖于

① 本章内容是在杨明洪教授《"公司+农户"型农业产业化经营风险的形成机理与管理对策研究》（经济科学出版社 2009 年版）一书的相关内容基础上撰写而成的，本人参与了该书部分章节的撰写。

这种预测的准确性，风险管理要依靠风险评估的结果来确定随后的风险控制措施。

4.1.2 风险评估的方法

对于风险评估的方法来说，并没有正确与错误之分，重要的是选择使用一种适合本组织的方法。在同一组织内，也可以根据不同等级的风险，运用不同的风险分析方法。

前面各章节的理论部分，已把“公司+农户”组织的类型、形成机理以及主要风险来源等进行了详细阐述，为公司与农户间契约风险评估提供了一个基本理论基础和分析框架。但是，“公司+农户”组织中的诸风险因素对契约风险的产生及其影响有主次轻重差异，构建一个科学的“公司+农户”组织下的契约风险评估模型则极其必要。只有建立在科学的量化分析基础上，如实反映风险因素对违约风险产生的影响，才能为制定科学有效的风险防范措施，促进订单农业的健康发展，提供准确可靠的依据。

本书将采取模糊层次分析法，构建一个分析模型，分析众多影响因素对违约风险影响的不同程度，从而，有目的地制定风险的防范机制。

4.1.3 风险评估的数据来源

通过时断时续历时一年多的实地调研，笔者从山东省农业厅、潍坊市农业局、莱阳市农业局、济宁市农业局、诸城市、寿光市、泰安市、济宁市、德州市、济南市等地市（区）和部门收集了大量的一手资料。在整个材料收集过程中，笔者采取了走出去的思路，用“脚”做学问，走出校园，走进基层，从公司到农户，从基地到地头。了解山东省农业厅、部分市农业局的相关资料及情况，对公司和农户进行针对性的访谈，发放调查问卷。同时，还利用学生节假日和三下乡时节，组织大二学生完成问卷发放收集工作。调查方式包括问卷调查和就地访谈两种形式。共发放调查问卷 52 份，回收

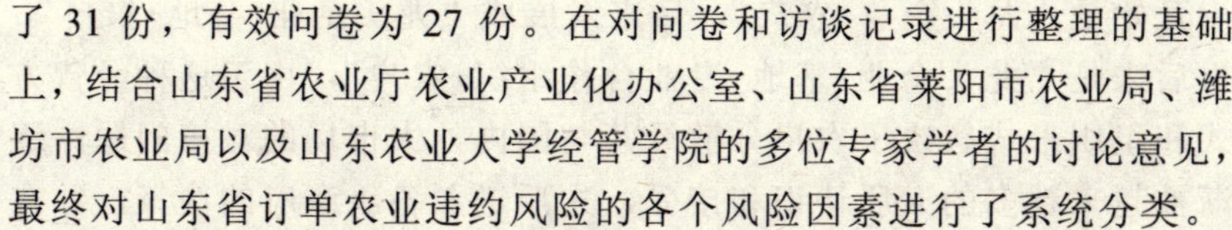

了 31 份，有效问卷为 27 份。在对问卷和访谈记录进行整理的基础上，结合山东省农业厅农业产业化办公室、山东省莱阳市农业局、潍坊市农业局以及山东农业大学经管学院的多位专家学者的讨论意见，最终对山东省订单农业违约风险的各个风险因素进行了系统分类。

该章的风险评估资料主要来自山东省的部分地区，有的地方的实际情况可能与此相差甚远，但总的来说，通过对山东“公司+农户”组织契约风险因素的评估，其结论对识别山东省“公司+农户”组织的契约风险以及其他地区的风险因素具有一定的现实意义和借鉴意义。

4.1.4 山东省农业产业化现状分析

1. 山东省基本情况

山东省，简称鲁。现辖 17 个地级市，31 个县级市，48 个市辖区，60 个县。地处东部沿海，黄河下游。东部为半岛，突出于黄海、渤海之间。西部为内陆，与冀、豫、皖、苏 4 省接壤。土地总面积 15.67 万平方公里。全省地形复杂，山地占 15.5%，丘陵占 19.4%，平原占 55.0%，湖泊占 0.8%，其余为 9.3%。东部半岛以丘陵为主；鲁中南有较多的中山和低山；黄河贯穿鲁西南和鲁北，形成大面积泛滥冲积平原；黄河入海口不断淤积延伸，构成黄河三角洲。

2. 农业产业化的兴起

山东农业产业化起步于 20 世纪 80 年代中期，各地相继探索出了“农村商品经济大合唱”“贸工农一体化”等农业发展思路与经验，并于 1993 年在全国率先提出和实施了农业产业化经营战略。从 20 世纪 90 年代后期开始，按照“确立主导产业、实行区域布局、依靠龙头带动、发展规模经营”的总体思路，把农业产业化经营与农业农村经济结构战略性调整、推进农村城镇化、经济国际化和农业现代化相结合，不断加大扶持力度，农业产业化逐步成为农业发展的主要经营方式和组织形式。

最初是诸如诸城外贸等外向型企业在利益驱动下，为获取批量化、标准化的农产品原料供应，自发地采取了农业产业化经营形式。

一开始是“龙头企业+农户”，后来发展成“龙头企业+基地+农户”，再后来是“龙头企业+基地+专业合作组织+农户”，由于这种经营方式和组织形式解决了农户分散经营与国内外大市场的对接问题，逐渐被越来越多的人所认识和接受，先后进入各级政府的决策，并在政策引导下，逐渐形成了“企业跟着市场跑，结构围绕企业调，项目依托基地建，农民照着订单干”的格局。目前，发展农业产业化经营已成为农产品加工、运销企业的自觉行动。这种转变，从产业角度看，已经从以出口为导向的新兴特种产业，逐渐扩展到所有传统主导产业，特别是近几年，以粮棉油等大宗农产品为主要原料的龙头企业群体有了较快发展。从区域角度看，东部地区农业产业化经营不断深化，中部地区迅速崛起，西部地区紧追不舍，东中西梯次推进的格局已经形成。从所有制角度看，各种资本纷纷进入农业产业化经营领域，民营龙头企业成为农业产业化经营的主导力量。全省规模以上龙头企业群体中，民营成分龙头企业（包括股份合作制企业、股份制企业、私营企业）占到总数的 89.9%，销售收入占到总数的 83.5%。

3. 农业产业化经营组织的特征

山东农业产业化组织不断壮大、形式多种多样、运行机制不断完善，具体体现：

（1）农业产业化经营组织不断壮大。根据山东省农业厅农业产业化办公室提供的资料，截至 2007 年年底，全省各类产业化组织总数达到 13 706 个，其中销售收入 100 万元以上的龙头企业 9 377 家，规模以上龙头企业 6 853 家。山东省农作物面积的 43%，牲畜出栏的 23%，禽类出栏的 84.7%，水产的 21.9%，是经过“公司+农户”的产业化组织方式生产和销售的。全省农户当中 55.1%参加各种不同类型的农业产业化组织。山东寿光的蔬菜在北京的市场占有率达到 30%左右，山东出产的花生油在北京的市场占有率更是达到 40%，以外贸为主的诸城，一年的产值达到 50 亿人民币，山东的农产品在国内、国际市场都取得了很好的成绩。

（2）农业产业化组织运行机制趋于完善。先后成功培育了龙头企业带动型、专业市场带动型、主导产业带动型、中介组织带动型、科技创新带动型等多样化的产业经营格局；其中龙头企业带动型6 822个，占78.2%；中介组织带动型1 343个，占15.4%；专业市场带动型551个，占6.4%。利益联结方式趋于完善，从山东省农业产业化的利益联结方式来看，2004年年底，在全省现有8 716个产业化组织中，属于契约利益联结关系的2 943个，占33.8%；属于合作利益联结关系的1 449个，占16.6%；属于股份利益联结关系的50个，占0.06%；这三种相对规范化、制度化的利益联结方式占全部的51%；尚有49%的利益联结关系是随机的、自发的、松散的，缺少应有的规范与约束。中介组织发育良好，目前在1 343个中介组织中，专业合作经济组织达到1 140个，占总数的85%；规模以上的专业经济组织1 063个，占总数的79.6%。

（3）各种产业化组织呈现多元化。本次问卷调查采用随机问卷的形式，以地、市或县为单位，在山东省16个地、市或县共发放调查问卷168份，回收了62份，占总发放问卷的36.9%。在样本分析过程中，对于选项中填答不全或未答者，将填答项以漏缺值（Missing value）处理，所以在各项中有总数不同的情况发生。根据调查，目前山东省农业产业化经营主要模式有："公司+农户"模式、"公司+合作社+农户"模式、"公司+批发市场+农户"模式、"公司+基地+农户"模式、"公司+批发市场+农户"模式、"公司+农机部门+农户"、"公司+协会+农户"模式等。其中"公司+农户"模式仍是山东省农业产业化经营的主要模式，其次是"公司+基地+农户"模式。不同农业产业化经营模式在所被调查地区采用的比例见图4.1。

（4）各种农业产业化组织由以简单买卖为主的松散型连接逐渐向产权式的紧密型联结转变。在农业产业化经营过程中，农户由最初的卖出原料产品获得一次性收益，逐步发展到与龙头企业共同分享加工、销售环节的利润。表现在利益联结关系上，不少地方已经实现从订单关系到契约关系以及合作制按利润返还、股份制按股分红、反租倒包、兼并联合等关系的演进。这种由简单买卖到产权联结的演进，使得土地变"股权"、农民变"股民"成为现实。据不完全统计，全省规模以上龙头企业通过合作制按利润返还、股份制按股分红、反租倒包、兼并联合等形式直接带动种植基地 338.1 万亩，带动牲畜养殖量 97.3 万头，带动禽类养殖量 2.6 亿只，带动养殖水面 22.6 万亩，分别占各类基地总数的 6.5%、5.7%、21.1%和 14.1%。

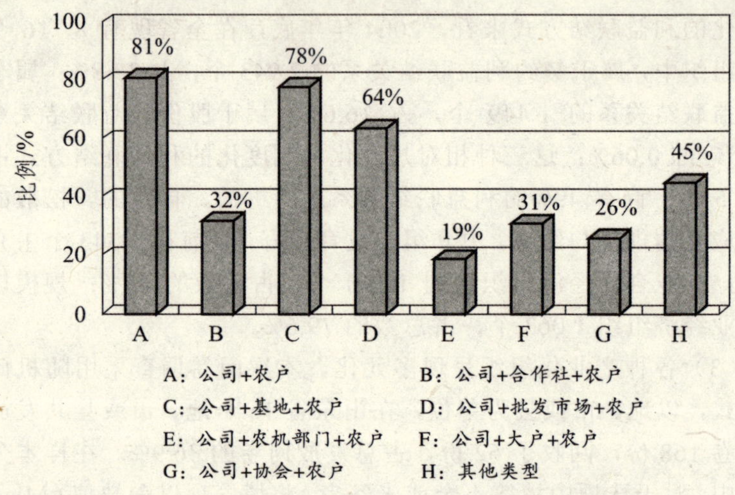

A：公司+农户　　B：公司+合作社+农户

C：公司+基地+农户　　D：公司+批发市场+农户

E：公司+农机部门+农户　　F：公司+大户+农户

G：公司+协会+农户　　H：其他类型

图 4.1　不同农业产业化经营模式在所被调查地区采用的比例

（5）全国农民专业合作经济组织发展较早的省份。到 2007 年年底，全省各类农民专业合作经济组织已发展到 24 619 家，数量居于全国首位；入社(会)成员总数达到 333 万户，占全省农户总数的 15.7%；带动农户 430 万户，占全省农户总数的 20%。合作领域从个别产品的生产和服务，发展到种植、养殖、运销、加工、贮藏、资源开发、水利建设、农机服务、手工艺品生产等多个方面。目前主要集中在种植业和畜牧业方面。合作内容已从单纯的生产环节扩大到产前、产中、产后所有方面，从过去提供生产、加工、仓储、运销、技术信息某一项或几项服务，发展到实行产加销综合服务，目前这种综合型的专业合作组织已占到 47%。

4. 龙头企业不断壮大、带动能力不断增强

据统计，截至 2007 年底，全省各类产业化组织总数达到 13 706 个，其中国家级重点龙头企业 40 家，省级重点龙头企业 150 家。

（1）龙头企业分布地区间差异较大。图 4.2 显示，从龙头企业的地区分布来看，国家级重点龙头企业主要集中在潍坊和青岛，分别为 8 个和 7 个，而莱芜、日照、威海还没有一家；省级重点龙头企业主要集中在烟台、潍坊、威海、临沂、东营和青岛，分别为：20 个、16 个、12 个、12 个、11 个和 11 个，而处于欠发达地区菏泽、聊城、德州、枣庄的较少，济南市虽然是发达地区，工业企业较多，相对涉农企业却较少。

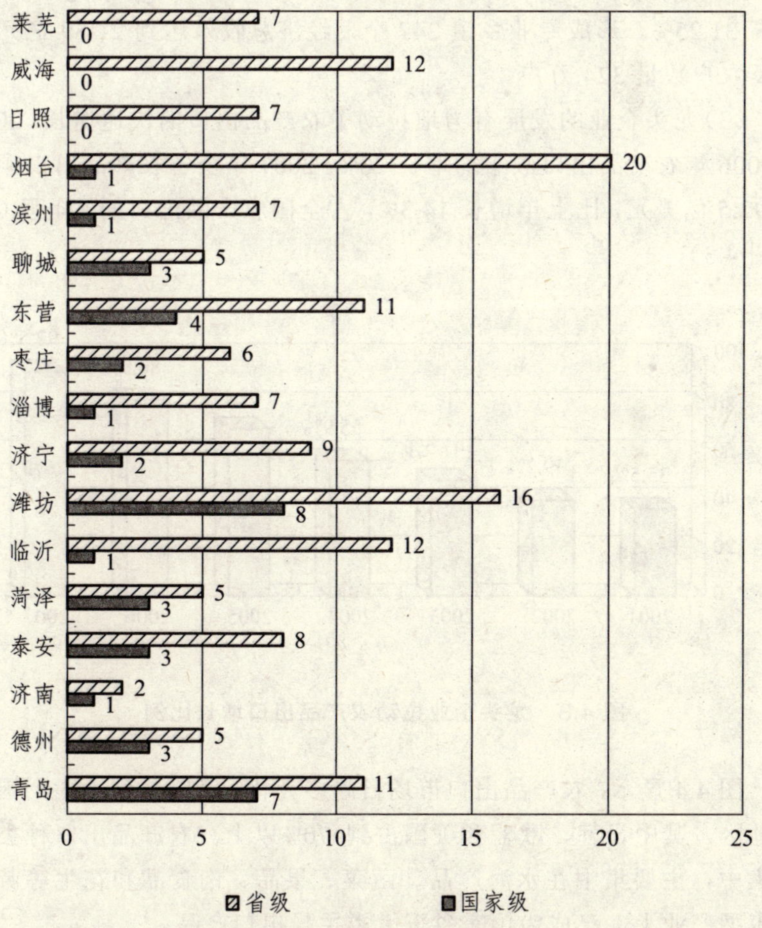

图 4.2 山东省 17 地市国家级省级重点龙头企业分布情况

（2）龙头企业的发展有力地拉动了地方经济的发展。2007 年龙头企业实现销售收入 7 487 亿元，农产品原料采购值达到 4 609 亿元，农产品原料省内基地采购值为 2 738 亿元，占全省农业总产值比例为 57%。龙头企业通过契约、合作、股份合作等形式直接带动基地农户 968 万户，基地农户增加收入 184 亿元，户均 1 900 元。在龙头企业的有效辐射和带动下，全省形成专业村 6 153 个，占全省行政村总数的 7.37%，专业村农民人均纯收入 6 543 元，比全省农民人均纯收入高 31.25%。形成专业乡镇 247 个，经济总收入达到 2 789 亿元，涉及农户数量 324 万户。

（3）龙头企业的发展有力地拉动了农产品出口的快速增长。2001—2006 年农产品出口额年均增长 20%。2007 年全省农产品出口额达到 92.5 亿美元，比上年增长 14.3%，占全国农产品出口的 1/4 强（参见图 4.3）。

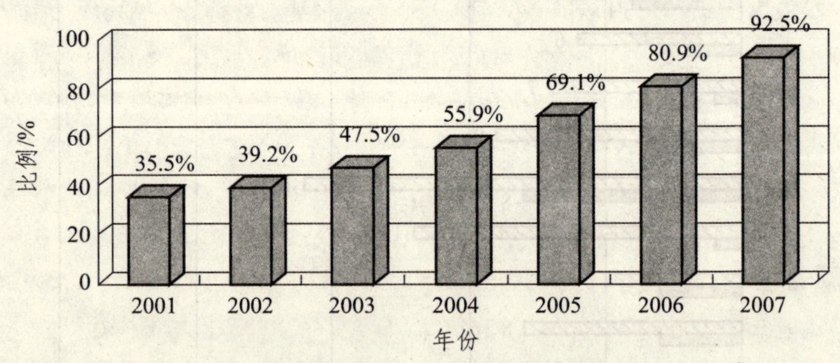

图 4.3　龙头企业拉动农产品出口增长比例

图 4.4 显示，农产品出口市场日趋多元化，已覆盖到 165 个国家和地区，其中日韩、欧盟和美国占到 70%以上。农产品出口种类相对集中，主要集中在水海产品、蔬菜、果品、肉食品和花生等劳动密集型产业上，已成为山东省五大类主导出口产品。

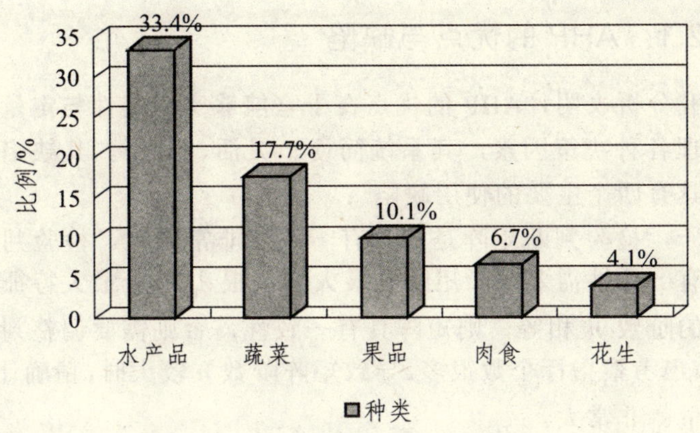

图 4.4 五大类农产品出口额比例

4.2 层次分析法（AHP）评述

层次分析法（Analytic Hierarchy Process，AHP）是美国匹兹堡大学运筹学家 T. L. Saaty 教授于 20 世纪 70 年代初期提出的一种系统分析方法。该方法于 20 世纪 80 年代被介绍到我国，并迅速在我国社会经济各个领域，如经济管理、能源系统分析、城市规划、科研评价等，得到了广泛的重视和应用。该方法通过对系统的深入认识，确定该系统的总决策目标，弄清规划决策所涉及的范围，建立目标指标体系，构建层次分析结构模型，然后，根据对一定客观事件的主观判断结构(主要是两两比较)把专家意见和分析者的客观判断结果直接而有效地结合起来构造两两比较判断矩阵，通过对各准则层单排序和目标层总排序计算各层次构成要素对总决策目标的综合权重，从而判别不同决策方案的综合评价值，最终为选择最优方案提供科学依据。运用 AHP 方法进行评估决策的关键环节是建立判断矩阵，判断矩阵是否正确直接影响最终评价效果。

4.2.1 AHP 的优点与缺陷

研究分析表明，AHP 的优点在于它能够实现定性与定量有效结合，处理各种决策因素，其系统简便、灵活、实用。其缺陷也十分明显，具有四个主要的使用缺陷①：

第一，检验判断矩阵是否具有一致性非常困难。检验判断矩阵是否具有一致性需要判断矩阵的最大特征根 λ_{max}，若最大特征根与判断矩阵的阶数 n 相等，则矩阵具有一致性，否则需要调整判断矩阵的元素。当考察指标个数很多，导致矩阵阶数 n 较大时，精确计算 λ_{max} 的工作量就非常大。

第二，调整判断矩阵一致性繁琐。调整非一致性的判断矩阵时，通常要经过若干次调整、检验、再调整、再检验的过程才能实现，计算程序烦琐。

第三，判断矩阵一致性的检验准则选择为 $CR<0.1$，该准则缺乏科学依据。

定义：

$$CR=\frac{CI}{RI}$$

其中，一致性指标：

$$CI=\frac{\lambda_{max}-n}{n-1}$$

随机一致性指标：

$$RI=\frac{\lambda'_{max}-n}{n-1}$$

第四，判断矩阵的构造主观性强，且一致性与人类思维的一致性存在矛盾。

4.2.2 AHP 的引入

鉴于 AHP 方法的使用缺陷，本书在层次分析方法基础上引入非

① 张吉军：《模糊层次分析法（FAHP）》，《模糊系统与数学》2000 年第 14 期。

结构性决策模糊集分析单元系统理论[①]，构建判断矩阵，求解准则层单排序权重，有效改进了层次分析法判断矩阵的一致性检验及主观权重的赋值缺陷。这种判断矩阵的构造方法称为模糊层次分析法（Fuzzy Analytic Hierarchy Process，FAHP）。通过在准则层的各测量因素排序过程中采用语气算子定义指标影响权重，从而判别各个指标对于上级准则层重要性的相对隶属度。

在违约风险指标权重确定前提下，采取抽样调查，结合专家访谈或小组会议讨论等方法，本着“能量化的量化，不能量化的等级化赋值”原则，将定量指标和定性指标进行数据可测化。将各层次的观测指标相对隶属度进行归一化处理后得出权重向量。将指标以各自权重为因子，计算加权算数平均值，就可以判别最终决策的指标值。通过比较指标大小，最终做出最优决策。

4.3 风险因素评估指标体系建构[②]

应用 AHP 法首先要构建一个风险因素评估体系，这一体系是否科学合理，对于能否达到评估目的至关重要。因此，假如所选的要素不合理，其含义混淆不清，或要素间的关系不正确，都会降低 AHP 法的结果质量，甚至导致 AHP 法决策失败。这就要求在结构层次的设计以及指标体系的设置上，要把握主要因素，突出关键，不漏不多并注意相比较元素之间的强度关系，相差太悬殊的要素不能在同一层次比较。根据风险因素的来源，笔者认为违约风险因素评估体系的建立应从以下四个方面入手：一是公司层面，包括公司的实力、规模、信誉、服务等；二是农户层面，包括农户素质、信誉、提供产品的质量等；三是契约本身，包括契约的不完全性、条款、内容、

① 陈守煜：《工程模糊集理论与应用》，国防工业出版社 1998 年版。

② 4.3 和 4.4 部分是在杨明洪、李彬的《中国订单农业违约风险因素评估》（《财经科学》2009 年第 12 期）的相关内容上整理而成的。

自我实施机制等；四是外部市场层面，包括自然风险、市场风险、政策风险、市场环境等。

4.3.1 公司层面

公司层面指标主要是分析来源于公司的违约风险因素，重点考虑从公司的规模实力、经营状况、信誉机制、服务的质量和资产专用性等方面设置指标，突出公司主要违约风险因素。因为一般来说，实力强、规模大的公司，其承担风险的能力也强，违约风险发生概率低，承担风险的能力也强，但现实中也不乏违约事件的发生；信誉机制是公司的软实力，信誉的作用受制于多方因素，它是违约风险因素中一个不可忽视的因素；公司对农户服务是否到位，是否有坑农、害农动机，是否会利用农户专用性资产的投资进行“敲竹杠”等都是要着重考虑的。基于此，公司层面共设置 7 项评估指标，即公司的资产额、信誉度、经营策略、公司规模、公司对农户提供良种的质量、公司对农户提供服务的质量以及公司对农户专用性资产投资的利用等指标。

4.3.2 农户层面

农户层面产生的风险因素，更多地来自于农户自身的素质。较低的文化水平在一定程度上影响了农户参与订单的水平，也给订单农业的发展带来了一定的风险。先签约后违约的现象与农户的法律意识和信誉不强有着直接的关系，后者恰好又根源于农户的文化素质。在农业生产过程中，如果农户对农业种植或养殖技术理解不了，或者掌握不到位，操作不规范，都容易使农户提供的农产品在质量和数量等方面达不到合同规定的指标要求。同时，农户有时也会利用公司的专用资产投资，采取“敲竹杠”行为。为此，我们把农户层面指标设置为 7 项：农户的平均文化水平、法律意识、信誉度、农业生产技术水平、农产品数量、农产品质量以及对公司专用性资产投资的利用。

4.3.3 契约层面

契约层面风险因素主要是由公司和农户间所签契约的不完全性所导致的风险因素。因为根据契约理论，受自身的有限理性以及机会主义行为的驱使，人们在现实中所签的契约都是不完全的，签订完全的契约只是一种理想状态，违约风险因素部分来源于契约本身（内在风险性）也就在所难免。同时，契约格式的规范度、条款的合理度、内容的完备度，特别是风险和利益的分配机制是否合理以及契约是否具备自我实施机制的外部环境和内在动机等都决定着契约能否正常履行。违约成本低是违约风险的另一个重要因素，将履约带来的期望收益与违约应支付的成本相比较差异较大时，理性经济人出于追求利益最大化而采取机会主义行为就会发生。契约层面共设置契约的内在风险、契约格式、契约条款、契约自我实施机制、契约利益分配机制和违约成本 6 项指标。

4.3.4 外部市场层面

外部市场指公司与农户契约市场以外的农产品市场，它与契约市场并非完全独立、互不影响，外部市场风险因素会直接或间接影响到契约市场，导致违约风险的发生。由于农业生产的外部环境具有复杂性和不确定性特征，生产活动易受旱、涝、病、虫、冻等自然灾害的影响，加上人们对农业生产的可控程度较低，致使农产品减产或绝产，导致契约难以正常履行。市场风险主要表现为产品市场的价格波动对契约履行与否的影响，在契约市场发育不完善时，外部市场价格波动构成了违约的主要因素。政策风险来源于国家政策的变更对契约履行带来的影响，也是违约的一个重要风险源。此外，契约市场的监管机制是否健全，监管是否到位以及第三方裁判能否公平、公正、合理，诉诸法律是否划算等构成外部市场层面 6 项风险因素指标，具体为：自然风险、市场风险、政策风险、农产品市场发育度、市场监管和第三裁判机制。

根据以上分析，我们建立了评估风险因素的指标体系，如表 4.1 所示。该指标体系中既有来自契约市场内部的风险因素，又有来自产品市场的风险因素，既有来自契约主体的风险因素，又有来自契约本身的风险因素，既有定性指标，又有定量指标，体现了事物的内在运动与外部环境的有机统一，体现了指标体系的系统性、科学性和可操作性。

表 4.1　农业契约风险的因素评估指标体系

风险产生来源	衡量指标	指标代码	风险产生来源	衡量指标	指标代码
公司层面	资产额	C11	农户层面	平均文化水平	C21
	信誉度	C12		法律意识	C22
	经营策略	C13		信誉度	C23
	公司规模	C14		农业生产技术水平	C24
	对农户提供良种的质量	C15		农产品数量	C25
	对农户提供服务的质量	C16		农产品质量	C26
	对农户专用性资产投资的利用	C17		对公司专用性资产投资的利用	C27
契约层面	契约的内在风险	C31	外部市场层面	自然风险	C41
	契约格式	C32		市场风险	C42
	契约条款	C33		政策风险	C43
	契约自我实施机制	C34		农产品市场发育度	C44
	契约利益分配机制	C35		市场监管	C45
	违约成本	C36		第三方裁判机制	C46

4.4　层次分析法应用

实证分析资料来源于笔者对山东省诸城、寿光、泰安、济宁、德州、济南、青岛、烟台和日照 9 个地市开展的农业产业化经营违约风险的实地调研，以问卷和访谈两种形式进行。经过与山东省农业厅农业产业化办公室、山东省莱阳市农业局、潍坊市农业局及山东农业大学经管学院的专家学者多次讨论，最终形成对山东省订单农业违约风险的产生层面构造评估模型的层次分析，参见图 4.5。图中，目标层是农业违约风险，中间四个风险源是决策的准则层，最底层是指标层，指标代码与表 4.1 对应。

利用 FAHP 的重点是在构造出决策目标层与各准则层和观测指标的层次结构上，构造重要性二元比较矩阵。

4.4.1 确定决策目标

本书的实证研究目的是对订单农业违约风险的各影响因素进行综合分析，寻找对违约风险发生影响作用最明显的那些因素指标，为订单农业风险管理提供参考指标，因此重点是分析违约风险因素的影响权重，而不是最终综合风险值的得分。

4.4.2 风险指标的权重测评

结合系统模糊优选理论，对山东省订单农业各个风险指标给出二元重要性排序。从上文表 4.1 我们可以看到，在对准则层进行单排序时，四类准则层均是多维矩阵，具体计算过程分为如下四步[①]：

第一，建立既定准则层下的指标层重要性二元对比矩阵 $\boldsymbol{E}$ 。定义指标 C_{ij} 表示第 i 个准则下的第 j 个指标。根据系统模糊优选理论，在不同指标之间进行重要性二元对比时，规定表示重要性标度的元素 e_{ij} 在 0、0.5、1 这三个中选取。二元对比矩阵中各个重要性标度值须满足以下条件：

若 C_{ik} 比 C_{im} 重要，取

$$e_{km}=1,\ e_{mk}=0$$

设给定准则层下的指标集重要性二元对比矩阵为 $\boldsymbol{E}^i$（i=1，2，3，4）：

① 限于篇幅，详细计算过程略。

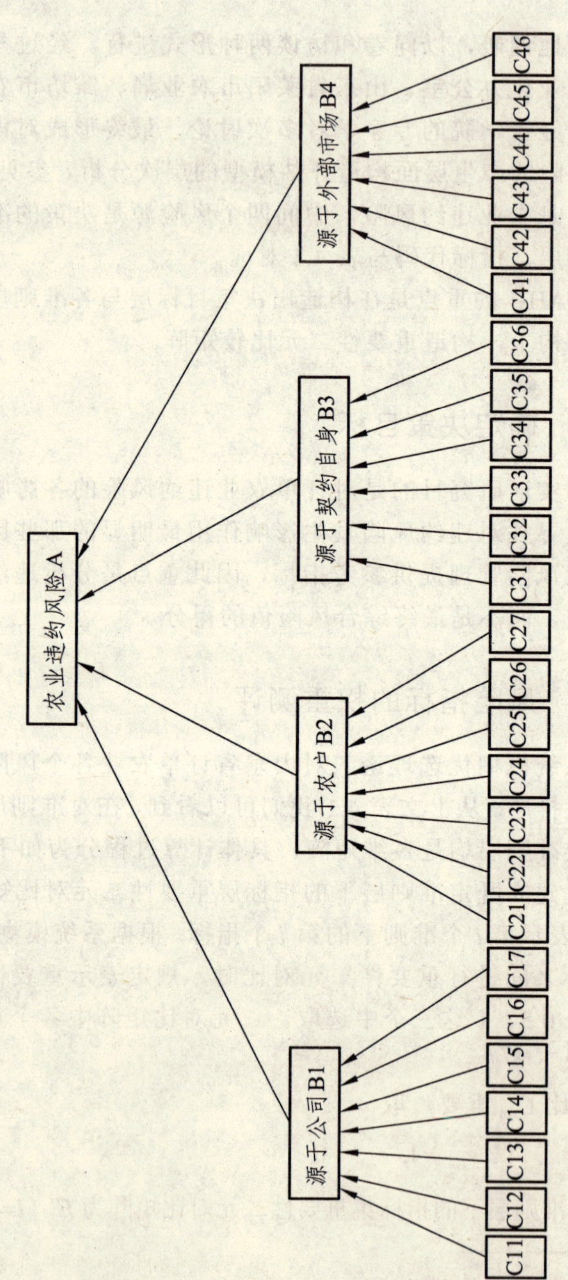

图 4.5 订单农业违约风险评估模型层次分析结构图

$$\boldsymbol{E}^i=\begin{bmatrix} e_{11}^i & e_{12}^i & \cdots & e_{1n}^i \\ e_{21}^i & e_{22}^i & \cdots & e_{2n}^i \\ \vdots & \vdots & & \vdots \\ e_{n1}^i & e_{n2}^i & \cdots & e_{nn}^i \end{bmatrix}$$

二元对比矩阵中各个重要性标度值须满足以下条件：

（1）若 C_{ik} 比 C_{im} 重要，取 $e_{km}=1,\ e_{mk}=0$；

若 C_{im} 比 C_{ik} 重要，取 $e_{mk}=1,\ e_{km}=0$；

若 C_{ik} 与 C_{im} 同等重要，取 $e_{km}=e_{mk}=0.5$。

（2）矩阵中各重要性标度值关于主对角线位置的元素须满足：

$$e_{km}+e_{mk}=1 \qquad (k=1,\ 2,\ \cdots,\ n;\ m=1,\ 2,\ \cdots,\ n)$$

对“源于公司层面”准则层下的 7 个风险指标来说，重要性二元对比矩阵为：

$$\boldsymbol{E}^1=\begin{matrix} c_{11} \\ c_{12} \\ c_{13} \\ c_{14} \\ c_{15} \\ c_{16} \\ c_{17} \end{matrix}\begin{bmatrix} e_{11} & e_{12} & \cdots & e_{17} \\ e_{21} & e_{22} & \cdots & e_{27} \\ \vdots & \vdots & & \vdots \\ & & & \\ & & & \\ & & & \\ e_{71} & e_{72} & \cdots & e_{77} \end{bmatrix}=\begin{bmatrix} 0.5 & 1 & 0 & 1 & 0 & 1 & 1 \\ 0 & 0.5 & 1 & 1 & 0 & 0 & 0 \\ 1 & 0 & 0.5 & 1 & 1 & 1 & 1 \\ 0 & 0 & 0 & 0.5 & 0 & 0 & 0 \\ 1 & 1 & 0 & 1 & 0.5 & 0.5 & 1 \\ 0 & 1 & 0 & 1 & 0.5 & 0.5 & 0.5 \\ 0 & 1 & 0 & 1 & 0 & 0.5 & 0.5 \end{bmatrix}$$

第二，对重要性二元对比矩阵进行传递一致性检验。若重要性二元对比矩阵中各个指标的重要性标度满足下列三个条件，则称对比矩阵 $\boldsymbol{E}$ 符合优越性定性排序的传递性，该矩阵对应称为一致性标度矩阵。

（1）当 $e_{hk}>e_{hl}$ 时，有 $e_{kl}=0$；

（2）当 $e_{hk}<e_{hl}$ 时，有 $e_{kl}=1$；

（3）当 $e_{hk}=e_{hl}=0.5$ 时，有 $e_{kl}=0.5$。

指标层各风险因素的重要性二元对比矩阵需要经过调整，解决多个指标之间对比的重要性矛盾，满足传递性，才能进行一致性排序，并真实地反映指标的影响权重。

从“源于公司层面”的 7 个风险指标来看，原始对比矩阵第一行数据保持不变，从第二行开始检验，各类指标之间满足传递性，由于 $e_{12}=1>e_{13}=0$，根据对比传递性可知指标公司信誉度（C12）重要性低于指标公司经营策略（C13），即应调整 $e_{23}=0$，该行其余指标标度通过检验。同理，第三行和第四行一致性对比不需要调整。第五行 $e_{15}=0<e_{16}=1$，表示指标重要性上，公司对农户提供良种的质量（C15）要优于指标公司对农户提供服务的质量（C16），也应调整 $e_{56}=1$。按照这种思路逐一检验各个指标重要性二元标度是否符合传递性，否则需要根据已通过检验的数值进行调整，直至矩阵全部元素都满足一致性排序。最后将一致性对比矩阵元素取值根据主对角线取值之和为 1 的性质补全矩阵即可。对准则层 B1“源于公司”的风险因素对比矩阵调整形成的一致性矩阵（仍记为 $\boldsymbol{E}^1$）为：

$$\boldsymbol{E}^1=\begin{matrix} c_{11} \\ c_{12} \\ c_{13} \\ c_{14} \\ c_{15} \\ c_{16} \\ c_{17} \end{matrix}=\begin{bmatrix} 0.5 & 1 & 0 & 1 & 0 & 1 & 1 \\ 0 & 0.5 & 0(1) & 1 & 0 & 0 & 0 \\ 1 & 1(0) & 0.5 & 1 & 1 & 1 & 1 \\ 0 & 0 & 0 & 0.5 & 0 & 0 & 0 \\ 1 & 1 & 0 & 1 & 0.5 & 1(0.5) & 1 \\ 0 & 1 & 0 & 1 & 0(0.5) & 0.5 & 0.5 \\ 0 & 1 & 0 & 1 & 0 & 0.5 & 0.5 \end{bmatrix}\begin{matrix} \text{行和} & \text{排序} \\ 4.5 & 3 \\ 1.5 & 6 \\ 6.5 & 1 \\ 0.5 & 7 \\ 5.5 & 2 \\ 3 & 4 \\ 3 & 4 \end{matrix}$$

括号中的数字为原始对比矩阵指标主要性比较取值。

第三，计算重要性标度的相对隶属度。在多个指标两两比较重要性以后，某一指标重要性以指标标度行合计来表示，并根据取值大小进行排序。按我国的语言习惯，在同等重要和无法比拟之间按照重要性程度的加深依次插入 9 个语气算子：稍稍、略为、较为、明显、显著、十分、非常、极其、极端，共同构成 11 个语气算子的 10 级差。且赋值同等重要=0.5，无法比拟=1，以 0.05 的等差距离将 11 个语气算子依次赋值， a_{ij} 表示指标层中第 i 个指标相对于第 j 个指标重要性语气上的定量标度值。

结合语气算子，定义定量标度相对隶属度指标：

$$r_{ij} = \frac{1 - a_{ij}}{a_{ij}}$$

二者数量对应关系见表 4.2。

表 4.2 语气算子的定量标度与相对隶属度取值

语气算子	同样	稍微	略为	较为	明显	显著	十分	非常	极其	极端	无可比较
定量标度 a_{ij}	0.5	0.55	0.6	0.65	0.7	0.75	0.8	0.85	0.9	0.95	1
相对隶属度 r_{ij}	1	0.818	0.667	0.538	0.429	0.333	0.250	0.176	0.111	0.053	0

根据排序后的“源于公司层面”准则层而言，风险因素“经营策略”对该层重要性程度最高，排在第一位，相对于第二序位的资产额，对公司契约风险的发生“稍微重要”；“公司+农户”的农业合作模式中“种子合格率”是双方长期可持续合作的基础，对契约风险的影响较于其他指标“略为重要”；公司资产额是经济实力和技术后备的象征，与剩余 5 项指标相比“较为重要”；而“公司对农户的专用性资产投资的利用”与“农户对公司的专用性资产投资的利用”二者地位等同，重要性程度为“明显”；“经营管理制度”与“经营业绩”紧排其后，重要性语气为“显著”与“十分”。

因此，“源于公司层面”的准则层 B1 的七大指标的相对隶属度列向量为：

$$\begin{aligned} r &= (r_{11}, r_{12}, r_{13}, r_{14}, r_{15}, r_{16}, r_{17})^{\mathrm{T}} \\ &= (0.538, 0.333, 0.818, 0.250, 0.667, 0.429, 0.429)^{\mathrm{T}} \end{aligned}$$

进行归一化处理后可得“源于公司层面”准则层 B1 的指标权重向量为：

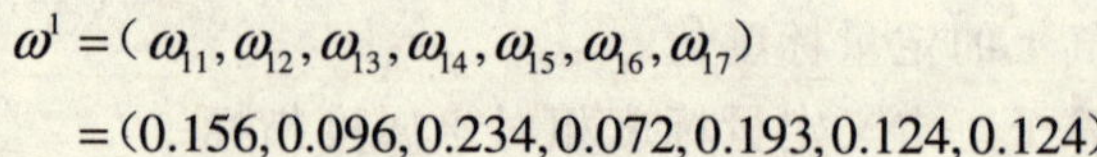

$$\omega^1=(\omega_{11},\omega_{12},\omega_{13},\omega_{14},\omega_{15},\omega_{16},\omega_{17})$$
$$=(0.156,0.096,0.234,0.072,0.193,0.124,0.124)$$

同理，经过对比分析与一致性检验调整，可以得到其他指标层相对其准则层的权重列向量 $\omega^i=(\omega_{i1},\omega_{i2},\cdots,\omega_{in})^{\mathrm{T}}$，以及四个准则层因素相对目标层的权重向量：$\omega^B=(\omega_{B1},\omega_{B2},\omega_{B3},\omega_{B4})$。从而可以得到指标层中的 26 个风险评估指标相对于目标层契约风险的评估影响权重向量：$\omega=\omega_{ij}\cdot\omega_{Bi}$。其中，$j$ 具体取值个数根据指标层所含指标个数来确定。如准则层 B1 中 j=7，准则层 B3 中 j=6。计算结果如上表 4.2 所示。

4.4.3 风险因素影响权重分析

采用模糊层次分析法能将定性分析和定量分析有效结合，实现违约风险因素的影响重要性分析，在语气算子的定量标度下，将指标融入整个风险体系后，得出各风险因素模糊综合权重，详见表 4.3。由其中可以看出：

表 4.3 风险指标对契约风险的影响权重及排序表

目标层 / 权重 / 指标层	准则层				模糊综合权重	指标层总排序
	B1	B2	B3	B4		
	0.191	0.364	0.297	0.148		
C11	0.156				0.030	
C12	0.096				0.018	
C13	0.234				0.045	
C14	0.072				0.014	
C15	0.193				0.037	
C16	0.124				0.024	
C17	0.124				0.024	
C21	0.093				0.034	
C22	0.093				0.034	

续表 4.3

权重 目标层 指标层	准则层				模糊综合权重	指标层总排序
	B1	B2	B3	B4		
	0.191	0.364	0.297	0.148		
C23		0.214			0.078	max（2）
C24		0.214			0.078	max（2）
C25		0.154			0.056	
C26		0.214			0.078	max（2）
C27		0.017			0.006	min
C31			0.223		0.066	
C32			0.093		0.028	
C33			0.141		0.042	
C34			0.108		0.032	
C35			0.160		0.047	
C36			0.275		0.082	max（1）
C41				0.096	0.014	
C42				0.207	0.031	
C43				0.146	0.022	
C44				0.128	0.019	
C45				0.165	0.024	
C46				0.257	0.038	

第一，从 B 层面上来看，“源于农户层面”的风险因素对违约风险的影响值最大，这说明在山东省订单农业中农户的违约率高于公司，这一结论不同于一些学者所持有的公司违约率高的观点，笔者认为原因在于公司特别是一些具有一定规模的公司立足于农户驻地，如果某公司的信誉一旦受损，很难再次找到合适的合作伙伴，公司的发展也会受到影响；而农户由于经营分散，同时经营相同农产品的公司较多，具有较大的选择空间。而源于“外部市场”层面的风险因素对违约风险的影响较为轻微且均匀，这说明，外部市场

对契约市场有一定的影响，但其作用最终要通过契约市场主体体现出来，它只是构成违约风险的一个重要外部条件。

第二，从 C 层面上来看，公司或农户的“违约成本”（C36），模糊综合权重 0.082 为最大，是导致契约风险发生的最大因素，违约成本低，成为订单农业违约风险发生的根本原因。居第二重要性的 3 个风险因素均来源于“农户层面”，分别是：农户的信誉度（C23）、农业生产技术水平（C24）和农产品质量（C26），模糊综合权重均为 0.078，这也和 B 层面上的风险因素主要来源源于农户层面相一致，这都和农户的综合文化素质有关。而影响最小的因素是农户对公司专用性资产投资的利用（C27），模糊综合权重仅为 0.006，说明当前山东省订单农业中农户利用公司投入的专用性资产进行“敲竹杠”的现象并不严重；相反，公司对农户的专用性资产投资的利用（C17），模糊综合权重已达 0.024，由此可见，公司对农户的专用性资产的利用程度要比农户对公司的专用性资产的利用程度高得多。

在理论分析的基础上，笔者根据诸多风险因素权重差异，按照契约风险发生和隶属关系，根据定性分析和定量分析，构建了一个分析契约风险因素评估指标体系。这一评估指标体系包含 3 个层次和公司层面、农户层面、契约本身层面和外部市场层面 4 个层面的 26 项指标，笔者再利用模糊层次分析法构建起一个契约风险因素评估模型。通过评估发现：一是就公司层面、农户层面、契约层面和外部市场层面而言，来源于农户层面的违约风险因素最高，农户的违约率高于公司，这一结论不同于一些学者认为的公司违约率高于农户违约率的结论；二是导致农户违约风险的主要原因是农户的信誉度不高、生产技术欠缺和农产品质量不高；三是违约成本低是违约风险的一个重要因素，成为公司和农户违约的根本原因；四是农户对公司专用性资产投资的利用并不充分。本章的研究结果为我们今后有效地进行契约风险管理提供了参考依据。

5 创新契约风险管理——风险外移机制

综观国内大多数学者对于契约风险问题的研究，一个普遍而习惯性的思维方式是将公司与农户对立起来，强化了其冲突的一面，而忽视了其合作的一面。卢小广认为订单农业的高违约风险并非是商品契约本身的基本特征，而是产生于简单远期合约模式的有限交易、局部信息和履约保证金制度缺失等固有缺陷。[①]何嗣江认为，高违约的根本原因在于契约农业交易系统的封闭性、风险的存量化以及农业风险特性与订单农业自身缺陷的交互作用，目前化解订单农业发展障碍的措施大多具有"堵"的性质，这不利于订单农业风险的分散。提升契约农业履约率不应仅仅采取"堵"的方法，更应该"疏""堵"并重，即在保留"堵"之有效的方法基础上，通过金融创新，寻求风险外化通道使风险流量化。[②]

博弈论认为：如果一种制度安排不能满足个人理性，就难以实行下去，而解决个人理性与集体理性之间冲突的办法不是否定个人理性，而是重新设计一种制度在满足个人理性的前提下达到集体理性。[③]本书借鉴以上观点，沿着"公司+农户"组织的演变路径，利用金融创新工具，通过设计出一个风险外移机制，开辟一个契约市场内风险外移的渠道，而不是研究风险在公司和农户间如何配置，把契约市场风险转移出去，即将"公司+农户"远期合同交易模式转化为"公司+农户+期货"远期、期货组合交易模式，为化解违约风险提供一个新的思路。

① 卢小广：《现代金融架构下的农业商品契约》，《财经科学》2005 年第 5 期。
② 何嗣江：《订单农业发展中金融创新研究》，《浙江大学学报》（人文社会科学版）2006 年第 1 期。
③ 张维迎：《企业理论与中国企业改革》，北京大学出版社 2009 年版。

5.1 公司与农户交易模式的演进

5.1.1 人类社会交易模式的演进

从经济发展的规律性来看，人类社会交易方式的演进是沿着“即期交易—远期合同交易—期货交易—期权交易—互换交易”的轨迹进行的，各种交易方式都有其存在的理由。

即期交易。即期交易是商品经济社会最常见、最基本的市场交易方式，它的基本特征是市场主体在进行商品买卖过程中，按“一手交钱，一手交货”的原则进行货币或实物的交换，商品交割由当时的市场供求状况决定。然而，即期交易的价格机制运行时是有缺陷的，它必然会带来市场风险，这是因为：①即期交易的市场价格是滞后的，当市场供求不平衡时，商品生产者进行生产调整需要一定的时间，而生产出来的商品能否实现其价值取决于下一个周期的供求状况，因此即期交易的价格调节是滞后的。②即期交易是不完全的，在一定程度上是失真的。由于即期交易的价格放映的只是本期市场商品供求关系，它无法放映潜在的供求关系变化，因此，它包含的信息是不完全的。商品生产者根据不完全的、失真的、滞后的价格信息来调节下一周期的生产，就会导致生产和投资的盲目性，引起市场波动。

远期合同交易。随着市场经济的发展，商品交易的品种不断增多，交易的规模不断扩大，使得商品交易面临着诸多风险，原先主要依靠小规模商品交易的即期交易（现货交易）方式越来越不适应市场交易的需要。为了避免现货市场价格风险，保证商品生产和商品经营的相对稳定和连续进行，在现货交易的基础上，期货交易的初级雏形——远期合同交易方式出现了。

远期合同交易是买卖双方通过签订远期合同方式，共同约定交割日期、交割地点、交易数量、交易质量和交易价格，到期双方按合同规定的价格结清货款，交付货物的一种实物交易模式。这种远期合同交易，早在公元前的希腊和罗马就已经产生了。在农产品收获前，城市商人往往先向农民预购农产品，等到收割完成后，农民才将农产品交付。这是最原始的远期合同交易。1570 年，英国伦敦开设了第一家交易所——英国皇家交易所，从事先签订合同后交割的远期交易。其交易方式虽然与现代意义上的期货交易有所不同，但“交易所”的名称从此被确定。为保证交易的顺利进行，交易所还形成了自我管理原则和仲裁原则。因此这是当代商品期货市场的雏形。1730 年，日本大阪也创办了专门进行大米远期合同交易的“米相场”。同时，荷兰的阿姆斯特丹也建立了远期合同交易粮谷交易所。1848 年，美国建立了芝加哥谷物交易所。

远期合同交易产生的一个根本原因在于，它与现货交易相比，更适合于进行大宗商品的交易。同时，在签订远期合同交易时，签约双方已事先商定好了交易的时间、地点、数量、质量、价格和其他条款，这在一定程度上排除了现货交易的偶然性和不确定性，使买方能够取得相对稳定的货源，买方能够取得相对稳定的销路。签约双方由于事先在合同中规定了交割时的固定价格，使得卖方放弃了在未来价格上升时获得利益的机会，但同时也避免了在未来价格下跌时遭受损失的风险；使买方放弃了在未来价格下跌时获得利益的机会，但同时也避免了在未来价格上涨时遭受到损失的风险。这就在一定程度上为买卖双方都减少或转移了价格风险。[①]

远期合同交易虽然弥补了现货交易的不足，在一定程度上减少了市场风险，但也存在一些不足之处：① 由于远期交易缺乏信用风险约束与风险分散机制，其本身又天然地具备风险积分机制、缺乏中途退出机制以及到期强制性交割等特征，并不能完全达到转移价格风险的目的，它不过是把价格风险在买方和卖方之间进行转移，风险仍然停留在商业活动领域。同时，这种事先固定价格的方式也降低了价格的灵活性，使价格失去了它本身应有的随时放映供求变化的特征。② 由于远期合同是由少数买方和卖方私下协商确定的，

① 李秉龙、薛兴利：《农业经济学》，中国农业大学出版社 2003 年版。

所以，远期合同中的价格形成也是秘密的，仅仅反映少数买方和卖方的供求情况及供求趋势，并未形成一个集中统一的交易市场。③远期合同的履行仅仅以签约双方的信誉为担保，一旦发生争议与纠纷，又不能达成和解时，就只能付诸法律来解决。即使在签约时，签约双方采取了买方交纳定金、第三方担保等措施，但仍不足以保证合同到期得到履行，违约、毁约的现象经常发生。④远期合同的规范程度差、不确定因素多。即使是同一种商品的现货远期合约，由于签约双方不同，合约中的条款及条款的具体内容都会不同，这就给交易带来许多不便，经常导致纠纷，增大交易成本。

期货交易。期货交易是商品经济发展到一定阶段的产物。期货交易是与现货交易相对应的一种交易方式，是商品交换的一种特殊方式。期货交易是按照一定的条件和程序，由买卖双方在交易所内预先签订产品买卖合同，而货款的支付与货物的交割则要在约定远期进行的一种贸易形式，属于信用交易范畴。1848 年，美国芝加哥 82 名商人自发地组建了美国第一个商品交易所——芝加哥交易所。它的成立在世界期货史上占有重要地位，标志着期货交易时代即将到来。期货交易的运行特征为：①期货交易是“买空卖空”的交易；②期货交易是一种委托性质的交易行为；③期货交易是以期货合约自由转让为前提的交易行为；④期货交易是在交易所进行的交易行为。

期货交易是商品生产者为规避风险，从现货交易中的远期合同交易发展而来的。期货交易是在交纳一定数量的保证金后在期货交易所内买卖各种实物商品或金融商品的标准化合约的交易方式。期货交易因保证金、日清算规则的引入较好地解决了远期合约的风险积分效应，随时对冲，又解决了远期交易的流动性不足。期权交易的出现则较好地弥补了期货交易强制性交割可能给交易者带来的不利影响，即期权交易所特有的选择性交割功能确保交易者在锁定未来不利风险的同时又能享受于已有利的风险，为利益的分享及风险的分担开辟了新的渠道。

由此可见，交易方式的演进一方面在较好地适应了现代社会供求状况瞬息万变的同时，也形成了较为完善的风险、利益分担机制；另一方面现货市场的自身发展，客观上需要衍生品市场来提高其交易效能，共同构成完整的市场机制。

5.1.2 公司与农户交易模式的演进

本书认为我国公司与农户的交易模式是沿着这样一种轨迹演进的，即："公司与农户"（即期交易模式）——"公司+农户"（远期合同交易模式）——"公司+农户+期货"（远期、期货组合交易模式）。

"公司与农户"（即期交易模式）。20 世纪 70 年代以前，计划经济体制下，我国农业基本上是自给自足，农产品流通渠道狭窄，只有少量剩余农产品通过国有商业和供销合作社渠道按计划进入流通领域。20 世纪 80 年代初随着我国由计划经济逐步转向市场经济，实行家庭联产承包经营制后，农户有了一定的经营自主权，市场交易范围逐步拓展，农产品市场逐步发展起来，农户与企业间的交易逐步发展起来。自 1983 年到 1993 年期间，我国先后发生了两次大的农产品卖难现象，出现了农户增产不增收的现象。这一阶段农户与公司间的交易模式可称为"公司与农户"，其交易关系相当于上述即期交易，这种交易模式在生产力较为低下、交易范围较小且自然环境较为正常的情况下可以正常运作。

"公司+农户"（远期合同交易模式）。随着我国经济体制改革的不断深入，市场经济的不断发展，"公司与农户"交易模式逐步演进为"公司+农户"交易模式，我们可以把这种交易模式的演进看做是人类交易模式由即期交易向远期交易的演进。这一模式有效地节约了交易成本，降低了交易费用，农户可以锁定未来农产品价格，公司可以获得稳定的生产资料，因此，受到公司和农户的认可。然而这种交易模式在运行过程中，如前文所述，也暴露出一些问题，高违约率是其中一个重要问题，特别是当农产品市场价格与契约价格产生较大差距时，契约主体会受机会主义行为驱使，使契约难以正常运行，使"公司+农户"组织陷入困境。对此许多专家学者提出了很多解释，归纳起来主要包括：契约的不完全性、公司和农户法律意识淡薄、信誉机制作用有限、违约成本较低、第三方裁判失效等。这些解释只是对“公司+农户”组织运行过程中暴露出来的问题进行的解释，更深层次的解释应该从“公司+农户”组织的本身来进行。从本质上来看，这是组织远期交易的固有缺陷所致。具体而言，这种缺陷表现在以下几个方面：其一，由于远期交易属信用交易，在当前我国信用普遍缺损且信用约束乏力的情况下其履约率低下当属意料之中。其二，远期交易的风险积分效应及中途缺乏退出机制，对公司而言，当市场价格波动较大时，由于面对众多农产品转移过来的风险累积使其无力应对或难以抵挡市场价格的诱惑；对农户而言，当市场价格存在较大的诱惑时，也很容易产生违约动机。因此要提高“公司+农户”交易模式的履约率，根本办法只有适时推出新的交易工具以弥补远期交易的天然不足[①]。

“公司+农户+期货”(远期、期货组合交易模式)。远期合同交易模式的缺陷决定了其规避违约风险的作用是有限的。期货市场作为一种更高级的市场形式，不仅能够有效回避风险，而且也可以为“公司+农户”的顺利运行提供载体。因此，“公司+农户”交易模式扩充为“公司+农户+期货”交易模式应成为下一阶段订单农业的发展方向。

表 5.1　将即期交易、远期交易与期货交易进行了对比

类别	即期交易	远期交易	期货交易
交易对象	商品实物	非标准化合同	标准化合同
交易方式	双方讨价还价	拍卖或双方协商	期货交易所内公开竞价
交易场所	无限制	无限制	期货交易所
付款方式	交易额 100%	押金：20%~30%	保证金：5%~15%

① 何嗣江、汤钟尧：《订单农业发展与金融工具创新》，《金融研究》2005 年第 4 期。

5.2 契约风险外移[①]

“公司+农户”组织系统的封闭性致使风险难以得到有效防范，那么，通过金融市场创新，借助现代金融市场打破订单农业交易系统的封闭性，探索“公司+农户+期货”组合交易运行模式，寻求风险外移通道以协调交易双方利益冲突，通过寻找适宜的渠道把风险外移，不仅是可行的，而且也是行得通的。

5.2.1 期货市场和契约市场

期货市场被认为是一种较高级的市场组织形式，是市场经济发展到一定阶段的必然产物。比较成熟的期货市场在一定程度上相当于一种完全竞争的市场，是经济学中最理想的市场形式。广义上的期货市场包括期货交易所、结算所或结算公司、经纪公司和期货交易员；狭义上的期货市场仅指期货交易所。

在“公司+农户”模式中公司与农户通过签订契约进行交易，契约成为双方联结的纽带，从而在公司和农户间形成了一个内部交易市场——契约市场。契约市场和产品市场一样充满着不确定性，在契约市场产生的风险为契约市场风险，也可称为契约风险，其主要表现为违约，即违约风险。

5.2.2 契约风险外移的可行性分析

在现代经济体系中，任何经济活动都是有风险的，并且经济体系中的风险都会通过各种管道转变为金融风险。[②]金融创新可以改进经济体系交易的效率，为交易主体提供风险分担的机会，并由此改善资源配置效率。[③]例如 20 世纪 70 年代以来诞生的金融期货、金融

① 李彬：《利用期货市场转移订单农业违约风险》，《江西财经大学学报》2009 年第 4 期。
② 吴晓求：《金融的过去、今天和未来》，《中国人民大学学报》2003 年第 1 期。
③ 余波：《金融产品创新的经济分析》，中国财政经济出版社 2004 年版。

期权和金融互换等金融衍生工具，大多是出于转移和分散风险的目的而产生的，它们具有使风险在众多不同经济主体之间转换的作用。金融衍生品的本质功能就是规避价格变动风险，其中期货、期权与远期交易相比，既能规避风险，也能使主体得到高收益机会。因此，可以利用金融衍生品中的期货、期权指导契约农业实践，构建合理的利益风险分担机制。

期货市场的功能体现在价格发现功能和风险转移功能两个方面。其中价格发现功能是核心，也是期货市场存在和发展的价值所在，风险转移功能能否良好发挥也取决于价格发现功能的效果①。

价格发现功能，也称发现价格功能，是指在期货市场上通过公开、公正、高效、竞争的期货交易运行机制而形成具有真实性、预期性、连续性和权威性价格的过程。期货交易之所以具有价格发现功能，主要是因为：第一，期货交易的参与者众多，除了会员以外，还有他们所代表的众多的商品生产者、经营者和投机者，这些成千上万的买家和卖家聚集在一起进行竞争，可以代表供求双方的力量，有助于真实价格的形成。第二，期货交易中的交易人士大都熟悉某种商品行情，有丰富的经营知识和广泛的信息渠道以及一套科学的分析、预测方法。这样形成的期货价格实际上反映了大多数人的预测，因而能够比较接近地反映供求变动趋势。第三，期货交易的透明度高，竞争公开化、公平化，有助于形成公正的价格。这样通过期货交易形成的价格具有预期性、连续性、公开性和权威性等特点。在现货市场上，商品的价格只反映当前的供求关系，而对供求关系在未来一定时期内可能发生的变化并不做出反应。在期货市场上，人们买卖的是未来的货物，不同的参与者所掌握的市场信息不尽相同，因此，参与期货交易的人数越多，市场所能了解到的影响未来价格变化的信息就越多，由此形成的期货价格也就越接近未来货物的真实价格。这就是期货市场的价格发现功能。

风险转移，是指生产经营者通过在期货市场上进行套期保值业

① http://www.lw-cn.cn/Paper/6251.html。

务，有效地规避、转移或分散现货市场上价格波动的风险。套期保值是指利用现货与期货价格趋于同向运动的规律，遵循“均衡而相对”的原则，在期货市场进行买进（或卖出）与现货市场数量相当，但交易方向相反的期货合约，从而利用一个市场的盈利来弥补另一个市场的亏损，在价格波动方向不明确的情况下，达到规避价格波动风险的目的。也就是说，套期保值是以规避现货价格风险为目的的期货交易行为。套期保值之所以能够有助于规避价格风险，在于某一种特定的商品的期货价格与现货价格在同一时空内会受相同的经济因素影响和制约，因而一般情况下两个市场的价格变动趋势相同。套期保值就是利用两个市场上的这种价格走势的“趋同性”使套期保值行之有效。

例如：某电缆厂在 6 月份计划 3 个月后购进 100 吨铜，为防止日后可能出现的价格上涨，该厂在上海期货交易所进行铜的套期保值交易。

表 5.2　某电缆厂利用现货市场与期货市场交易合同的利润比较

	现货市场	期货市场
6 月 1 日	9 月份需铜 100 吨，6 月现货市场价 16 000 元/吨	买入 100 手 9 月期铜合约，买入价为 16 100 元/吨
9 月 1 日	买入 100 吨铜，市场价 17 000 元/吨	卖出 100 手 9 月期铜合约，卖出价为 17 200 元/吨

由表 5.2 的对比可以看出，该厂在现货市场中每吨铜要多付 1 000 元，但在期货市场中，该厂每吨铜反倒可以获利 1 100 元，通过在期货市场的操作，该厂有效地回避了现货市场的风险。由于进行套期保值回避了不利价格变动的风险，公司可以集中精力于自己的生产经营活动，以获取正常利润。

国内外的实践经验表明，期货市场特有的价格发现和风险转移功能已被广泛应用于现货流通，利用期货市场已经成为现代农业生产者和经营者的基本理念。美国现有 3 家全球最大的农产品期货市场——芝加哥期货交易所、堪萨斯商品交易所和明尼阿波利斯粮食交易所，90%以上的美国粮食都在这 3 家交易所进行保值操作。可以说，美国粮食生产、收购、仓储、运输、贸易、加工、出口等各个环节，都已经离不开期货市场。大多数中小农场主通过与合作社签订订单合同，预先确定订单价格来锁定其生产经营的预期利润，间接参与期货市场，而合作社在与农场主签订订单合同的同时，必须通过期货市场回避风险。以美国农产品贸易公司（Farmers Commodities Corporation）为例，农场主与 FCC 公司设在当地的粮食收购站签订某一形式的订单，FCC 公司再根据不同的订单类型在期货市场上套期保值，从而有效地解决了单个农场主所面临的资金和技术不足的困难。

经过十几年探索，我国农产品期货市场有了一定发展，2000 年之后，农产品期货交易逐步活跃起来。2003 年优质强筋小麦和豆粕两个品种上市交易；2004 年棉花、玉米和黄大豆 2 号 3 个品种上市交易；2006 年白糖和豆油 2 个品种上市交易；2007 年菜籽油和棕榈油两个品种上市。期货市场完全能为我国订单农业主体提供一种避险工具。如大连玉米期货市场 2006 年期货交易量 1.35 亿手，占全国期市总成交量的 30%，成为全球第二大玉米期货市场。2007 年以来，大连市玉米期货价与现货市场价格的相关性在 90%左右，真实有效地反映了国内玉米市场形势。目前玉米期货价格已成为中国玉米的权威价格和企业生产经营的参照系。

5.2.3 契约风险外移的渠道

1. 风险外移渠道一："公司+农户+期货"组合交易模式

由上文分析可知，"公司+农户"组织由于其远期合同交易模式的局限性，决定了其回避风险的作用是极其有限的。因此，"公司+农户"交易模式扩充为"公司+农户+期货"模式，应成为下一阶段订单农业的发展方向。之所以引入期货，是因为相对即期、远期交易市场的固有缺陷，期货市场具有的价格发现功能、风险分散功能（套期保值功能）、日清算式强制交割功能等。引入期货交易对"公

司+农户”缺陷的校正正是通过这些基本功能来实现的。

（1）期货市场价格的发现功能可为订单农业提供公平的参考价格。现货价格仅反映该种商品当期供求关系的均衡价格，带有很强的瞬时性、随机性、分散性等特点。而期货价格对各种价格因素反应极为灵敏，且具有一定的权威性和预期性。因为，期货市场拥有诸多买家和卖家，参与主体通过集中竞价形成价格，比较客观地反映了市场的供求状况和价格走势，为订单农业的价格确定提供参考依据。公司和农户在设计契约价格时，可以利用期货的价格发现功能，制定合理的契约价格。如期货价格较高，则可能意味着产品的未来市场需求较大，价格会上涨；如期货价格较低，则可能意味着产品的未来市场需求较小，价格会下降。同样，如果契约价格与期货价格偏离较远，则能说明契约价格不合理。公司和农户以期货价格为参照物，制定契约价格，避免了因价格波动引起的违约现象的发生。如期货价格很高，说明未来现货价格也趋涨，则企业可以大胆地高报契约价格，让利于农户，减少未来的违约概率，而自己也不会有损失。

（2）期货市场的风险分散功能，可以实现风险在大量的市场参与者之间进行重新分配。农产品期货市场作为风险分散或转移市场，集中了众多的投机者和套期保值者，市场风险可以在大量的市场参与者之间进行重新分配。如前文所述，“公司+农户”发展的最大障碍就是利益风险机制不合理的问题，对公司而言，众多农户的市场风险通过订单全都转移至公司，公司有时难以承担这样的风险。引入期货交易后，公司可以通过套期保值交易解决这一困境。龙头企业在期货市场上做一笔与现货市场方向相反的交易之后，现货市场的损失可以通过期货市场来抵补，还可以得到基差风险带来的收益。如龙头企业与农户签单后，可在期货市场做一笔卖出交易，如果期货价高于产品价，公司就可以提前卖掉；如果期货价低于产品价，公司可以待时机成熟时再出手。对于企业来说，在稳定货源的同时，可以将期权费作为市场价格上升的净收入，来弥补市场价格时的净亏损。

农产品期货市场的风险转移机制为农业产业化经营中处于龙头地位的企业提供了转移经营风险的途径，具体方法就是利用“公司+农户+期货”模式，也就是在原有的“公司+农户”的基础上，进一步延伸到利用期货市场转移价格风险的功能，规避龙头企业经营风险。也就是说，龙头企业在参照期货市场的价格与农户签订购销订单的同时，通过期货市场进行套期保值，在农产品种植或收获之前，就卖到期货市场。通过“订单+期货”的模式，农户参与期货市场，规避企业风险，提高订单履约率。

河南省新乡延津县是将订单和期货相结合的典范，成功地走出了一条“订单+期货”的路子。在县政府的引导和推动下，由龙头企业发起成立了协会，向农户实行供种、机播、管理、机收和收购“五统一”，以高于市场的价格与农民签订收购合同；同时龙头企业通过期货市场进行套期保值，在农产品种植或收获之前，就卖到期货市场，并对在期货市场上获利较大的农产品进行利润二次分配。通过期货操作，订单为种植农户买了“保险”，期市套保不但为订单和企业经营买了“保险”，同时又增加了增值赢利的空间和机会，可以说一举多得。其小麦订单履约率均达到100%。而在其他小麦主产县，一般履约率在20%左右。[①]

（3）期货市场上的日清算式强制交割功能是通过保证金与日清算规则完成的。期货市场参与者在进行交易时必须存入一定数额的保证金，保证金是要求买卖双方确保履约的一种财力担保，即双方在合约期满之前不将合约对冲的话，就必须按合约规定进行实物交割。保证金水平由提供合约的交易所制定，其金额一般为合约价值的 5%~18%。期货交易的保证金制度，使参与交易的每一方都要达到一个最低信用水平，对于那些对彼此信誉水平都没有充分信心的远期交易者来说，选择期货交易作为一种避险策略是很有必要的。每个交易者都清楚自己在市场上的地位和保证金余额，更易于对其自身的利益及风险进行监控，为提高履约率提供了制度上的保证，

① http://cdmd.cnki.com.cn/Artical/CDMD-1001-2007178700.html。

这就使交易双方都降低了违约风险。

2. 风险外化渠道二："公司+农户+期权"组合交易模式

期权（Options）被国际清算银行认为是最有效的金融创新手段之一，几十年来一直被人们用来作为规避交易活动风险或进行投机获利的重要工具。期权是一种重要的金融衍生工具，其实质是一种契约。期权是指期权出售者（卖方）给予期权持有者（买方）在契约到期日或之前任何时刻按约定价格（又称执行价格）买或卖某种标的物（资产或物品）的权利。[①]根据买方拥有权利的不同，期权可分为买方期权（Calloption），又称为看涨期权，简称买权；卖方期权（Putoption），又称为看跌期权，简称卖权。

公司在做市场套期保值时，其具体操作方法是：每年 9 月份小麦播种时，期货市场第二年 6、7 月份不同期货品种的价格已经有了，这时就可以参考远期期货价格，看其趋势是上涨还是下跌，根据这个情况引导农民种什么品种，然后根据期货价格计算费用，制订订单价格，并开始和农民签订合同。合同签订后，如果期货价高于产品价，公司就可以提前卖掉；如果价格低时就要等机会，待时机成熟时再出手。对于企业来说，在稳定货源的同时，将期权费作为市场价格上升的净收入，来弥补市场价格上升时的净亏损。

农户作为看跌期权的买方，若市场价格低于约定价格时，农户以约定价格向公司出售农产品及履行合约，高于市场的收益通过支付期权费向企业转移一部分；若市场价格高于约定价格时，则可放弃执行期权，而在现货市场上出售农产品，损失止于期权费。这样，无论市场价格如何变动，农民都可以获得有保障的最低收入，维护再生产的正常进行，而期权费就是可预见的最大损失。因此，农产品订单和期权理念结合，一方面农户不会丧失高收益机会；另一方面企业通过期权费收入也可以得到补偿。市场行情变动所带来的高收益机会通过期权费在双方之间进行了分配。

设期权费为 C，执行价格为 P，市场价格为 X，则将期权和订单

① 张志强：《期权理论与公司理财》，华夏出版社 2000 年版。

结合后双方的收益、成本曲线比较如图 5.1 所示。

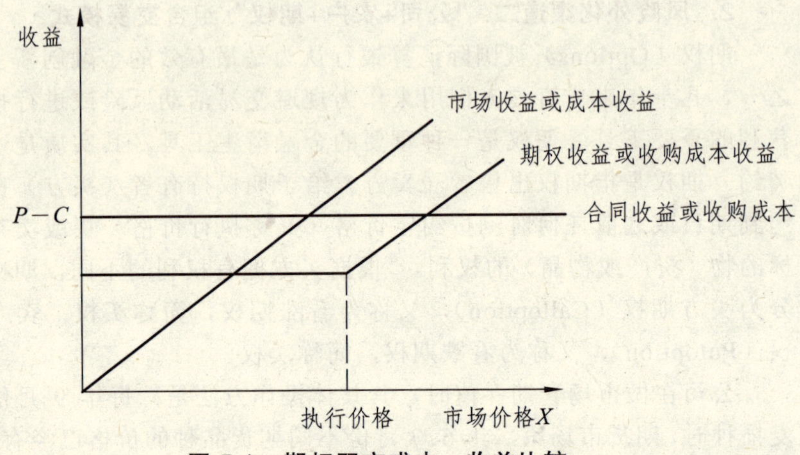

图 5.1　期权双方成本、收益比较

期权和契约农业结合的关键点就在于期权费的确定问题，可以运用期权的二项式理论和 Black-Scholes 期权定价公式来确定订单农业期权费用问题，这是研究契约农业和期权相结合的又一重要课题。

当然，在我国目前的市场环境下，要在“公司+农户”中引入期货、期权交易，存在着诸多的制约因素，但绝不能因此而却步。正确的态度应是在广泛普及期货、期权等现代金融工具保值功能的同时，积极地创造期货、期权市场运作所需要的条件。同时我们欣喜地看到，大连商品期货交易近几年为此做了许多有益的探索工作，并取得了良好的社会与经济效益。①

专栏：期货市场基本制度

1. 保证金制度。在期货交易中，任何交易者必须按照其所买卖期货合约价值的一定比例（通常为 5%~10%）缴纳资金，作为其履行期货合约的财力担保，然后才能参与期货合约的买卖，并视价格

① 刘凤芹：《完全合约与履约障碍——以订单农业为例》，《经济研究》2003 年第 4 期。

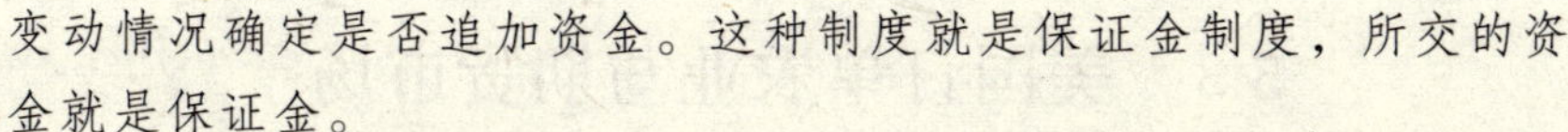

变动情况确定是否追加资金。这种制度就是保证金制度，所交的资金就是保证金。

2. 每日结算制度。期货交易的结算是由交易所统一组织进行的。期货交易所实行每日无负债结算制度，又称“逐日盯市”，是指每日交易结束后，交易所按当日结算价结算所有合约的盈亏，交易保证金及手续费，税金等费用，对应收应付的款项同时划转，相应增加或减少会员的结算准备金。

3. 涨跌停板制度。涨跌停板制度又称每日价格最大波动限制，即指期货合约在一个交易日中的交易价格波动不得高于或低于规定的涨跌幅度，超过该涨跌幅度的报价将被视为无效，不能成交。

4. 持仓限额制度。持仓限额制度是指期货交易所为了防范操纵市场价格的行为和防止期货市场风险过度集中于少数投资者，对会员及客户的持仓数量进行限制的制度。超过限额交易所可按规定强行平仓或提高保证金比例。

5. 大户报告制度。大户报告制度是指当会员或客户某品种持仓合约的投机头寸达到交易所对其规定的头寸持仓限量 80%以上（含本数）时，会员或客户应向交易所报告其资金情况、头寸情况等的制度，客户须通过经纪会员报告。大户报告制度是与持仓限额制度紧密相关的又一个防范大户操纵市场价格，控制市场风险的制度。

6. 实物交割制度。实物交割制度是指交易所制定的，当期货合约到期时，交易双方将期货合约所载商品的所有权按规定进行转移了结未平仓合约的制度。

7. 强行平仓制度。强行平仓制度是指当会员或客户的交易保证金不足并未在规定的时间内补足，或者当会员或客户的持仓量超出规定的限额，或者当会员或客户违规时，交易所为了防止风险进一步扩大，实行强行平仓的制度。简单地说就是交易所对违规者的有关持仓实行平仓的一种强制措施。

资料来源：作者根据 http://www.jyqh.com.cn/touzi/5.pdf 的相关资料整理。

5.3 美国订单农业与期货市场

美国是全球期货市场最为成熟的国家，是现代期货交易的发祥地，其期货交易从1848年芝加哥期货交易所成立至今已有160年的历史。美国农业产业化和市场化程度高，订单农业普遍。现货贸易与期货市场的关系十分密切。随着美国农产品现货市场成熟和金融市场的发展，期货市场也日趋完善，发挥着重要的风险管理等经济功能，期货价格成为指导生产、消费和流通的指标价格，同时也是进行国际贸易的基准价格。

5.3.1 期货市场在现货交易中的应用

在美国，现货交易与期货市场的关系十分紧密。首先，期货价格已被公认为是最真实、最权威的价格，为广大现货商提供重要的生产经营参考，是现货企业每日必看的价格。在国际市场中，现货企业在进行贸易合同时，通常都以期货价格作为定价基准，以期货价格加上基差来确定合同价格。其次，现货贸易商在签订合同后，往往都通过期货市场套期保值，规避风险，期货交易成为企业生产经营中必不可少的环节。①

5.3.2 期货市场在订单农业中的应用

在美国农场主利用期货市场方面已有许多调查和研究成果。1996年，美国农业部（USDA）进行的农业资源管理调查（ARMS）则是关于农场主风险管理策略最为全面的调查。②ARMS结果显示，年销售收入在25万美元以上的农场主更有可能使用套期保值、远期合约等风险管理工具来规避风险。相比之下，年收入在5万美元以

① 何蒲明：《利用农产品期货市场破解订单农业发展难题》，《粮食问题研究》2006年第3期。

② 需要指出的是，农场主回答的问题一般是关于风险管理策略的有无。有些农场主给出肯定的回答，表示正在实施某种风险管理策略（例如多样化经营或套期保值操作），但他们风险管理策略的目标可能不是减少风险，而是实现利润最大化。

下的农场主则很少使用套期保值或远期合约来规避风险，而这些农场主采用多样化经营策略来降低风险的比例就更小。刘岩、于左研究发现，美国农场主对期货市场的利用主要体现在直接利用和间接利用两个方面①:

1. 直接利用

许多规模相对较大的农场主在规避风险时直接选择进入期货市场进行套期保值交易，来规避风险。

在美国，农场主为了避免粮食产出后面临价格下跌的风险，普遍地借助了期货市场这一避险工具。一些较大的农场主直接参与期货市场，回避风险。并且这种直接参与方式的程度在不断提高。例如，1986 年在威斯康星州进行的调查显示，有 8%的农场主在过去 5 年间至少使用过一次期货市场工具。②堪萨斯州农作物和畜产品信息服务处（CLRS）的另一份基于不同样本数据的调查报告显示，1980—1985 年间，有不足 5% 的农场主曾对某一种农产品进行过套期保值操作。1992 年在堪萨斯州进行的一次调查显示，玉米生产者运用期货套期保值的比例达到 11%，位居其次的牛肉生产者，比例为 8%。同时，约有 15%的小麦生产者以及 10%的牛肉和 10%的玉米生产者运用套期保值，而大豆、高粱、生猪生产者运用期权套期保值的比例为 5%。③1993 年、1994 年和 1995 年在普渡大学举办的大型农场主培训班上，接受调查的农场主中有约 10%~20%使用了套期保值工具。④

2. 间接利用

间接利用期货市场，即农场主通过与各类中介机构签订远期合

① 刘岩、于左：《美国利用期货市场进行农产品价格风险管理的经验及借鉴》，《中国农村经济》，2008 年第 5 期。

② Campbell, Gerald R. and Shiha,A.,1987. Wisconsin Corn and Soybean Producers Knowledge and Use of Options and Related Marketing Instruments. Working Paper No.276,Madison: University of Wisconsin.

③ Goodwin, Barry K. and Schroeder, Ted C., 1994(11). Human Capital, Producer Education Pprogranms and the Adoption of Forward-pricing Methods, American Journal of Agricultural Economics.

④ Musser, Wesley N.; Patrick, George F. and Eckman, David F., 1996(1). Risk and Grain Marketing Behavior of Large-scale Farmers, Journal of Agricultural Economics.

约，由中介机构在期货市场上套期保值来避险，进而实现对期货市场的间接参与。具体而言，农场主根据自己的实际情况和对未来农产品价格走势的判断，与销售合作社签订某种协议，合作社再进入期货市场进行保值，或直接进入其他的销售渠道。农场主与合作社签订的协议实际上是一种订单，通过这种方式来保证自身收入，规避价格波动的风险。在市场价格波动比较频繁，生产经营风险较大的情况下，对绝大多数中小农场主来说，对远期合约的使用范围和使用程度超过了对期货市场的直接利用。1983 年 ARMS 数据显示，伊利诺伊、爱荷华、明尼苏达和俄亥俄四个州交割的玉米中有 50%～60%使用了远期合约，在堪萨斯、密西根和密苏里三个州采用这种交易方式的玉米约占玉米交易总量的 30%。[①]美国审计局总署报告估计，利用远期合约的农场主的比例介于 28%～35%之间，小农场主使用远期合约的比例为 25%，而大农场主使用远期合约的比例为 61%。

期货市场保障了美国订单农业的发展，在美国农业产业化发展中起到了重要作用。目前，美国很多农民在农产品收获前就与乡村合作社、乡村收购站事先签订现货套保合同，后者再通过货币进行套期保值，以此规避现货价格下跌的风险。目前美国有 3 家全球最大的农产品期货市场——芝加哥期货交易所、堪萨斯商品交易所和明尼阿波利斯粮食交易所，90%以上的美国粮食都在这 3 家交易所进行保值操作。

5.3.3 实现有机结合的条件

美国农场主对期货市场的利用已经达到一定程度，而且对期货市场的充分利用也被视为将来的发展方向。美国农业生产与期货市场实现有效结合，离不开一定的基础条件，刘岩和于左（2008）总结认为：

① Hoffman Linwood A.; Harwood, Joy L. and Leath, Mack N., 1988(5). Marketing and Pricing Methods Used by Selected U.S. Wheat Producers, Wheat Situation and Outlook Report, WS-281.U.S.

一是期货市场发育成熟，表现为农产品期货品种繁多[①]、期货市场与现货市场联系密切、市场主体结构合理、价格应用广泛和不断推进制度创新等。

二是合作组织发展完善。美国加入合作社的农场主约占农场主总数的 80%，而合作组织参与期货市场套期保值非常普遍。美国的合作组织具有以下特点：① 以大规模的家庭农场主为基础；② 以专业合作社为主体；③ 以州法为基础，没有统一的联邦合作社法；④ 政府积极推动和支持，但合作组织保持高度的独立性。

三是信息传导途径发达。目前，农业信息化程度已高于 81.6% 的工业信息化水平（李应博，2006），已形成了国家、地区、州三级农业信息网。美国统计局（ASB）的预测信息可以随时通过计算机信息传递系统供应用户。资料显示，美国 41.6%的家庭农场、46.8%的奶牛场和 52%的年轻农场主都装备有电子计算机，并连接各种农业网。[②]1996 年，美国国会通过新的农业法案——《1996 年联邦农业促进及改革法》，要求政府部门、涉农产品的运销组织、农业生产资料供应公司等都通过互联网无偿向农场主提供信息服务。

5.3.4 经验借鉴与启示

美国农产品期货市场在整个农产品生产、流通和销售过程中发挥着重要作用，农业生产与农产品期货市场实现了有机结合。对于我国“公司+农户”组织来说，有效利用期货市场能够转移部分契约市场风险。但期货市场这种被实践证明较好的避险工具，在中国却没有得到有效的应用，其作用没有得到应有的发挥。究其原因这和我国农业产业化起步较晚、期货市场不完善、交易品种较少和对期货市场避险的功能认识不足有关，也和我国小农户分散经营、土地规模经营欠缺有关。因此，在推动中国农产品市场与期货市场结合

① 目前在美国芝加哥等多家交易农产品的期货交易所，有上市交易的玉米、大豆、豆油、小麦、大米、白糖、棉花、柑橘等 30 多个农产品的期货合约和相关期权合约。

② 刘岩、于左：《美国利用期货市场进行农产品价格风险管理的经验及借鉴》，《中国农村经济》2008 年第 5 期。

方面，在充分发挥期货市场的避险功能方向，中国尚有很长的路要走，需要从多方面完善，积极借鉴美国等发达国家的成功经验，进行不断地探索，以推动期货市场避险功能的充分发挥。

专栏：河南金粒麦业公司

河南金粒麦业公司通过“公司+农户”模式演化为“公司+农户+期货”模式，实现风险的外移。河南金粒麦业公司（下称“金粒公司”）是省重点农业产业化龙头企业，企业占地面积 12 288 平方米，建筑面积 8 203.7 平方米，注册资金 1 088 万元，资产 1 154 万元，现有员工 165 人，其中专业技术人员 58 人。

过去河南金粒麦业公司通过“公司+农户”组织模式同农户进行农产品交易，其采取的价格为浮动价格，即企业承诺来年以高于市场价的一定价位收购，这种方式的订单，收购价格随市场的变化而变化，市场风险由企业承担，农民收益难以确定，只是比非订单种植稍有增收。这种传统的订单签订模式，履约困难较大。

鉴于农户违约率高的情况，金粒公司探索出了一条“公司+农户+期货”模式。具体的操作是，小麦期货品种上市后，通过小麦期货市场，公司可以看到未来一年内的交易价格。在与农民签订订单时，根据期货市场价格与走势，以来年收购期的期货价格为参照，确定一个明明白白的价格，让农民吃颗定心丸。企业为规避市场风险，在期货市场上做一定数量的卖期套保持仓，待从农户手中按订单约定价格收到麦子后，单品种收购，单仓存放，经过整理运到交割库注册成仓单，临近交割月时，如果市场价格有利于平仓就平仓获利，不利的话就交割仓单，依靠期货市场，规避了企业风险，锁定了订单利润，也使农民的收益得到了保障，从而达到套期保值的目的。通过期货操作，订单为种植农户买了“保险”，期市套保不但为订单和企业经营买了“保险”，同时又增加了增值赢利的空间和机会，可以说一举多得。

在平时运作中，公司还可视库存结构情况，根据客户需求和对市场的预测把握，操作一定规模的买入持仓。这样既保证了客户的需求，又节省了在现货市场收购后，给企业带来的银行利息和长期保管费用，降低了资金运营成本，提高了企业的经营效益。例如，2004年由于小麦开秤价格低于农民心理预期，加之对后市普遍看好，农民惜售心理严重。金粒公司利用期货套期保值的基本原理，采取了保值储粮、保值订单等多种形式，消除农民惜售心理。

金粒公司为农民售粮提供多种形式。一是先把粮食存到公司，待日后认为价格理想了再进行结算；二是现款现粮，按照订单及时结算；三是与公司签订了保值订单的农户，可以把粮食存到公司，到9月底进行结算，结算价格为7、8、9三个月中的最高市场价格。这样企业减少资金占用量并节省3个月的银行利息，同时掌握粮源，避免农民在家中存粮造成的品质下降。在此期间粮价上涨给企业造成的风险，则由企业通过期货经营在期货市场上规避，如果利润较大还可二次返利。

由于期货市场对交割产品的品质要求很严格，“公司+农户+期货”的模式促使小麦的种植结构发生变化。金粒公司通过专业协会对种植农户进行培训，推广优质品种。目前延津县优质专用小麦种植已经形成了区域化、规模化、专业化的生产格局，种植面积已由5年前的0.8万亩增长到如今的56万亩，占全县耕地面积的90%以上，其中订单种植面积45万亩。

“公司+农户+期货”的模式还使农民获得了真金白银的增收。通过期货市场的套保操作，金粒公司保证了对农民的履约和二次分配，订单履约率达到了100%，农民累计增收7 000多万元。

资料来源：http://www.yafco.com/show.php/?contentid=2017。

公司和农户间的契约风险可以在契约市场内部实现一定程度的化解和控制，这种处理风险的方法在一定程度上是可行的，但问题的关键是无论如何防控，仍有一些风险是难以改变的，如果说可以改变，那也只是改变了风险的承担主体，即风险在不同的主体间转移。那么，能否找到一种“疏导”的方式，以替换这种“围堵”的方式，是一个值得探讨的问题。本书认为可以通过设计出一个风险外化的机制，开辟一个契约市场内部风险转移的渠道，用期货市场把风险转移出去，即通过“公司+农户”模式转化为“公司+农户+期货”组合模式，转移违约风险，这为化解违约风险提供了一个新的思路。

国内外的实践经验表明，期货市场特有的价格发现和风险分散功能已被广泛应用于现货流通，利用期货市场已经成为现代农业生产者和经营者的基本理念。美国农业产业化和市场化程度高，订单农业普遍。现货贸易与期货市场的关系十分密切。美国粮食生产、收购、仓储、运输、贸易、加工、出口等各个环节，都已经离不开期货市场。农场主通过直接和间接两种形式参与期货市场，回避市场风险。

经过十几年探索，我国农产品期货市场有了一定发展，期货市场完全能为我国订单农业主体提供一种避险工具。我们可以利用期货市场的价格发现功能、期货的套期保值功能、期货交易的保证金功能和期权的看涨权和看跌权来转移契约市场上的风险，实现由“公司+农户”演变为“公司+农户+期货”。但我们也必须清醒地看到，我国农业产业化起步较晚、期货市场不完善、交易品种较少、对期货市场避险功能的认识还不足。中国与美国等发达国家仍存在较大的差距，期货市场这种被实践证明较好的避险工具，其作用在我国没有得到充分的发挥。因此，在推动中国农产品市场与期货市场结合方面，在充分发挥期货市场的避险功能方向，中国尚有很长的路要走。

6 创新契约风险管理——风险防范机制

所谓契约风险防范，就是运用适当的手段对各种风险源进行有效的控制，防患于未然，并力图以最小的代价使农户和龙头企业获得最大的安全保障的一系列的经济管理活动。其主要功能有两个：一是减少契约风险发生的可能性；二是降低契约风险造成意外损失的程度。

因此，建立科学合理的契约风险防范机制，把各种风险所造成的损失减少到最小限度，以保护农户的再生产能力，乃当务之急。

6.1 契约风险防范的总体思路

契约风险存在于“公司+农户”组织运行的全过程，其中哪个环节管理有缺陷，监控不力，哪个环节就容易出风险。由于公司和农户间签订的农产品生产销售契约是一个远期契约，加上农产品生产的特殊性，使得契约在整个过程中面临诸多不确定性。因此，要把防范契约风险落实到位，监控到位，应对得当，其中很重要的一条就是要加强全过程的管理与监控。要建立以事前防范、事中控制为主，事后补救为辅的全过程管理与监控机制，最大限度地规避风险或减少风险损失。

防范契约风险很重要的一点，就是要建立一种长效的预警和防范机制，要从宏观到微观，从中央政府各部门到农业产业化龙头企业和农户，多管齐下，才能收到预期的效果。

6.1.1 契约风险的事前防范

事前风险防范是指在风险未发生前，所采取的积极防范措施，它是控制风险发生的一个重要环节，事前防范至关重要。事前风险防范的目的在于降低风险发生的概率，防风险于未然。因此，在农户和龙头企业进行生产经营决策前就应具备风险的防范意识。

事前防范主要是识别、分析、评估风险，并提出防范风险的措施与对策。就龙头企业而言，至少要把好三关。一是把好决策关。产业化农户按照龙头企业的要求进行生产，省却了产前决策风险，因此其生产决策风险转移到龙头企业，龙头企业在生产经营前的决策是否得当，直接影响到契约的履行。因此，企业要调查市场信息，权衡自身经营能力，进行科学决策，力戒因决策失误带来的风险。二是把好签约关。生产决策制定后，要制定详细的契约内容，尽可能地把可能出现的风险因素考虑进去，然后，对签约农户或合作经济组织等合作对象的信誉、素质和生产能力等进行详细考察。三是把好履约关。龙头企业要对农户的生产过程、市场波动、经营状况等诸多因素进行分析、评估，发现问题、及时解决。就农户而言，签约前要对企业的经营状况、企业的资质、企业的信誉等，进行了解。在调查中农户反映规模较大或知名度较高的龙头企业很少会出现违约现象，因此，农户选择与这类企业进行合作，收益相对稳定，风险相对较低；而一些经营规模小，经济实力弱的企业相对违约率较高，因此，农户选择这类企业要特别慎重。

6.1.2 契约风险的事中控制

事中风险控制，主要是指依据具体合同约定，认真执行防范与控制风险的措施与办法，随时随势监测风险情况的变化，并根据监测数据和情况，对风险因素进行评估，调整防范与控制风险的应对措施与办法，确保防范风险的目标实现。

因此，在合同的履行过程中，龙头企业的人员要深入签约农户，进行技术指导，严格管理，严格监控，检查督促农户严格按照技术要求进行生产，帮助他们解决生产过程中解决不了的难题，确保防范与控制风险的措施落实到位，实现预期目标。

6.1.3 契约风险的事后补救

契约风险的事后补救是指当契约风险发生后，公司或农户采取措施进行补救的行为。目的在于使因风险而造成的损失降至最低。由于风险具有不确定性的本质特征，因此违约风险一旦发生，就应采取积极的稳妥的恰当的补救措施，通过沟通、协商乃至通过仲裁机构及时解决，使因风险造成的损失降到最低水平；对一些恶性企业的诈骗型违约，应通过法院追究其法律责任，获得经济补偿。同时，要认真总结教训，分析风险发生的原因，避免以后类似风险的再次发生。

6.1.4 建立契约风险防范的长效机制

建立长效机制是防范和化解契约风险的治本之道。“公司+农户”组织运行中，各个环节存在着诸多不确定性，这些不确定性因素的存在意味着契约风险的加大。在这种情况下，防范违约风险的发生，要未雨绸缪，建立一个长效防范机制，把风险防控重点由个案治理、监督监管转移到建立长效机制上来，以防范、控制或化解契约风险，使风险发生的概率降至最低，使风险可能导致的损失减至最小。建立防范机制主要是建立以下几种机制：建立风险预警机制、建立风险应急机制、建立风险分担机制、建立契约自动实施机制和建立违约处罚机制等。由于中国农户自身的特性，决定了建立这一机制的责任应主要由龙头企业承担；同时，政府要为机制的建立创造条件，营造外部适宜环境。

6.1.5 明确契约风险防范的主要内容

契约市场风险因素互相交织，互相制约。因此，要对契约风险进行有效防范就要针对不同的风险因素、不同的风险发生机理，采取不同的防范措施。

对于契约市场外部风险因素，主要是采取积极的措施应对由自然灾害和市场波动而引起的自然风险和市场风险，减少对契约市场的冲击，以降低市场风险的发生；同时要充分发挥外部期货市场的功能，把契约市场风险尽量转移到期货市场。

对于契约市场内部风险的防范主要是充分发挥龙头企业、产业化农户等市场主体的作用；发挥政府的协调和规范市场环境的功能，为“公司+农户”组织的运行提供一个良好的外部环境；发挥中介组织在防范风险中的作用，积极创造条件进行制度创新，促使“公司+农户”组织模式向“公司+合作社+农户”和“公司+大户（协会）+农户”等演进；发挥各级政府部门和仲裁机构和司法机关的功能，加强契约管理、规范契约设计、简化诉讼程序、降低诉讼成本、加大执法力度。

6.2 契约市场外部风险防范机制

本书所探讨的契约市场外部风险，主要是指外部环境圈层风险因素和产品市场圈层风险因素。由于二者的风险种类不同，成因不同，因此防范和管理的措施也不相同，本书分别加以论述。

6.2.1 环境圈层风险防范

如上所述，外部环境圈层的风险因素主要表现为自然灾害的发生，而自然灾害是不能预见、不能克服、不能避免的客观现象，在法律上称作不可抗力。自然灾害的发生，其危害直接或间接地传导至契约市场，成为契约风险的一个重要风险源，因此，加强对环境圈层风险因素的防范，从某种意义讲，也是对契约风险防范的一个重要组成部分。对于公司和农户而言，其对自然灾害风险因素的防范能力是极其有限的，因此，需要政府等部门加强对自然灾害的预警机制建设，减少因自然灾害造成的损失。

有关各方要增强对自然灾害的预见能力，积极利用自然灾害可能导致市场供求失衡发生的价格波动，补偿解除合同带来的损失。有关契约各方要通过参加商业保险来化解风险。由于农业保险遵循的是低保额、低保费、基本保障的原则，保障水平很低，农业保险的政策性、非赢利性与商业保险经营者的经营目标是相背离的，同时又面临高赔付率风险，使经营者无兴趣开展这种费力赔钱的险种业务。因此，从农业保险对农业发展和农村经济的保障作用出发，政府应对农业保险进行适当补贴。

外部环境圈层的另一个重要风险因素是政治风险因素。政治风险是指国内的政治因素给签约者经济利益带来不利影响的可能性。主要是国家政策、法律的制定和政策、法律的实施等。

一个公平、公开、公正和稳定的社会环境是企业能够长期经营的基础。政府要坚持依法行政，搞好规范、引导、服务和监督工作，制定系统完善的市场运行规则，为企业提供一个良好的市场环境。一是政府应扮演服务型角色，政府通过宏观调控引导市场，市场引导企业。二是政府应制定相关法规，为市场提供运行规则，稳定订单农业经营者的信心。三是搞好信息化建设，构筑对称的信息交流平台，为企业、农户提供全面真实的信息，发展多元化市场主体和市场。订单农业获取的信息越完全、参与市场越广泛，拥有的选择空间就越大，就越有利于实现利润最大化。我国当务之急是加快信息网络建设，以县乡供求信息网为基础，逐步形成覆盖全国、外联国际农产品市场的信息大网络。

6.2.2 市场圈层风险的防范

在产品市场圈层结构中，主要风险为市场风险。农产品市场风险是客观存在的一种经济现象，其形成原因比较复杂。但市场风险主要表现为农产品市场供求变化引起的市场价格波动而带来的风险。这是因为，在农业生产过程中，由于受自然力等不可抗拒的因素影响，农产品的产出水平具有很大的波动性，农产品交易总量不断发生变化，使得交易的不确定性增加，农业经营的市场风险也随之加大。针对产品市场圈层的市场风险的防范，应着重从两方面着手：

首先，加快农业信息化建设，提高农业信息化水平，帮助农民增强对自然灾害、市场变化等信息的预测预报能力，减少生产的盲目性，从而增加收入，减少损失。

其次，完善农产品市场营销体系。现代农产品市场营销体系是沟通生产与消费的重要桥梁和纽带，是现代农业发展的重要支撑体系之一。要加快农产品批发市场改造步伐，完善和拓展农产品批发市场的服务功能，建设新型农产品销售网络，建立具有较高现代化水平的农产品现代流通体系。同时要加强农产品的营销促销服务，加大对农产品营销促销服务的支持力度。

最后，政府可以利用期货市场对农产品的供求关系进行宏观调整，以减缓农产品价格的波动给契约市场带来的风险。例如中央政府可以在丰年增加粮食储备指标，并在期货市场做买期套期保值以防止粮价的严重下跌；歉年则在期货市场上做卖期套期保值以抑制粮价的过度上涨。

6.3 契约市场内部风险防范机制

契约市场风险的防范是一个系统工程，需多方配合，共同协调。防范违约风险主要涉及龙头企业、产业化农户、政府部门和相关中介组织等。

6.3.1 龙头企业①

对于契约市场外部风险因素，龙头企业难以控制，从而使龙头企业缺乏有效的应对措施。而对于契约市场内部风险，龙头企业则能够采取一些管理措施，防范其发生，这些管理措施主要为：

（1）技术管理。公司应制定合理的技术规范，不定期向契约农户进行培训。公司专家在生产期间要经常深入田间地头进行技术指导，发现问题、及时解决，并根据当地生态条件合理调整技术规范，科学施肥、杀虫、防病，及时对农户生产进行技术监督。每年年终总结经验，表彰优秀生产户，交流经验，使农户对生产有信心，降低生产成本，规避技术风险，提高经济效益。

（2）信誉管理。加大宣传力度，引导农户正确认识相互依存、共同发展的利益关系。培养企业和农户之间的诚信意识，建立稳定、可靠的长期合作关系。公司应建立农户信誉档案，按项目对农户信誉打分，及时取缔信誉不良农户，鼓励信誉良好的农户扩大经营规模。

（3）合同管理。如上所述，企业和农户，必须按照有关法律规定，本着自愿、平等、互利的原则签订合同，依法明确双方的权利和义务。①规范现有合同。明确条款内容，减少人为的疏忽，包括产品价格、质量、数量，双方权利、义务，履约方式、违约处理等有关规定。②界定法院可强制执行的合同条款，通过法律控制农户违约的可能性。③设定适当的违约金，增加合同方采取违约行为的未来成本，避免农户违约行为的发生。④设定担保。要求农户寻找有一定实力的机构或相当的财产进行担保。当农户违规操作或没有按照合同标的履约，给公司造成经济损失时，担保人要承担连带责任。连带担保责任会对违规行为有一定的抑制作用。⑤加强对合同执行情况的监督，减少农户的道德风险问题，降低契约的违约率。

---

① 李彬：《从三鹿破产看农业产业化龙头企业经营风险管理》，《现代经济探讨》2009年第6期。

① 李彬：《农业产业化龙头企业经营风险防控——基于三鹿集团个案分析》，《特区经济》2009年第4期。

专栏：300多种示范合同　助力“订单农业”

山东新闻网讯：近年来，山东日照市工商局依托丰富的农副产品特色产业，把制定推广使用合同示范文本作为推进“订单农业”工作的切入点和突破口，有效地促进了全市“订单农业”的发展，目前，全市“订单农业”合同示范文本已达302种。

（2009年）5月7日，日照市举行“百万合同文本送农户，农民合法权益我维护”活动启动仪式，标志着该市订单农业合同示范文本面向广大农民免费发放工作全面展开。本次起草制定的订单农业合同文本数量，列全省第一位。

为切实解决订单农业中普遍存在的“质量把关靠眼看，定级核价凭经验，坑农害农易出现，遇到纠纷难裁断”问题，日照市海洋与渔业局、工商局等部门联合，起草制定了海产品、日照绿茶、蚕茧、苹果、花生、鸡蛋、生姜等39大类95个农产品的合同示范文本，详细标明合同内容，规范各项条款，统一权利义务，进一步推动全市订单农业健康稳步发展。

启动仪式结束后，日照市将印刷的100余万份“合同示范文本”，免费向全市广大农民发放，让“合同示范文本”真正成为理顺各种涉农利益关系的有效工具，成为农民合法权益的“保护神”。

一是深入调查摸底，明确工作思路。组织人员对全市种植养殖大户、农村经纪人以及涉农龙头企业、农民专业合作社发展情况进行了广泛调研，对全市涉农企业、个体工商户以及农民专业合作社合同使用情况进行调查摸底，建立了专门的台帐，确定了把“计划一批、调研一批、设计一批、印刷一批、推广一批”作为推进合同示范文本的工作思路。

二是依托特色产业，制定示范文本。因地制宜，以全市农业基地、种植养殖大户为重点，将涉龙头企业、种植养殖专业户、农民专业合作社作为推广使用合同示范文本的对象，依托绿茶、芦笋、苹果、花生等农产品种植以及海参、大竹蛏等海产品养殖等特色产业，完成了302种、总计20余万字的订单农业合同示范文本的制定工作，囊括了农业种植、养殖、加工、流通等农业各行业。

三是加强宣传教育，增强合同意识。通过举办培训班、现场会、座谈会以及发放宣传资料、示范文本、入企入村入户宣传等多种方式，增强涉农经营主体的合同意识和履约意识。2009年以来，已先后组织开展了企业合同人员专题培训2期，参训人员达2 000余人，对56家不认真履行合同的“守合同、重信用”企业开展了集中摘牌专项行动。

四是强化服务指导，加大推广力度。在全市64个基层工商所和26个涉农企业建立了“订单农业”合同指导服务站，对合同使用量大的涉农龙头企业，上门指导、规范其合同文本；对使用量小的企业以及涉农企业、农民专业合作社和农户，免费提供示范文本。举行了“百万合同文本送农户、农民权益我维护”活动启动仪式，共免费发放合同示范文本100万份。

目前，全市已建立“订单农业”样板乡镇8个，样板涉农龙头企业26个，30余万农户与企业签订订单时全部采用行业规范文本，有效地推动了全市水产养殖厂、茶叶专业合作社、无公害蔬菜加工基地等涉农主体的快速发展。

资料来源：山东新闻网，http://www.sdnews.com.cn/news/2009/10/29/830455.html。

（4）完善利益分配机制。研究表明农户违约的一个主要原因是利益分配机制不合理，如果龙头企业能够建立起一个比较合理的利益分配机制，使农户获得长期、稳定的收益，则可在一定程度上降低农户的违约风险。① 可以适当提高合同价格。在市场价格的基础上上浮一定比例，近期看是企业的利润减少了，但从长远来看，稳定了农产品，树立了企业形象、赢得了信誉，企业损失部分可以从农产品加工增值中获得补偿。调研中了解到山东省济南民天面粉有限责任公司，其合同价格就高于市场价格，在市场价格基础上上浮了25%左右。② 创新利益连接机制，探索利益连接的最佳方式。探讨以股份合作制为特征的分配模式，以资本、技术、劳动等要素联合为纽带，吸纳农户以土地、资金等入股，按照投入股金的不同比例进行分配，使企业与农户成为连接更为密切的利益、风险共同体。

③ 确定利润返还。龙头企业不仅和农户间有严格的合同契约关系，规定农户提供农产品的数、质量和收购价，同时也应确定龙头企业价格标准和返还标准，把加工、营销环节的一部分利润返还给农户。这种机制也能较好地调动农户的积极性，农户关心龙头企业的经营效果，在所负责的生产环节上会尽心尽责，可以使农户确保获得农业平均利润，改变农户单纯提供原材料的地位。

（5）设立风险基金。为减少农户和公司的收入波动，促进企业与农户长期合作，具备一定经济实力的大型龙头企业应设立风险基金，增强抗击市场风险的能力，从而稳定双方的契约关系，弱化市场风险对双方合作的冲击。如山东潍坊诸城外贸集团，在 20 世纪 90 年代国内外肉鸡市场价格坚挺时，与政府和 5 万多个养鸡大户协商，建立风险基金，实现丰积歉补。近年来养殖户遭受损失时，该公司拿出 1 亿多元风险基金补助鸡农，不仅保护了鸡农的利益，也稳定了原料来源，保护了自身的利益。对小型龙头企业，要试行合同保证金制度。农户和企业在签订合同时，双方协商向银行的专门账户预付履约保证金。如一方违约，则该保证金既是对违约方的罚金，又是受害方的损失补偿金。

当前，我国乳品市场销售价格下滑、需求萎缩、形势严峻，建议政府加大对牛奶企业的扶持力度，帮助奶业渡过危机，使奶业持续健康发展。一方面，政府直接对乳品契约进行补贴，规定每收购 1 千克奶，政府予以一定额度的补贴。在给予乳品企业补贴的情况下，要求其收购鲜奶时必须以与政府商定的合理价格收购。乳品企业不亏损了，自然就可以收更多的鲜奶，奶农也会因此有合理的收入，“倒奶杀牛”现象会得到有效遏制。另一方面，建议政府降低乳品企业的税负，为企业提供免息或低息贷款，通过提高企业的盈利能力提高鲜奶收购价。此外，建议政府通过技术壁垒等手段，对进口奶粉的数量进行限制。[①]

① http://www.21food.com/html/news/131438528.htm。

6.3.2 产业化农户

契约市场外部风险是农户不能左右的，因此难以找到有效的弱化措施。而对于契约风险，除选择可靠的龙头企业以避免外，农户应对风险的措施也是极其有限的，主要是提高自身素质和加入合作社或专业协会。

（1）提高农民文化、道德素质。我国农民综合素质不高，市场知识缺乏，法律意识淡薄，对《合同法》《公司法》等法律知之甚少。农民知识缺乏、市场信息不灵等原因，特别是在目前农产品卖难的环境下，使得农户在与龙头企业签订合约时，往往处于劣势地位。其原因在于农户对订单农业的了解还很不够。被调查的62农户中，当被问到“您是否知道订单农业（合同农业）时？”回答不了解的为3户，占4.8%；回答有点了解的为29户，占46.7%；回答比较了解的为20户，占32.2%；回答了解的为8户，占12.9%；回答很了解的为2户，占3.2%。对合同的格式、条款、权利和义务等更是了解甚少，甚至有些合同是村干部代签的。有些龙头企业还会利用农户的弱点，难免在合同中规定一些对自己不利的条款，侵害了农户的利益。农户要防范企业的违约风险，就应该熟悉合同，规范签约程序，明确合同条款，减少企业的违约行为。

（2）加入合作组织或协会。从国内外的经验来看，单个农户应对风险的能力总是有限的，通过加入经济合作组织或专业协会，可以提高农户的市场主体地位，提高农户的谈判力。调查中发现合同条款很多都是企业单方制定的，农户所做的只是签字，这样的不平等条款，亦称附和条款，为企业未来可能的违约埋下了隐患。因此，农户需要组织起来，提高自身的组织程度、谈判能力，签订尽可能完全的合约，约束公司的机会主义行为，加大企业的违约成本，从而降低其违约风险。

6.3.3 龙头企业和农户

除了上述龙头企业和农户独立防范风险外，在很多环境下需要公司和农户双方的联手，共同防范风险，做到“风险共担、利益共享”，起到化解和防范风险的功效。

（1）公司和农户双方进行专用性资产投资，增强彼此间的依赖性。对公司来说，在农户生产农产品之前就投入了良种、化肥、种畜、技术、加工设备或者不可回收的资金等。对于农户来说，农业生产前的生产投入(如温室大棚、养殖场等)，或者将土地折价入股或者直接以资金入股，都是资产专用性的投入。这样从一开始就是以双方或多方的合作为依托的，当契约双方实行了专用性资产投入，双方会出现相互“套牢”的情况，就会提高退出成本，降低契约风险。因此，通过公司与农户双方专用性资产投资，可以降低组织内部的协调成本，提高双方契约安排的稳定性及组织运作的效率。

（2）公司和农户双方重视自动实施机制。自动实施机制是指契约当事人依靠日常习惯、合作诚意和信誉来执行契约，当然也不排除法院在履行契约中的强制作用。自动实施机制得以实施的关键是契约主体都相信对方的承诺。在一个较成熟的市场环境中，签约双方不仅要考虑当前的利益，还要考虑未来的收益；不仅要考虑自身的利益，还要考虑未来可能对自己产生影响的交易对手的态度。在重复博弈中，一个人的行动会影响他人未来的选择；别人可以从他的行动中判断他的履约能力，了解他的信誉状况，并由此决定与他的合作关系。一旦某企业在履约中的不良行为为农户知晓，很多农户就会抛弃这个企业，不与其发生合作与交易；失去交易对象的企业就等于失去了生命力。

就我国目前的市场主体和市场环境而言，离契约自动实施机制的要求还有相当的距离。但从发展的眼光看，建立契约自动实施机制是我国农业产业化经营走上健康发展之路的必然选择。因此，企业和农户作为产业化经营契约的直接当事人，应该遵守市场规则，树立重复博弈、合作竞争、互惠互利的意识，注重社会声誉，明确“利益共享和风险共担”的辩证关系。只有“共担”才有“共享”，两者相辅相成，互为因果。要建立起良好的分工协作关系，从而保证自我实施机制的良性运行。

例如在高致病性禽流感发生后，日本等国家对我国禽肉封关。作为占全国肉鸡出口近 1/10 的骨干企业，山东诸城市对外贸易集团公司面临严峻考验。有人提出压缩肉鸡加工量，降低风险。但作为农业产业化龙头企业，该公司的身后是 23 万农户，其中有近 2 000 家规模养殖场。公司决策层达成一致：宁肯企业受损失，加工能力不能减。他们郑重承诺“三不变”政策：即公司与农民签订的合同不变，结算价格不变，生产加工计划不变。总经理王金友说：“作为农业龙头企业，我们必须珍视与农户建立的合作关系，绝不能将损失转嫁给农民，这样才有利于双方的长远发展。”

（3）建立风险分担机制。契约签订并不意味着风险的完全转移，让契约的任何一方来承担全部风险，都是对市场效率的破坏或使交易难以达成。例如在契约签订后由于市场的突变，农户的生产成本远远高于事先规定的契约价格，如果仍要农户按契约价格出售农产品，农户将承受全部市场风险。基于经济人的考虑，农户会理性地选择违约。同样，对企业来说，由于市场的变化使农产品的契约价格远远高于市场价格，如果仍要求企业按契约价格收购，企业将承担全部的市场风险，并且可能破产。在利润最大化的驱使下，当合约一方面临着不确定性风险而又缺乏合理、有效的风险分担机制时，违约就成为不争的事实了。[①]这方面的例子很多。[②]

6.3.4 政府部门

农业产业化的经营主体，无论是龙头企业还是农户，其弱化农业产业化经营风险的措施和作用都是有限的。这主要是因为农业产业化是一个涉及多行业、多部门、多层次的复杂系统。因此要有效

① 张兵、胡俊伟：《“龙头企业+农户”模式下违约的经济学分析》，《现代经济探讨》2004 年第 9 期。

② 如山东省莱阳市龙旺庄镇东方果蔬合作社与烟台北海公司签订荷兰豆产销合约，合约到期时，市场价格跌到了约定价格以下，这时如果要求北海公司按合约收购荷兰豆，那它将承担全部市场的风险；但如果北海公司责任被完全免除，农民将会承担全部的市场风险。事实上，北海公司通过对荷兰豆的压价减少了自己的风险。案例来自周立群、曹利群：《农村经济组织形态的演变与创新——山东省莱阳市农业产业化调查报告》，载《经济研究》2001 年第 1 期。

地弱化契约风险，还需政府发挥应有的作用。政府应从转变职能入手，提高服务质量，优化发展环境，为农业产业化经营创造良好的外部环境和基础条件。

1. 自然风险的防范

环境圈层的自然风险的防范要充分发挥政府在防灾抗灾方面的作用。① 政府要支持并监督气象部门运用先进的技术和手段，对农业气象和农业灾害危害进行科学、及时、准确地预测，为农民安排生产和防止各种自然灾害提供信息服务，以规避和防范契约农业中的自然风险。② 大力发展农业保险，对农业保险进行适当补贴。农业保险在世界贸易组织协议中属于“绿箱政策”，是世界各国保护和支持农业的常用手段。如美国、日本、加拿大等国家，都对农户购买农业保险实现不同程度的补贴。农业生产对自然环境的相对依赖性，决定了农业生产的高风险和农业保险的高损失率；农产品比价普遍低、效益不高，使农业部门的比价利益和农民的收入水平均低于其他产业，农业承受风险的能力比较弱，因此，需要政府予以补贴和扶持。③ 政府要增加农业投资，加大对农田基本建设的投入，提高抵御自然灾害的能力。

2. 市场风险的防范

市场圈层风险主要表现为市场风险，政府要采取切实可行的措施防范市场风险。① 健全风险保障机制。为促使契约农业的长期稳定发展，必须设立农业产业化风险保障基金，以化解市场风险。风险保障基金应由政府牵头，由各级政府和农村集体经济组织共同出资组成，亦可主要依靠政府，从支农资金中提取一定比例筹设。基金规模可依据本地区的农业产业化水平和规模而定。基金应有专门的组织机构进行管理。② 组建有效的信息发布机构，建立健全信息发布机制，强化对国际农产品生产、需求动态及政策动态的搜集整理、分析研究和及时发布，以便为企业和农户调整生产提供参考。例如山东寿光在 2005 年 4 月 20 日至 5 月 7 日，成功举办了 2005 年中国（寿光）蔬菜博览会，有 20 多个省市、70 多个国家和地区的代表团参展，参观人数达 106 万人次，招商签约项目 75 个，签约额达 96.7 亿元，收到了良好的社会效益和经济效益[①]。③ 逐步建立完善农产品期货市场体系，鼓励龙头企业参与套期保值金交易，利用期货市场的避险机制来解决市场风险的问题。政府要提高服务职能，改善期货市场内外环境；培育农民合作社，发展壮大中介组织和经纪人队伍；增加农产品期货品种，拓展期货市场为契约农业发展服务的空间。

3. 契约风险的防范

一是扶持龙头企业的发展。2007 年中央一号文件《中共中央国务院关于积极发展现代农业扎实推进社会主义新农村建设的若干意见》中明确指出："扶持农业产业化龙头企业发展。龙头企业是引导农民发展现代农业的重要带动力量。"农民离开龙头企业很难获得应有的收益，所以，从扶持农民的角度来说，政府必须对农业龙头企业提供必要的扶持。反过来说，离开政府的扶持，龙头企业也很难成长壮大。① 信贷支持。政府可通过贴息、担保、优先贷款等方式提供信贷支持。② 税收扶持。对龙头企业给予一定的税收减免使其能较快地积累资产，促进农业产业化经营的发展。③ 财政扶持。认真贯彻国家关于增加农业投入的政策，加大对龙头企业的财政扶持力度。山东省财政连续 5 年，每年安排 5 000 万元专项资金，与银行信贷资金捆绑滚动使用，支持龙头企业发展。2006 年增加到了 7 000 万元，同时省财政还安排 4 000 万元资金，用于农业标准和检测体系建设。各市也制定出台了相应的扶持政策。全省市一级每年用于扶持产业化经营的专项资金达 2 亿多元。通过加大扶持力度，推动了龙头企业向更大规模、更高水平的跨越。④ 政策支持。政府可以出台扶持龙头企业、鼓励招商引资、支持个体私营经济和农村合作经济发展的政策措施，并在项目审批、资金投放、用地用电、税费减免等方面给予倾斜扶持，调动各方面参与产业化经营的积极性。例

① 孟春、张振国等：《从寿光的实践看农业产业化升级——关于山东省寿光市全面提升农业产业化水平情况的调查报告》，《调查研究报告》2005 年第 117 期。

如山东省委、省政府《关于进一步推进农民专业合作经济组织发展的意见》就坚持“民办、民管、民受益”的原则，鼓励重点培育农民自己领办和企业领办的合作经济组织。

山东诸城在加强龙头企业建设方面坚持了“大、高、外、强、多”五字方针。大，就是大规模，近两年，投资过千万的龙头项目达13个。市外贸食品公司3年投资4亿多元，年加工出口创汇8 000万美元，成为全市最大的龙头企业，与全市18万农户建立了产销关系。高，就是高起点，高档次。近几年全市引进的肉食加工设备、蔬菜冷脱设备、种鸡孵化和饲料加工设备等，都是美、日、德、意等发达国家的。烟草公司投资1 000万美元购进的两条烟叶复烤生产线是德国最先进的产品，此类设备全世界当时仅有5套。外，就是龙头外向，产品外销。从一开始就把产品销路瞄准国际市场，提高农业外向度，带动县域经济参与国际经济大循环。全市目前已发展农产品出口创汇企业60家，出口产品100多种。强，就是强带动，强辐射力。如外贸食品公司在肉鸡生产上对农民实行“四到门，三赊销，两公开，一结算”服务方式，带起了300多个饲养场，万户农民养鸡，户均年收入1万元。多，就是多形式、多层次、多成分，采取市、乡、村一齐上，国营、集体、个体一起上，独资、合资、合作等方式一起上的办法，调动方方面面的力量，发展龙头企业。皇华奶粉厂是一个镇办龙头企业，年加工豆奶粉1 500吨，带起全镇8 000只奶山羊、1 000头奶牛。绿宝蔬菜协会是一个村办龙头企业，现已辐射到11个省、108个县，拥有会员366个，个体会员6 684名。大成公司是个体户刘华办的肉鸡孵化龙头企业，现有固定资产4 000万元，职工近500人，年收入1 000多万元，增加社会效益3 000多万元。[①]

二是规范市场秩序。① 规范企业市场竞争行为，避免各种违法违规的不正当竞争甚至恶性竞争行为。政府主要从执法方面来规范

① 资料来源：由作者调查时诸城市农业局提供的《市农业产业化情况汇报提纲》中的部分内容整理而来。

竞争秩序。② 加强对农业生产资料的经营管理，严禁销售禁用农药和无证经营行为，从源头上控制农药残留，确保农产品安全，对坑农害农行为给予严厉打击，坚决杜绝假冒伪劣农资给农户和龙头企业带来的经济损失。③ 加强法制建设，规范公司和农户的行为。公司与农户虽然签订了合同，但市场行情的变化，随时都会发生违约现象，而对于违约行为的制止不力，严重制约了农业产业化的健康发展。因为我国的法律法规体系还不健全，不能对公司和农户的行为进行有效的约束。因此应当在各地经验和地方法规的基础上尽快制定有关法律法规，例如农产品市场交易公平法等，从而为龙头企业和农户间公平竞争、平等交易、合理分配利润创造良好的市场环境。例如，针对企业在合同签订中处于强势地位这一特点，为防止订单农业中出现不合理条款，导致“坑农”现象出现，莱西市农业局把对订单条款的审查作为重要内容，从合同基本条款中的违约责任条款到合同履行过程中发生争议的解决方式、途径等重要条款严格审查，及时纠正不公平、不平等、不规范、不清楚的条款，依法保护当事人的合法权益。2007 年，帮助涉农企业规范合同 52 份，修改不合理条款 85 条，指导企业与农户签订合同 16 次，有效地防止了损害农民利益的“霸王合同”产生。[①]

三是规范契约。政府制定规范的合同文本，合同签订应由公证单位和公证人进行公证，保障合同的法律效率。要普及宣传合同法以及与合同有关的专业知识，在形式、内容和签订程序等方面提高契约的规范度，明确双方的权利义务，以及履约方式、违约处理等相关条文和规定。例如莱西市农业局通过提前介入，积极帮助企业、农民规范合同管理行为和签约行为。把九联、万福、东生等涉农企业作为合同管理联络点，指导企业成立了专门的合同管理部门，建立规范化合同管理制度，使用规范化的合同文本，发挥了龙头带动作用。同时，每年抽出一定时间进驻企业，指导涉农企业和农户按照平等、自愿、互惠互利的原则，依法签订合同，指导企业制定规

① http://www.qingdao.gov.cn/n172/n3776254/n3783947/471182.html。

范格式合同，帮助双方完善合同主要条款，使合同双方明确各自权利义务，避免因签约不规范而产生合同纠纷。

四是培育民间合作经济组织。转变政府职能为合作经济组织注入发展动力。①坚持民办性质，减少政府干预。民办经济组织是市场经济发展到一定程度的产物，是农民迫于市场竞争压力的必然选择，是一种“民办、民管、民受益”的合作经济组织。因此，必须坚持民办性质，政府要对自身角色正确定位，推动而不强迫，扶持而不干预，参与而不包办，更好地运用经济手段和优惠政策加以引导和扶持，积极搞好多方面的服务，推动农村合作经济组织的健康发展。②积极帮助合作经济组织培养、考察、申报无公害产品。

五是加大农村教育与文化事业的投入力度，尽快完善农村教育基础设施和教育体系，强化农村义务教育，提高农民科学文化素养和职业技能。

专栏：诸城大力培育农业龙头企业

诸城是农业产业化发源地，起步早，基础好，农业龙头企业数量众多，很早就有“千家龙头兴诸城”一说，全市90%的农产品得到了就地加工转化增值，22万农户参与了产业化经营，促进城乡经济一体化的快速发展。围绕推进农业产业化升级，诸城农业局把抓好龙头企业建设作为创先争优活动的突破点和着力点，坚持按照分类指导、重点培育、产业集聚、梯次推进的理念发展壮大龙头企业，使全市粮油、蔬菜、生猪、茶叶、果品等主要农产品都实现了加工增值销售。

诸城把农业龙头企业提档升级作为实现农业规模化、标准化、规模化的关键，立足发展现代农业主导产业，着眼于提高龙头企业辐射带动能力和市场竞争能力，制订和争取扶持政策，不断加大对龙头企业的帮扶和支持力度，协调解决发展中遇到的土地、资金、基地建设、外部环境等方面的问题，促使农业产业化龙头企业不断发展壮大。2010年成功申报了4家省级重点农业龙头企业，组织18家企业申报了潍坊市级农业龙头企业。目前全市拥有1 200多家龙头企业，其中规模以上龙头企业220家，国家级3家，省级7家，潍坊市级54家，诸城市级30家，初步形成了大龙头带小龙头的金字塔形龙头企业群。（作者：王术平）

资料来源：http://www.sdny.gov.cn/art/2010/9/13/art_4081_241902.html。

6.3.5 合作社和大户

针对在“公司+农户”型产业化组织下，公司和农户都存在的违约倾向，其治理工作重心应该转移到完善这一组织上来，在农业产业化“组织链”中引入新的要素，如合作社、大户等中介组织，即由“公司+农户”演变成“公司+合作社+农户”“公司+大户+农户”。中介组织成为契约两端公司与农户的缓冲带，促进了公司与农户履约，有利于减少机会主义行为和降低违约率。所以，张小山（2002）、杜吟棠（2002）都认为，未来中国农村的主流经济组织形式将是合作社，而现在在农业产业化中占有重要地位的“公司+农户”只不过是合作社发展不顺利的情况下产生的一种过渡组织形式。[①]

在“公司+合作社+农户”组织中，龙头企业根据市场需求预测，与合作社进行契约安排，规定农产品的生产数量、质量、品种、价格、技术指标、交易时间以及各方在农产品生产过程中的权利、义务及罚则条款等。然后，合作社按照契约约定的品种、数量和质量组织社员进行生产。在生产过程中，有的合作社还为农户提供购买生产资料的服务，生产过程所需的技术服务，一般由合作社提供，但也有由龙头企业提供或由龙头企业为合作社培训技术人员的情况。农副产品成熟后，由合作社验级、收购，有的还做初加工，而后由龙头企业集中并做最终加工和销售。企业把收购款拨付给合作社，由合作社分发给农户。一般来说，农民合作经济组织由农民控制，能够真正体现农民的切身利益，它们对内作为农民利益的代表，

① 笔者认为，“公司+农户”其实本身就是一个以特定契约联系的合作组织。我们不应该把所谓的合作社和其他类型的合作组织截然分开，“公司+合作社+农户”只是“公司+农户”模式中一种具体表现形式。

不以盈利为目的，对外具有相当于企业法人的地位，代表农民与企业打交道，为农民争得利益（参见图 6.1）。

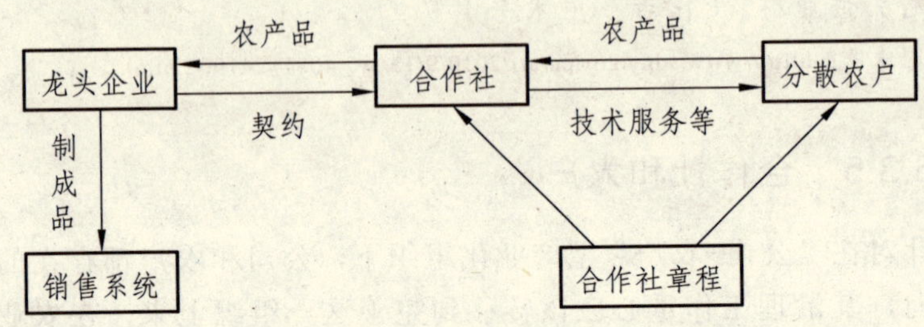

图 6.1　合作经济组织运行示意图

合作社在一定程度上就是为降低风险而产生的。周立群、曹利群从约束农户机会主义行为的角度出发，认为合作社是内生于“龙头企业+农户”组织中的。他们的解释是：在“龙头企业+农户”这一组织框架下没有办法制约任何一方的机会主义行为，因为在签订契约时就准确地预见未来农副产品的价格是不可能的。他们认为在企业和农户之间引入合作社或大户这些新的组织元素，形成新的组织形态——“龙头企业+合作社（大户）+农户”，有利于龙头企业和农户间契约关系的稳定。这是因为合作社（或大户）会从长远利益考虑，及时制止农户的机会主义行为。杨明洪从外生交易费用和内生交易费用①出发，解释了“龙头企业+农户”向“龙头企业+合作社（大户）+农户”演化的必要性。他认为，龙头企业和农户市场交易的外生交易费用是巨大的，而内生交易费用是 0。为降低内生交易费用，公司和农户采用长期契约关系代替临时契约关系。为节约内生交易费用，需要在龙头企业和农户之间增加合作社或大户这些组织元素，来约束农户的机会主义行为②。生秀东从事前交易费用和事后交易费用出发，解释了“龙头企业+合作社+农户”组织的生成过程。

① 外生交易费用是指交易过程中直接或间接发生的那些费用。内生交易费用特指机会主义的对策行为所引起的交易费用，是市场均衡同帕累托最优之间的差额。总交易费用等于外生交易费用和内生交易费用之和（杨小凯、张永生，2000）。

② 杨明洪：《农业产业化的组织效率及其决定》，《四川大学学报》2002 年第 4 期。

他认为应该运用广义的交易费用概念，并把交易费用区分为事前交易费用和事后交易费用。在“公司+农户”组织中，对龙头企业而言，他们面对众多小农户，面临很大的契约签订成本、执行成本和监督成本；对农户而言，他们处于弱势地位，利益难以保障。而在“公司+合作社+农户”组织中，农户可以通过合作社提高与龙头企业的谈判地位；对龙头企业而言，他们可以减少谈判对象和交易费用。合作社的介入，对双方来讲，都是一个不错的选择。①

来自农业部的消息，近两年来，我国农民合作组织发展迅猛，目前预计已经超过 30 万家。《农民专业合作社法》颁布于 2007 年 7 月 1 日。从 3 年多的实践来看，农民专业合作社不仅是推广农业高新技术、传播信息的有效平台，也是带动农民创收致富的有效途径，在广袤的农村发展合作社现在已经成为一种趋势。

根据农业部的统计，2008 年年底我国农民专业合作社是 10 万家，到 2010 年 6 月底已经达到 29 万家，“按照这样的发展趋势，目前我国农民专业合作社应该已经超过 30 万家”。②

山东省是从 1994 年开始发展合作社的。最初，农民组织化程度不高，分散的农户就难以与市场接轨，农民的利益也难以得到有效保护。截止到 2007 年年底，山东省各类农民专业合作经济组织达到 24 619 家，其中农民专业合作社有 14 620 家，占专业合作经济组织总数的 59%，数量居于全国首位；入社（会）农户达到 349 万户，占全省农户总数的 16.6%；带动农户 430 万户，占全省农户总数的 20%。据省农业厅统计，2006 年，全省参加专业合作组织的农户平均增收达到 1 500 元以上。③目前，山东省农民专业合作社的业务范围包括种植业、养殖业、农产品销售、农业技术和信息服务、农业生产资料购买和农产品加工、运输、贮藏等行业，各地区合作社的区域经济特色也很鲜明。莱阳市在合作社的发展方面走在了山东省前列。莱阳市自 1994 年下半年开始探讨兴办合作社，1995 年年底，

① 生秀东：《订单农业的契约困境和组织形式的演进》，《中国农村经济》2007 年第 12 期。
② http://www.sdny.gov.cn/art/2010/8/24/art_810_239620.html。
③ http://www.sdny.com.cn。

办合作社 210 个，入社农民 9 万户；1996 年年底，办合作社 390 个，入社农民 16.5 万户，占莱阳市 22 万农户的 75%；2003 年年底，全市合作社为 218 个，拥有社员 9 万户；2006 年年底，全市较为规范的合作社 113 个，拥有社员 2.6 万户；2007 年新发展了合作社 26 个。如莱阳市宏达果蔬加工合作社就是由莱阳市宏达食品公司牵头，联合 283 户供应户，筹集 74.8 万元成立的。该社按宏达公司加工订单要求组织社员进行生产，宏达公司按合同收购社员的原料。2003 年该社组织社员种植的蔬菜品种达 20 多个，为企业提供原料 2 万吨，占企业加工用量的 79%以上，企业返还给合作社的利润达 72 万元，合作社提取 22.76 万元的公共积累后，返还社员利润 41 万元，股金分红 8.24 万元。目前该社拥有社员 583 户，股金 104.8 万元。

合作社这种新元素的作用在于借助它们作为一种联结机制，可以解决公司与农户间的风险合理分担问题合作社作为一个中介组织可以起到对龙头企业和农户的双重制约作用。

一是它改变了契约双方的缔约环境和市场地位。通过组建合作社，农民在不改变现有家庭承包经营的基础上联合起来，把分户生产与统一经营相结合，以较高的组织化程度、理顺的组织结构和适度的规模进入市场，特别是在生产资料供应和产品销售上获得了有利的谈判地位，改变了过去单家独户面对市场势单力薄的局面。

二是合作社起到了监督和约束农户的机会主义行为的作用。中国农村是一个典型的静态社会，中介组织与农民有着天然的地域或血缘的联系，其对违约农户的追索和制裁的成本非常小，从而降低了农户违约的概率。社员与合作社正式签订产品交售合同，交售合同明确规定了对违约行为的处罚措施，包括经济处罚、会议批评等，直至除名。从莱阳市的实践来看，这一条特别重要。莱阳沐浴店镇樱桃合作社，主要从事塑料大棚覆盖樱桃的种植生产，使樱桃提前 40~50 天成熟。合作社规定，所有到合作社买樱桃的客户，必须由社员介绍给合作社，由合作社统一销售樱桃。为了延长樱桃的成熟期，合作社调整了覆膜时间。早覆膜、早下树，价格好。为解决早熟和晚熟的价格矛盾，合作社规定，销售樱桃由合作社统一结算，每一销售季节结束后，合作社按平均价支付每个社员。社员张某悄悄以每公斤 70 元的价格卖给一客户 15 公斤樱桃，这样能够躲避合作社的各种积累，多得 150 元。此事被其他社员知道后，报告了合作社。合作社决定拒收该社员樱桃，樱桃每天都要成熟，摘下来后，自己没办法储藏，损失严重。[①]

三是合作社起到了监督和约束龙头企业的机会主义行为的作用。合作社的介入，增强了农户实力，合作社作为农户的利益代表，可以对龙头企业进行有效监督。如果龙头企业出现违约现象，合作社可以有效地加以制止，使龙头企业失去与本地农户未来合作的机会，损失了社会资源。公司的机会主义行为可以得到有效地制约，公司的违约风险明显降低。

四是通过合作社可以有效地降低市场风险和技术风险。“公司+农户”的经营组织形式，尽管由龙头企业提供统一的品种，但在生产管理过程中，由于生产过程很难控制，导致产品在品质以及外形上都不够统一，从而在国际贸易中经常被退单，给企业、农户都带来了极大的损失。通过合作社组织生产，就可以按照标准化的作业方式统一生产，规避市场风险。

五是不仅合作社的加入能够起到防范风险的作用，实践证明大户等其他组织的介入也能够起到降低风险的作用。有威望的大户可以充当第三方规制角色，建立“公司+大户+农户”。运用宗族关系甚至行政关系督导契约的履行并对发生的纠纷和冲突进行协调，使契约具有更强的适应性。大户介入到公司和农户之间后，大户与公司之间是一种古典契约关系，而农户和大户之间则是一种关系型契约关系。从博弈论的角度分析，农户与大户（协会）间的博弈是一个重复博弈，这就意味着当农户违约时，他不仅要考量当前的违约收益，更要考量未来合作的长期收益。当当前违约收益小于未来长期合作收益时，农户就会选择继续履约。同时大户（协会）就处在农户本地，大户（协会）与农户间具有“共同知识”，对签约农户的生

① 慕永太：《莱阳农村改革发展之路》，中共中央党校出版社 1999 年版。

产状况易于监督，监督成本较低，如果发现农户的违约行为，大户（协会）可以随时加以制止，对于严重的违约行为可以与其终止契约关系并放弃再次合作的机会。对于一个生存于相对封闭乡村的农户而言，这样的打击是巨大的，因为为了一时的利益将失去与此大户（协会）长期合作获利的机会，同时信誉受损，也难以寻找其他有限的合作伙伴。

关于我国合作社的构建问题，笔者认为：一是要借鉴国外发达国家的合作社制度形式，改造我国传统的农村专业合作组织，并根据我国的国情发展自己的合作经济组织。合作社运动经过 200 多年的发展，已成为势不可挡的世界潮流。目前，世界上半数以上家庭都与合作社密切相关。二是兴办农民专业合作社，要坚持“民办、民管、民受益”的原则，政府不搞行政命令，不搞一刀切，农民需要什么样的合作经济组织，就兴办什么样的合作经济组织。政府坚持“参与而不干预，鼓励而不包办”的原则，兴办各种类型的农民专业合作社。三是政府要给予大力支持。政府要在财政税收政策上给予优惠，许多发达国家和发展中国家都采取减税、低税、免税和补贴的政策来支持合作社的发展。韩国一般企业法人适用税率为 20%，合作社法人仅为 5%，合作社加工企业、商店免税。美国农业合作社的纳税额平均只有工商企业的 1/3 左右。加拿大所得税法规定，合作社社员的惠顾返还金不纳税，新成立的合作社 3 年内免税。日本政府对农协兴办的农产品加工项目，给予厂房、设备投资 50% 的补贴，并减免税费 10%左右。法国规定，农业合作社免缴生产净值 35%~38%的营业税。同时，政府要在信贷上给予支持。由于合作社企业规模普遍偏小，经营利润大部分返还社员，因此合作经济组织的资本积累过程比较缓慢，而且很难完全通过自我发展来实现。对此，许多发达国家和发展中国家政府制定相关的金融政策，鼓励合作金融组织的发展，通过合作金融组织与其他类型的合作经济组织的相互融合，开辟为城乡社员提供金融服务的稳定渠道。

专栏：农业部发布《农民专业合作社示范社创建标准（试行）》

为贯彻落实《中共中央、国务院关于加大统筹城乡发展力度进一步夯实农业农村发展基础的若干意见》提出的“大力发展农民专业合作社，深入推进示范社建设行动”要求，按照农业部等11部门《关于开展农民专业合作社示范社建设行动的意见》确定的示范社建设目标和主要内容，结合各地示范社建设经验，农业部制定了《农民专业合作社示范社创建标准（试行）》。

（2010年）6月11日，农业部下发通知，要求各省（区、市）农业部门要高度重视农民专业合作社示范社建设，参照本标准，采取多种方式，因地制宜地开展示范社建设行动，尽快培育一批符合标准的示范社。要加强与有关部门的沟通协调，加大对示范社的财政扶持奖补力度，重点支持示范社承担有关国家涉农项目，提高示范社贷款授信等级和贷款用信额度，搞好示范社宣传，扩大示范社影响，充分发挥其示范带动作用。

通知要求，各省（区、市）农业部门要认真总结当地农民专业合作社示范社建设的好做法、好经验，并将有关情况及时报农业部经管司。

（一）民主管理好

1. 依照《农民专业合作社法》登记设立，在工商行政管理部门登记满2年。有固定的办公场所和独立的银行账号。组织机构代码证、税务登记证齐全。

2. 根据本社实际情况并参照农业部《农民专业合作社示范章程》制订章程，建立完善的财务管理制度、财务公开制度、社务公开制度、议事决策记录制度等内部规章制度，并认真执行。

3. 每年至少召开一次成员（代表）大会并有完整会议记录，所有出席成员在会议记录上签名。涉及到重大财产处置和重要生产经营活动等事项由成员（代表）大会决议通过，切实做到民主决策。

4. 成员（代表）大会选举和表决实行一人一票制，或一人一票制加附加表决权的办法，其中附加表决权总票数不超过本社成员基本表决权总票数的20%，切实做到民主管理。

5．按照章程规定或合作社成员（代表）大会决议，建立健全社务监督机构，从本社成员中选举产生监事会成员或执行监事，或由合作社成员直接行使监督权，切实做到民主监督。

6．根据会计业务需要配备必要的会计人员，设置会计账簿，编制会计报表，或委托有关代理记账机构代理记账、核算。财会人员持有会计从业资格证书，会计和出纳互不兼任。理事会、监事会成员及其直系亲属不得担任合作社的财会人员。

7．为每个成员设立成员账户，主要记载该成员的出资额、量化为该成员的公积金份额、该成员与本社的交易情况和盈余返还状况等。提取公积金的合作社，每年按照章程规定将公积金量化为每个成员的份额并记入成员账户。

8．可分配盈余按成员与本社的交易量（额）比例返还，返还总额不低于可分配盈余的60%。

9．每年组织编制合作社年度业务报告、盈余分配方案或亏损处理方案、财务状况说明书，并经过监事会（执行监事）或成员直接审核，在成员（代表）大会召开的15日前置于办公地点供成员查阅，并接受成员质询。监事会（或执行监事）负责对本社财务进行内部审计，审计结果报成员（代表）大会，或由成员（代表）大会委托审计机构对本社财务进行审计。自觉接受农村经营管理部门对合作社财务会计工作的指导和监督。

（二）经营规模大

10．所涉及的主要产业是县级或县级以上行政区域优势主导产业或特色产业。经营规模高于本省同行业农民专业合作社平均水平。

11．农机专业合作社拥有农机具装备20台套以上，年提供作业服务面积达到1.5万亩以上。

（三）服务能力强

12．入社成员数量高于本省同行业农民专业合作社成员平均水平，其中，种养业专业合作社成员数量达到150人以上。农民占成员总数的80%以上，企业、事业单位和社会团体成员不超过成员总数的5%。

13．成员主要生产资料（初入社自带固定资产除外）统一购买率、主要产品（服务）统一销售（提供）率超过 80%，标准化生产率达到 100%。

14．主要为成员服务，与非成员交易的比例低于合作社交易总量的 50%。

15．生产鲜活农产品的农民专业合作社参与“农超对接”“农校对接”，或在城镇建立连锁店、直销点、专柜、代销点，实现销售渠道稳定畅通。

（四）产品质量优

16．生产食用农产品的农民专业合作社所有成员能够按照《农产品质量安全法》和《食品安全法》的规定，建立生产记录制度，完整记录生产全过程，实现产品质量可追溯。

17．生产食用农产品的农民专业合作社产品获得无公害产品、绿色食品、有机农产品或有机食品认证。生产食用农产品的农民专业合作社主要产品拥有注册商标。

（五）社会反响好

18．享有良好社会声誉，无生产（质量）安全事故、行业通报批评、媒体曝光等不良记录。

19．成员收入高于本县域内同行业非成员农户收入 30%以上，成为农民增收的重要渠道。

资料来源：http://www.sdny.gov.cn/art/2010/6/24/art_810_233900.html。

6.3.6 合作社案例分析

根据美国、西欧和东南亚发达国家农业现代化的经验，以家庭为主要经营主体的现代农业，必然需要一个以农业专业合作组织为主要形式的社会化服务体系。资料显示，现在合作组织已发展到世界 160 多个国家和地区，成员达 8 亿户左右。美国由合作组织加工的农产品占总量的 80%，供应的化肥、石油占 40%；法国合作组织收购的粮油占 75%，猪肉占 89%；荷兰合作组织生产的奶制品占

85%，花卉占 70%，水果蔬菜占 57%。世界最大的阿姆斯特丹花卉交易市场，就是由农民合作组织投资建成的。①

我国目前在农产品的生产、加工、流通等各个环节，都存在着严重的安全风险隐患，过度使用的化肥、农药、甲胺磷、瘦肉精、激素添加剂等严重威胁着农产品的安全和消费者的身体健康。组建农民专业合作组织，把农民这一弱势群体组织起来，通过合作组织与龙头企业交易，可以降低交易费用和违约风险。山东泰安市泰山新兴蔬菜合作社就是一个很好的案例。

泰山新兴蔬菜合作社（以下简称合作社），是由夏张镇新河西村村干部和部分种菜能手发起，依托泰山亚细亚食品有限公司，吸收 213 户菜农，于 1998 年 2 月成立的。目前，合作社股金总额 45 万元，固定资产总额达到 110 万元。2006 年实现销售收入 1 200 万元，实现利润 70 多万元，以墩刀豆、白菜花、绿菜花、绿芦笋等为主的有机蔬菜，年产量达 1 200 吨以上。基地面积达到 800 亩，成为有机蔬菜生产专业村，辐射带动周边村的农户达 3 000 家，带动有机蔬菜种植面积 3 500 亩，入股社员由当初的 200 余户，增加到现在的 654 户，社员分红 30 余万元，集体分红 40 余万元。

（1）泰山新兴蔬菜合作社成立的动因。新河西村共有 235 户，803 人，总耕地面积 1 128 亩，其中土质肥沃地块 800 亩。随着市场经济的发展，农户的小生产与大市场越来越不适应，经常出现卖菜难和增产不增收的现象，农民希望有稳定的销售渠道。为促进当地经济的发展，1996 年“村两委”牵头与泰山亚细亚食品有限公司合作形成“公司+村委会+农户”经营模式。泰山亚细亚食品有限公司是一个集有机蔬菜加工、储存、冷藏为一体的外向型企业。当年种植蔬菜 60 多亩，产品成为公司和社会的抢手货，菜农的效益成倍增长，第二年，蔬菜种植面积迅速发展到 200 余亩，效益非常可观。

（2）泰山新兴蔬菜合作社的正式成立。1998 年 2 月，由“村两委”发起，泰山亚细亚食品有限公司积极支持，公司作为团体会员

① 顾吾浩：《农业现代化的必由之路：农民专业合作组织》，《上海经济管理干部学院学报》2007 年第 1 期。

入股 5 000 元；农户实行自愿入股，社员达到 200 余户，有的菜农入股 200 元；村集体通过自筹资金，争取上级扶持入股 15 万元，形成股金总额 20 万元，在当时区农业合作社管理中心进行登记注册，资金 50 万元，成立了泰山新兴蔬菜合作社。随后又制定了《泰山新兴蔬菜合作社章程》《理事会职责》《管理委员会职责》《监事会职责》《合作社财务管理制度》等规章制度，通过民主选举产生了 12 人组成的合作社管理层。

（3）泰山新兴蔬菜合作社的运行机制。泰山亚细亚食品有限公司每年向合作社下达种植计划，签订种植合同。合作社根据种植合同，安排社员种植计划，首先，从菜农中择优选拔 10 人组成服务队，由合作社具体管理，实行有偿服务。按照时令和蔬菜的管理需要，队伍活动统分结合。重点在“六统一”，即：统一下达种植计划、统一购种育种、统一购置有机专用肥、统一田间管理、统一进行病虫害防治（重点是喷施生物制剂）、统一采摘收购。其次，在“村两委”和龙头企业的支持帮助下，建立了农民培训学校，聘请农大、农技部门教授、专家进行技术讲座，对菜农实施“换脑”工程。菜农自觉地进行有机蔬菜的规范化、标准化生产，自觉遵守执行合同，解决了过去村干部想管好而管不好的问题。最后，严格依照章程办事，合作社定期召开理事会、监事会和社员代表会，事关合作社生产经营和发展的重大问题，都要经过社员大会讨论表决。

泰山亚细亚食品有限公司还在泰山新兴蔬菜合作社基地设有 4 名专职驻场员，负责对种植户进行指导和监督检查。合作社则负责协助公司做好以上各项工作，尤其是协助做好管理工作。泰山新兴蔬菜合作社有偿为社员提供有机肥、农膜、架杆等大宗物资，有偿提供灌溉、喷药等服务。蔬菜销售时，由合作社负责组织社员统一交售，货款由公司向合作社统一结算，年底再由合作社支付给农民。公司每吨蔬菜返给合作社 60 元组织费，社员按每斤 0.02 元付给合作社管理费。2004 年，合作社组织社员交售蔬菜 1 000 多吨，社员平均每亩增收 3 000 元。表 6.2 是泰山新兴蔬菜合作社和泰山亚细亚食品有限公司的职责分工表。

表 6.2 泰山新兴蔬菜合作社和泰山亚细亚食品有限公司职责分工表

生产环节 / 职责 / 单位	蔬菜产前环节	蔬菜产中环节	蔬菜产后环节
泰山新兴蔬菜合作社	有偿提供有机肥、农膜、架杆等大宗物资，	有偿提供灌溉、喷药等服务	负责组织社员统一交售，统一结算
泰山亚细亚食品有限公司	安排种子品种、有偿统一提供种子	对种植户进行技术指导和监督检查	统一收购

合作社成立的当年，通过年终决算，股金分红总额 10 万元，社员每股分红 200 元，村集体分红 6 万元。基地达到国际有机蔬菜认证质量标准，通过 OFDC 和 DCIA 双认证，2002 年成为农业部首批百家合作经济组织示范点。

（4）泰山新兴蔬菜合作社的运行绩效。在泰山新兴蔬菜合作社与泰山亚细亚食品有限公司密切合作，实现利益共享的基础上，将全村 800 亩的肥沃农田全部发展为有机蔬菜，并影响带动周边南故县、赵家庄、郑家杭、志坊等村发展有机蔬菜面积 3 000 余亩，这些村的菜农也积极申请加入合作社，成为合作社的一员。2004 年通过社员大会表决通过，由泰山亚细亚食品有限公司投资 2 000 万元，合作社以 15 亩地入股，建起设备一流，集收购、加工、冷藏、储存为一体的储量 3 000 吨的冷藏加工厂，形成地头工厂。合作社还投资 30 万元硬化道路 2.5 公里。2005 年投资 10 万元，为村民安装有线电视，2006 年先后投资 15 万元使村内主要干道安装路灯，得到亮化，同时使 70%的农户使用上了沼气。实现了干群关系更加融洽、邻里和睦、村容村风焕然一新，促进了新农村建设的步伐，促进了和谐社会的建设。

（5）启示。由以上分析，我们不难发现，其一，泰山亚细亚食品有限公司需要长期而稳定的货源即有机蔬菜。因此，该公司主动去寻求贸易伙伴，寻求有能力提供合格蔬菜的村庄建立生产基地。

像新河西村这样的生产条件是泰山亚细亚食品有限公司所希望得到的。其二，新河西村村民需要稳定的销售渠道，需要以较低的交易成本销售蔬菜。正是上述原因，使得他们之间只有保持合作才能实现纳什均衡，因而泰山新兴蔬菜合作社与泰山亚细亚食品有限公司的合同履约率是比较高的。例如在 2003 年菠菜市场价格跌到 0.02~0.03 元/斤的情况下，泰山亚细亚食品有限公司仍然按照合同上的保护价 0.25 元/斤全部收购。由于公司销售不畅，蔬菜收购之后全部被销毁或免费让农民拉走。而当刀豆的市场价达到 4 元/斤多时，泰山亚细亚食品有限公司又将合同中的保护价 1 元提高到接近 4 元进行收购。其三，交易成本降低为农民带来了利润。由于泰山新兴蔬菜合作社的存在，农民的生产资料基本都能通过泰山新兴蔬菜合作社购买到，在生产过程中也能够得到合作社的很多服务，在蔬菜销售时，也要由合作社组织管理。其四，风险的降低给农民带来了利润。农民能够以保护价全部销售，这是分散的农民绝对做不到的，解决了千家万户小生产和千变万化的大市场之间的对接问题。

但在实践中，“公司+村委会+农户”模式也面临着一些矛盾和困难、如目前人均分地、分散到户经营土地的状况与企业要求集约化大农场经营的矛盾，也就是如何破解土地流转的难题，需要我们认真探索。对农民的教育和培训，还需常抓不懈，要努力造就一大批新型农民。

6.4　规范契约设计　提高违约成本

根据对山东省农业产业化组织契约风险因素的评估，得出的一个重要结论是公司或农户的“违约成本”（C36），模糊综合权重为 0.082，为最大，是导致契约风险发生的最大因素，违约成本低成为“公司+农户”组织契约风险发生的根本原因。因此，防范违约风险必须加强契约管理，提高违约成本，降低违约收益，严惩犯罪型违约。

6.4.1 规范契约设计 防范非犯罪型违约

契约风险产生的一个重要原因，就是公司和农户之间契约设计的失败。而契约设计失败的根本原因就是其契约设计只是以完全契约理论为指导，没有考虑事后执行机制出现的问题。为了降低违约行为：

第一，农户和企业在订立订单合同时应明确双方的权利、义务，避免合同中出现模糊条款。由于农户自身的法律知识有限，政府可以成立专业机构为其提供咨询服务，向农户宣传法律法规知识，特别是《中华人民共和国合同法》的相关专业知识，增强其法律意识，使其学会利用法律维护自身权益。

第二，在契约设计时，公司和农户应该充分估计各种可能出现的情况，广泛征询多方信息和建议，力图使契约内容翔实公正、格式规范、程序合法、主体平等。还应着重考虑事后执行机制可能出现的问题，增加相关的约束条款，从而保证契约的有效实施。例如，山东莱西市全国民企 500 强的青岛九联集团股份有限公司是一家集种禽繁育、饲料生产、肉鸡养殖、宰杀冷藏、食品加工、出口贸易于一体的肉食鸡专业生产企业，年加工肉鸡 7 000 万只。企业不断完善格式合同文本，建立起一套较为完善的订单农业合同管理体系，形成了“五统一”的订单内容，即：公司为养殖户统一供雏、统一供料、统一饲养标准、统一技术服务、统一回收宰杀。将千家万户的小生产与千变万化的大市场有效地连接起来，使企业的效益与农民利益紧紧相连，达到了企业与农户双赢的效果，也促使九联集团不断创新完善了“九联模式”，从“公司+农户”到“公司+农场”，又提升到“公司+合作社+农场”。

第三，公司与农民签订契约，应经公证机关公证，以法律形式明确界定双方的权利和义务，使双方真正结成了风险共担、利益均沾的经济利益共同体。

第四，约定违约金条款。徐治对“公司+农户”模式进行了博弈分析，得出的结论是公司和农户是否可以形成长期契约关系的关键是合同违约金的大小。因此可通过约定一方违约时要根据违约情况向对方支付一定数额的违约金，来保持双方契约关系的稳定，但违约金必须达到一定数额，否则，对双方都不会产生约束力。[①]农业部农业产业化办公室通过调查发现，公司与农户签订合同时违约金一般不超过 1 000 元。[②]而这样的合同违约金，根本无法使公司与农户形成长期的契约关系，从而导致“公司+农户”模式运作效率低下。也可以约定因违约产生损失的赔偿额的计算方法。无论选择哪一种违约条款，合同约定都要细致明确，以避免违约发生时双方因对合同条款的不同解释而发生争议。

第五，条款中规定缴纳定金或风险基金。在契约中，定金或押金能起到约束农户机会主义行为、约束农户违约行为的作用。至于定金缴纳的时间，可以要求预先交付，可以在交售款项中扣除，也可以采取逐期缴纳的办法，一般而言，事前缴纳具有较强的约束力。例如山东张裕公司在与农户签订葡萄收购合同时，为了防止农户违约，就从农户获得的葡萄交售款中收取部分押金，3 年后确定农户能保证缴纳葡萄则可退款。

第六，合理规划价格条款。[③]契约价格与交付时的市场价格之间的变化是导致公司和农户双方屡屡出现违约行为的重要原因之一。因此，完善定价机制成为降低农户违约的一个重要途径。契约价格制定没有固定模式，要根据不同的情况设计不同价格条款，目前主要有以下几种价格类型，可供选择。

一是保证价格型。即龙头企业按合同规定以保证价格收购农产品，同样农户也必须以合同价格把农产品卖给龙头企业。保证价格按“成本+利润”计算或根据近几年的市场平均价格确定，利润水平平均在 15%~20%。从长远来看，这种方式对提供初级产品的生产环节可以起到保护性利益分配的作用，但是一般只适用于农产品用途较为单一、加工企业少、需求者数量少、供求关系紧密，可以由卖

① 徐治：《农业产业化组织创新“公司+农户”模式分析》，《农村经济》2002 年第 9 期。
② 农业部农业产业化办公室：《我国农业产业化经营取得的成效及其分析》2004 年。
③ 部分内容已发表，参见李彬：《订单农业价格类型及适用条件》，《消费导刊》2009 年第 3 期。

方定价的农产品。山东的实践证明，牛奶较适合采用这种价格形式。如山东得益乳业有限公司根据近几年的牛奶市场价格，与奶农签订了保证价合同，2008年“毒牛奶”事件爆发后，为维护奶农利益，树立企业信誉，该公司仍按保证价收购牛奶。

二是保护价格型。即龙头企业对签约农户按照保护价格收购农产品。保护价格参照市场平均价格制定。农产品最低保护价应该等于农产品的生产成本加合理利润，合理利润的最低限度是能够维持农民家庭的基本生活需要。当市场价格高于保护价格时，按市场价格收购；当市场价格低于保护价格时，按保护价格收购。如山东诸城得利斯集团有限公司，以高于市场价0.2元/斤的价格，与养猪户签订保护价收购合同，随行就市、保底收购。再如东营市河口区河口街道四扣村养殖大户任玲远在购进鸡苗时就与东营一家屠宰场签订了最低保护价收购协议，按照协议，所有成品肉鸡必须全部卖给屠宰场，肉鸡收购最低保护价为每公斤7元，略高于养殖成本，即使遇到市场再低迷的情况也能保证部分利润。再如，内蒙古小肥羊肉业有限公司是目前中国最大的羊肉加工销售企业，2008年曾荣获“中国肉类食品行业强势企业”称号。该公司通过打造肉业基地，充分发挥农牧民产业化龙头企业作用，带动牧户进行生产方式转变，实行科学养牧、错季出栏，实现了环境保护、牧民增收与企业增效的共赢。按照“龙头企业+基地（协会）+牧户（会员）”的产业化模式，通过确定最低保护价、积分奖、鼓励奖、减免屠宰费等优惠政策，与牧民签订订单，建立良好的利益联结机制，鼓励牧民早接羔、早出栏，在保护生态环境的基础上带动牧民致富。目前，该公司组建了8个养业协会，发展会员1 000户，辐射带动10 000家牧户，极大地调动了当地农牧民的养羊积极性。[①]

三是合同价加利润返还型。即龙头企业与农户或农村经济合作组织签订合同，确定农产品的数量、质量、价格，同时确定龙头企业的返还标准，把加工、营销环节的一部分利润根据农户提供农产

① http://www.moa.gov.cn/fwllm/qgxxlb/nmg/201006/t2010625_1587782.htm。

品的数量和质量返还给农户。如山东省诸城市对外贸易集团公司就以这种方式与农民签订养殖合同，合同中明确规定了农产品收购价格以及利润返还的比例，它除带动诸城市 70%以上的农户外，还带动了周围县市的大量农户。

四是合同价加补贴型。即龙头企业与农户签订合同，规定农户提供农产品的数量、质量、价格，龙头企业对农户种养殖的基本建设给予适当补贴，改善农产品的生产条件，保证农产品质量。例如山东省寿光市万丰达农业开发有限公司就对蔬菜生产基地的农户给予一定的经济补贴，稳定了货源，确保了农产品质量。

五是合同价格加优惠型。即在市场价基础上按一定百分比向上浮动，给农户一定优惠。如山东鲁南蔬菜产业有限公司与菜农签订合同就是按市场价再加一定比例的优惠价收购。

六是成本加利润型。在契约中，公司可以通过大幅度提高农业生产资料的价格，抑制农户的违约倾向。这样，使得农户失去向市场转售的利益动机，从而有效地抑制农户的违约现象。例如，内蒙古飞亚公司原先按照约定价格收购农户的成品鸭，但效果不好。为了稳定合约、降低风险，公司采取“成本加利润”的合约条款来规范和约束农户的违约行为。它大幅度提高了（约 2 倍）对农户出售雏鸭和饲料的价格，回收成品鸭价格则依据“成本加利润”确定，但要确保农户扣除从公司实际购买所支付的成本后，每只成品鸭能净赚 2.5~2.6 元。这个条款使农户向市场出售成品鸭没有了价格优势，但又使农户在守约的情况下能够得到足够多的收益，从而有力地杜绝了因农户违约造成的产品鸭“外漏”现象，化解了市场价格波动对公司造成的风险，既保护了公司的利益，又使农户增加了收入。

山东诸城市工商局推行的农产品合同“四级双向签订”模式也是规范契约设计的一个典型，促进了订单农业的发展。一是加强宣传教育，增强合同意识。通过多种形式、多种渠道，广泛宣传农产品合同“四级双向签订”制度的基本知识和意义，加强对农村经济管理人员和涉农企业合同管理人员的教育培训，提高企业和农户的合同意识和合同管理水平。二是逐级签约，提高合同质量。先由农业企业与自愿实施农产品种养工作的乡镇（街办）政府签订意向书，明确种养规划、要求、农户受益论证情况以及双方的权利、义务；乡镇政府再与具备种养条件、且自愿开展种养工作的村委会签订农产品种养责任书，明确双方的责任、义务和责任追究办法；然后，村委会负责落实种养农户，自愿从事种养的农户向村委会写出种养申请；最后，农业企业与这些农户签订正式的农产品合同。三是加强监督管理，提高合同履约率。强化对合同履行过程的监督检查，督促涉农企业严格履行合同，按合同约定收购农产品，不压级压价，不打“白条”。督促广大农户保质保量地完成合同任务。发挥行政调解简便快捷、易于执行的优势，对农产品合同出现的纠纷积极受理，对正常检查中发现的问题主动进行调解，化解矛盾，确保合同顺利履行。目前，全市共有200多家涉农企业与农户签订农产品合同18万多份。

6.4.2 提高违约成本 惩罚犯罪型违约

我国目前“公司+农户”的模式违约成本低，从而使公司或农户从违约中获得的利益将超过其作出履行的期待利益，并且违约收益大于违约成本的趋势明显，这是我国违约现象居高不下的一个重要原因。公司或农户作为理性经济人，其守信还是违约的选择依据是违约收益是否大于违约成本，当违约收益大于违约成本时，理性选择违约；否则选择诚信。

（1）提高被查处的概率。公司或农户违约解决的概率低是目前“公司+农户”模式下契约风险的重要特征。从微观机制上减少公司或农户违约的基本思路是，必须大幅度提高被查处的概率 P，减少逃避的概率 $1-P$。

（2）提高违约成本，降低违约收益。发生违约时不仅要对违法行为进行处罚，而且要对违约造成的损失予以全面补偿。通过提高违约成本，降低违约效益，提高履约率，形成诚实守信的良好社会环境。一是加强对“失信”者进行道义规劝、媒体曝光等手段，增大其政治成本 *CP*；二是加大对“失信”者的经济处罚力度，通过制定有关的法律法规，使“失信成本”远远高于“守信成本”，让“失信”者被市场“淘汰出局”，以增大失信成本 *CE*，让“失信”者得不偿失；三是提高“失信”者的信誉观念，在全社会形成一种“守信光荣、失信可耻”的道德风险和舆论导向，让“失信”者既要承受社会舆论批评的成本，又要承受自身道德意识的谴责，增大其道德成本 *CM*。在美国的契约经济中违约现象很少，主要是因为其契约双方的法律意识较高，都比较重视自身的形象和声誉，一旦违约，其违约机会成本太高，甚至会因信誉降低或赔付额过高而破产，因此契约双方都很重视履约，在履约中实现双赢。

同时，简化审判程序、降低诉讼费用、完善约束机制。加强对判决执行的监督，把以行政、法律手段为内容的监督约束机制与公司和农户间的利益联结机制有机地结合起来，建立和完善 “公司+农户”模式运作的监督约束机制。

防范农业产业化经营契约风险的关键在于制定切实可行的风险防范机制，只有对契约风险进行有效的管理，才能避免或减少风险的发生或带来的损失。强化对风险因素的管理，其目的在于防止这些风险因素的发生或者减低风险因素对农业产业化组织的影响。从前面的讨论分析可以看出，部分风险因素是不存在于“公司+农户”组织本身的，即所谓的农业产业化经营系统外部风险，这类风险因素的管理需要另外分别进行。对于农业产业化经营系统内部风险的管理要明确其总体管理思路，做到以事前防范，事中控制为主，事后补救为辅的全过程的管理与监控，最大限度地规避风险或减少风险损失。制度创新是防范契约风险的重要途径，通过期货市场转移契约风险因素，是个值得深入研究和探索的课题。发挥公司和农户各自在风险防范中的作用的同时，更需要注重制度创新，在“公司+农户”组织模式中嵌入合作社（大户、协会）等中介组织，完善这一组织形态，能够很好地起到风险防范的功效。由于农业产业化经营是一个涉及多行业、多部门、多层次的复杂系统，因此，要有效地弱化契约风险，还需政府发挥应有的作用。政府应从转变职能入手，提高服务质量，优化发展环境，培养农品市场，为农业产业化经营创造良好的外部环境和基础条件，并根据本地的实际情况，研究扶持农业产业化发展的财政、税收、农业保险政策等。同时政府还要研究制定有助于风险防范的行政规章，并根据国家法律规范市场、公司和个人行为。

附　录

一：2004—2010年中央一号文件（节选）

1. 2004年中央一号文件：

《中共中央、国务院关于促进农民增加收入若干政策的意见》（节选）

（五）加快发展农业产业化经营。各级财政要安排支持农业产业化发展的专项资金，较大幅度地增加对龙头企业的投入。对符合条件的龙头企业的技改贷款，可给予财政贴息。对龙头企业为农户提供培训、营销服务，以及研发引进新品种新技术、开展基地建设和污染治理等，可给予财政补助。创造条件，完善农产品加工的增值税政策。对新办的中小型农副产品加工企业，要加强创业扶持和服务。不管哪种所有制和经营形式的龙头企业，只要能带动农户，与农民建立起合理的利益联结机制，给农民带来实惠，都要在财政、税收、金融等方面一视同仁地给予支持。

2. 2005年中央一号文件：

《中共中央、国务院关于进一步加强农村工作提高农业综合生产能力若干政策的意见》（节选）

（二十）发展农业产业化经营。继续加大对多种所有制、多种经营形式的农业产业化龙头企业的支持力度。鼓励龙头企业以多种利益联结方式，带动基地和农户发展。农业银行和其他国有商业银行要按照有关规定，加快改进对龙头企业的信贷服务，切实解决龙头企业收购资金紧张的问题。农业发展银行对符合条件的以粮棉油生产、流通或加工转化为主业的龙头企业，可以提供贷款。积极探索龙头企业和专业合作组织为农户承贷承还、提供贷款担保等有效办法。支持农民专业合作组织发展，对专业合作组织及其所办加工、流通实体适当减免有关税费。集体经济组织要增强实力，搞好服务，同其他专业合作组织一起发挥联结龙头企业和农户的桥梁和纽带作用。乡镇企业要加快结构调整、技术进步和体制创新，积极参与农业产业化经营。

3. 2006 年中央一号文件:

《中共中央、国务院关于推进社会主义新农村建设的若干意见》（节选）

（九）发展农业产业化经营。要着力培育一批竞争力、带动力强的龙头企业和企业集群示范基地，推广龙头企业、合作组织与农户有机结合的组织形式，让农民从产业化经营中得到更多的实惠。各级财政要增加扶持农业产业化发展资金，支持龙头企业发展，并可通过龙头企业资助农户参加农业保险。发展大宗农产品期货市场和“订单农业”。通过创新信贷担保手段和担保办法，切实解决龙头企业收购农产品资金不足的问题。开展农产品精深加工增值税改革试点。积极引导和支持农民发展各类专业合作经济组织，加快立法进程，加大扶持力度，建立有利于农民合作经济组织发展的信贷、财税和登记等制度。

4. 2007年中央一号文件：

《中共中央、国务院关于积极发展现代农业扎实推进社会主义新农村建设的若干意见》（节选）

（四）扶持农业产业化龙头企业发展。龙头企业是引导农民发展现代农业的重要带动力量。通过贴息补助、投资参股和税收优惠等政策，支持农产品加工业发展。中央和省级财政要专门安排扶持农产品加工的补助资金，支持龙头企业开展技术引进和技术改造。完善农产品加工业增值税政策，减轻农产品加工企业税负。落实扶持农业产业化经营的各项政策，各级财政要逐步增加对农业产业化的资金投入。农业综合开发资金要积极支持农业产业化发展。金融机构要加大对龙头企业的信贷支持，重点解决农产品收购资金困难问题。有关部门要加强对龙头企业的指导和服务。

大力发展农民专业合作组织。认真贯彻农民专业合作社法，支持农民专业合作组织加快发展。各地要加快制定推动农民专业合作社发展的实施细则，有关部门要抓紧出台具体登记办法、财务会计制度和配套支持措施。要采取有利于农民专业合作组织发展的税收和金融政策，增大农民专业合作社建设示范项目资金规模，着力支持农民专业合作组织开展市场营销、信息服务、技术培训、农产品加工储藏和农资采购经营。

5. 2008年中央一号文件：

《中共中央、国务院关于切实加强农业基础建设进一步促进农业发展农民增收的若干意见》（节选）

（四）支持农业产业化发展。继续实施农业产业化提升行动，培育壮大一批成长性好、带动力强的龙头企业，支持龙头企业跨区域经营，促进优势产业集群发展。中央和地方财政要增加农业产业化专项资金，支持龙头企业开展技术研发、节能减排和基地建设等。探索采取建立担保基金、担保公司等方式，解决龙头企业融资难问题。抓紧研究完善农产品加工税收政策，促进农产品精深加工健康发展。允许符合条件的龙头企业向社会发行企业债券。龙头企业要增强社会责任，与农民结成更紧密的利益共同体，让农民更多地分享产业化经营成果。健全国家和省级重点龙头企业动态管理机制。引导各类市场主体参与农业产业化经营。鼓励农民专业合作社兴办农产品加工企业或参股龙头企业。支持发展“一村一品”。

6. 2009 年中央一号文件:

《中共中央、国务院关于 2009 年促进农业稳定发展农民持续增收的若干意见》（节选）

21．扶持农民专业合作社和龙头企业发展。加快发展农民专业合作社，开展示范社建设行动。加强合作社人员培训，各级财政给予经费支持。将合作社纳入税务登记系统，免收税务登记工本费。尽快制定金融支持合作社、有条件的合作社承担国家涉农项目的具体办法。扶持农业产业化经营，鼓励发展农产品加工，让农民更多分享加工流通增值收益。中央和地方财政增加农业产业化专项资金规模，重点支持对农户带动力强的龙头企业开展技术研发、基地建设、质量检测。鼓励龙头企业在财政支持下参与担保体系建设。采取有效措施帮助龙头企业解决贷款难问题。

7. 2010 年中央一号文件:

《中共中央、国务院关于加大统筹城乡发展力度进一步夯实农业农村发展基础的若干意见》（节选）

20．着力提高农业生产经营组织化程度。推动家庭经营向采用先进科技和生产手段的方向转变，推动统一经营向发展农户联合与合作，形成多元化、多层次、多形式经营服务体系的方向转变。壮大农村集体经济组织实力，为农民提供多种有效服务。大力发展农民专业合作社，深入推进示范社建设行动，对服务能力强、民主管理好的合作社给予补助。各级政府扶持的贷款担保公司要把农民专业合作社纳入服务范围，支持有条件的合作社兴办农村资金互助社。扶持农民专业合作社自办农产品加工企业。积极发展农业农村各种社会化服务组织，为农民提供便捷高效、质优价廉的各种专业服务。支持龙头企业提高辐射带动能力，增加农业产业化专项资金，扶持建设标准化生产基地，建立农业产业化示范区。推进“一村一品”强村富民工程和专业示范村镇建设。

二：《关于支持农业产业化龙头企业发展的意见》

（农经发〔2010〕5号）

各省、自治区、直辖市及新疆生产建设兵团主管部门，中国农业银行各省、自治区、直辖市分行、新疆兵团分行、各直属分行：

为贯彻落实中共中央、国务院《关于加大统筹城乡发展力度进一步夯实农业农村发展基础的若干意见》，改善农村金融服务，缓解龙头企业融资难问题，推动龙头企业转变发展方式，加快农业产业化发展，推进现代农业建设，促进农民就业增收，农业部和中国农业银行（以下简称农业银行）就支持农业产业化龙头企业发展提出以下意见：

一、提高认识，加大对农业产业化龙头企业的金融支持

2008年下半年以来，面对国际金融危机的严重冲击和国内外农产品市场异常波动的不利影响，各级农业产业化部门与农业银行紧密合作，加大政策扶持和金融服务力度，帮助龙头企业应对危机，克服困难，龙头企业保持了快速发展的势头，成为促进农业农村经

济发展的一支重要力量。为推进农业产业化又好又快发展，进一步发挥龙头企业在保持农业农村经济平稳较快发展，促进农民收入持续增长的重要作用，迫切需要加大金融支持力度，破解龙头企业融资难这一突出问题。

农业产业化部门与农业银行实施战略合作，是创新金融服务，提高龙头企业经营活力和辐射带动能力的重要举措。加强双方合作，有利于引导农业产业化扶持政策与信贷资金有效对接，发挥政策对信贷支农资金的撬动作用，引导信贷资金向涉农领域投放；有利于龙头企业应对后金融危机时代的挑战，调整产品结构和市场布局，拓宽发展空间；有利于增强企业科技创新能力，推进产业优化升级，加快发展方式转变；有利于延伸产业链，提高龙头企业辐射带动能力，促进农民就业增收；有利于企业兼并重组和梯度转移，激发县域经济发展活力，加快城乡统筹进程，进一步夯实农业农村发展基础。各级农业产业化部门和农业银行要充分认识金融支持龙头企业的重要意义，增强紧迫感和责任感，切实加强合作，创新服务方式，提高服务水平。

二、突出重点，明确农业产业化合作支持领域

各级农业产业化部门和农业银行要互相确认对方为重要战略合作伙伴，围绕支持龙头企业发展、促进现代农业建设的目标，坚持面向“三农”、商业运作的原则，突出重点领域，有针对性地支持一批竞争能力强、带动农户面广、经济效益好的龙头企业和农业产业化示范区，着重支持省级以上龙头企业。主要支持领域：龙头企业的基地建设、技术改造、扩大再生产和节能减排，农产品收储、加工、销售服务体系建设，粮食、棉花、油料、糖料、生猪等大宗农产品的仓储、运输等物流节点建设，园艺、观光、特种养殖和乡村旅游等特色产业，农业产业化示范区建设，重点产区和集散地农产品批发市场、集贸市场等流通基础设施建设，农产品冷链系统、配送中心、电子商务等。

三、农业产业化部门要做好企业和项目推荐工作，加强指导和服务

各级农业产业化部门要建立龙头企业运行监测体系，及时了解

龙头企业的生产经营情况，重点掌握企业基地建设、原料采购、技术改造、扩大再生产等资金需求，建立企业和项目储备库，择优推荐给同级农业银行，融资规模大、影响面广的重要项目可由上一级农业产业化部门推荐给农业银行。

各级农业产业化部门要把农业银行当年的信贷政策、投放重点和基本要求等情况，通过多种形式及时告知龙头企业。积极配合农业银行做好龙头企业信用评定工作，建立企业信用记录资料库。对信贷违约的企业，视其情况给予警告直至取消重点龙头企业资格，增强龙头企业的信用意识。加强与有关部门沟通协调，积极争取贴息、补助、担保、税费减免等政策，对农业银行支持的龙头企业、农业产业化示范区及相关项目给予扶持。

四、农业银行要创新金融产品和服务方式，提高服务水平

各级农业银行要根据现代农业建设和龙头企业发展的新要求，稳步增加贷款投放规模，创新产品和服务，加大支持力度。重点支持符合产业结构调整方向、附加值高、技术和市场比较成熟、政策扶持的企业和项目，优先支持科技创新能力强、具有知识产权、节能环保的企业和项目。对于农业产业化部门推荐的、符合本行信贷规定的龙头企业和项目，及时纳入营销和信贷支持范围，按照择优扶持、控制风险的原则，优先受理、优先调查评估、优先安排资金规模。农业部推荐的重大项目，由农业银行总行直接组织营销和业务受理。

各级农业银行要根据龙头企业的经营特点，积极推广季节性收购贷款、龙头企业集群客户融信保业务等特色产品。努力创新担保方式，在风险可控的前提下，进一步扩大应收账款质押、存货质押、大型农机具抵押、林权抵押等新型抵质押方式的适用范围。加强与农业产业化担保公司的合作，拓宽担保渠道，解决龙头企业担保难问题。对符合信用贷款条件的，要采取信用贷款方式。对重点企业的优质贷款，要在规定范围内适当下浮利率，优化期限结构。积极探索对农业产业化示范区信贷支持的新模式。

五、加强合作，建立高效顺畅的工作协调机制

各级农业产业化部门和农业银行要把支持龙头企业发展作为一项重要工作，加强组织领导，密切配合，建立高效的部门协调机制，共同做好龙头企业的金融服务。农业部和农业银行总行建立部行联席会议制度，重点做好政策研究、信息交流、重大项目协调以及监督检查等工作。省级以下农业产业化部门与农业银行一级分行以下分支机构要切实加强沟通，共同确定重点支持的企业和项目。对纳入信贷支持范围的重大项目，双方联合进行项目调查评估。

各级农业产业化部门和农业银行要建立信息共享机制。各级农业产业化部门要利用信息资源优势，及时向农业银行通报农业产业政策、发展规划及龙头企业动态监测情况。农业银行要将相关金融服务情况向农业产业化部门及时通报。要加强对龙头企业使用贷款的指导，帮助企业防范金融风险，提高资金使用效益。要加强调查研究，研判经济形势，及时总结金融支持龙头企业的新做法、新经验。省级农业产业化部门和农业银行每年要汇总分析当年项目推荐、贷款投放和经济效益等情况，并将情况报农业部和农业银行总行。

各级农业产业化部门和农业银行要认真贯彻落实本《意见》精神，将执行过程中遇到新情况、新问题，及时向农业部农业产业化办公室和农业银行农村产业金融部报告。

中华人民共和国农业部 中国农业银行股份有限公司

二〇一〇年五月五日

三：《中华人民共和国农民专业合作社法》

中华人民共和国主席令　第五十七号

《中华人民共和国农民专业合作社法》已由中华人民共和国第十届全国人民代表大会常务委员会第二十四次会议于 2006 年 10 月 31

日通过，现予公布，自2007年7月1日起施行。

中华人民共和国主席　胡锦涛

2006年10月31日

目 录

第一章　总　则
第二章　设立和登记
第三章　成　员
第四章　组织机构
第五章　财务管理
第六章　合并、分立、解散和清算
第七章　扶持政策
第八章　法律责任
第九章　附　则

第一章　总　则

第一条　为了支持、引导农民专业合作社的发展，规范农民专业合作社的组织和行为，保护农民专业合作社及其成员的合法权益，促进农业和农村经济的发展，制定本法。

第二条　农民专业合作社是在农村家庭承包经营基础上，同类农产品的生产经营者或者同类农业生产经营服务的提供者、利用者，自愿联合、民主管理的互助性经济组织。

农民专业合作社以其成员为主要服务对象，提供农业生产资料的购买，农产品的销售、加工、运输、贮藏以及与农业生产经营有关的技术、信息等服务。

第三条　农民专业合作社应当遵循下列原则：

（一）成员以农民为主体；

（二）以服务成员为宗旨，谋求全体成员的共同利益；

（三）入社自愿、退社自由；

（四）成员地位平等，实行民主管理；

（五）盈余主要按照成员与农民专业合作社的交易量（额）比例返还。

第四条　农民专业合作社依照本法登记，取得法人资格。

农民专业合作社对由成员出资、公积金、国家财政直接补助、他人捐赠以及合法取得的其他资产所形成的财产，享有占有、使用和处分的权利，并以上述财产对债务承担责任。

第五条　农民专业合作社成员以其账户内记载的出资额和公积金份额为限对农民专业合作社承担责任。

第六条　国家保护农民专业合作社及其成员的合法权益，任何单位和个人不得侵犯。

第七条　农民专业合作社从事生产经营活动，应当遵守法律、行政法规，遵守社会公德、商业道德，诚实守信。

第八条　国家通过财政支持、税收优惠和金融、科技、人才的扶持以及产业政策引导等措施，促进农民专业合作社的发展。

国家鼓励和支持社会各方面力量为农民专业合作社提供服务。

第九条　县级以上各级人民政府应当组织农业行政主管部门和其他有关部门及有关组织，依照本法规定，依据各自职责，对农民专业合作社的建设和发展给予指导、扶持和服务。

第二章　设立和登记

第十条　设立农民专业合作社，应当具备下列条件：

（一）有五名以上符合本法第十四条、第十五条规定的成员；

（二）有符合本法规定的章程；

（三）有符合本法规定的组织机构；

（四）有符合法律、行政法规规定的名称和章程确定的住所；

（五）有符合章程规定的成员出资。

第十一条　设立农民专业合作社应当召开由全体设立人参加的设立大会。设立时自愿成为该社成员的人为设立人。

设立大会行使下列职权：

（一）通过本社章程，章程应当由全体设立人一致通过；

（二）选举产生理事长、理事、执行监事或者监事会成员；

（三）审议其他重大事项。

第十二条 农民专业合作社章程应当载明下列事项：

（一）名称和住所；

（二）业务范围；

（三）成员资格及入社、退社和除名；

（四）成员的权利和义务；

（五）组织机构及其产生办法、职权、任期、议事规则；

（六）成员的出资方式、出资额；

（七）财务管理和盈余分配、亏损处理；

（八）章程修改程序；

（九）解散事由和清算办法；

（十）公告事项及发布方式；

（十一）需要规定的其他事项。

第十三条 设立农民专业合作社，应当向工商行政管理部门提交下列文件，申请设立登记：

（一）登记申请书；

（二）全体设立人签名、盖章的设立大会纪要；

（三）全体设立人签名、盖章的章程；

（四）法定代表人、理事的任职文件及身份证明；

（五）出资成员签名、盖章的出资清单；

（六）住所使用证明；

（七）法律、行政法规规定的其他文件。

登记机关应当自受理登记申请之日起二十日内办理完毕，向符合登记条件的申请者颁发营业执照。

农民专业合作社法定登记事项变更的，应当申请变更登记。

农民专业合作社登记办法由国务院规定。办理登记不得收取费用。

第三章 成 员

第十四条 具有民事行为能力的公民，以及从事与农民专业合作社业务直接有关的生产经营活动的企业、事业单位或者社会团体，能够利用农民专业合作社提供的服务，承认并遵守农民专业合作社章程，履行章程规定的入社手续的，可以成为农民专业合作社的成员。但是，具有管理公共事务职能的单位不得加入农民专业合作社。

农民专业合作社应当置备成员名册，并报登记机关。

第十五条　农民专业合作社的成员中，农民至少应当占成员总数的百分之八十。

成员总数二十人以下的，可以有一个企业、事业单位或者社会团体成员；成员总数超过二十人的，企业、事业单位和社会团体成员不得超过成员总数的百分之五。

第十六条　农民专业合作社成员享有下列权利：

（一）参加成员大会，并享有表决权、选举权和被选举权，按照章程规定对本社实行民主管理；

（二）利用本社提供的服务和生产经营设施；

（三）按照章程规定或者成员大会决议分享盈余；

（四）查阅本社的章程、成员名册、成员大会或者成员代表大会记录、理事会会议决议、监事会会议决议、财务会计报告和会计账簿；

（五）章程规定的其他权利。

第十七条　农民专业合作社成员大会选举和表决，实行一人一票制，成员各享有一票的基本表决权。

出资额或者与本社交易量（额）较大的成员按照章程规定，可以享有附加表决权。本社的附加表决权总票数，不得超过本社成员基本表决权总票数的百分之二十。享有附加表决权的成员及其享有的附加表决权数，应当在每次成员大会召开时告知出席会议的成员。

章程可以限制附加表决权行使的范围。

第十八条　农民专业合作社成员承担下列义务：

（一）执行成员大会、成员代表大会和理事会的决议；

（二）按照章程规定向本社出资；

（三）按照章程规定与本社进行交易；

（四）按照章程规定承担亏损；

（五）章程规定的其他义务。

第十九条　农民专业合作社成员要求退社的，应当在财务年度终了的三个月前向理事长或者理事会提出；其中，企业、事业单位或者社会团体成员退社，应当在财务年度终了的六个月前提出；章程另有规定的，从其规定。退社成员的成员资格自财务年度终了时终止。

第二十条　成员在其资格终止前与农民专业合作社已订立的合同，应当继续履行；章程另有规定或者与本社另有约定的除外。

第二十一条　成员资格终止的，农民专业合作社应当按照章程规定的方式和期限，退还记载在该成员账户内的出资额和公积金份额；对成员资格终止前的可分配盈余，依照本法第三十七条第二款的规定向其返还。

资格终止的成员应当按照章程规定分摊资格终止前本社的亏损及债务。

第四章　组织机构

第二十二条　农民专业合作社成员大会由全体成员组成，是本社的权力机构，行使下列职权：

（一）修改章程；

（二）选举和罢免理事长、理事、执行监事或者监事会成员；

（三）决定重大财产处置、对外投资、对外担保和生产经营活动中的其他重大事项；

（四）批准年度业务报告、盈余分配方案、亏损处理方案；

（五）对合并、分立、解散、清算作出决议；

（六）决定聘用经营管理人员和专业技术人员的数量、资格和任期；

（七）听取理事长或者理事会关于成员变动情况的报告；

（八）章程规定的其他职权。

第二十三条　农民专业合作社召开成员大会，出席人数应当达到成员总数三分之二以上。

成员大会选举或者作出决议，应当由本社成员表决权总数过半数通过；作出修改章程或者合并、分立、解散的决议应当由本社成员表决权总数的三分之二以上通过。章程对表决权数有较高规定的，从其规定。

第二十四条　农民专业合作社成员大会每年至少召开一次，会议的召集由章程规定。有下列情形之一的，应当在二十日内召开临时成员大会：

（一）百分之三十以上的成员提议；

（二）执行监事或者监事会提议；

（三）章程规定的其他情形。

第二十五条　农民专业合作社成员超过一百五十人的，可以按照章程规定设立成员代表大会。成员代表大会按照章程规定可以行使成员大会的部分或者全部职权。

第二十六条　农民专业合作社设理事长一名，可以设理事会。理事长为本社的法定代表人。

农民专业合作社可以设执行监事或者监事会。理事长、理事、经理和财务会计人员不得兼任监事。

理事长、理事、执行监事或者监事会成员，由成员大会从本社成员中选举产生，依照本法和章程的规定行使职权，对成员大会负责。

理事会会议、监事会会议的表决，实行一人一票。

第二十七条　农民专业合作社的成员大会、理事会、监事会，应当将所议事项的决定作成会议记录，出席会议的成员、理事、监事应当在会议记录上签名。

第二十八条　农民专业合作社的理事长或者理事会可以按照成员大会的决定聘任经理和财务会计人员，理事长或者理事可以兼任经理。经理按照章程规定或者理事会的决定，可以聘任其他人员。

经理按照章程规定和理事长或者理事会授权，负责具体生产经营活动。

第二十九条　农民专业合作社的理事长、理事和管理人员不得

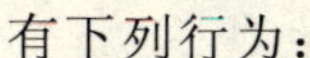

有下列行为：

（一）侵占、挪用或者私分本社资产；

（二）违反章程规定或者未经成员大会同意，将本社资金借贷给他人或者以本社资产为他人提供担保；

（三）接受他人与本社交易的佣金归为己有；

（四）从事损害本社经济利益的其他活动。

理事长、理事和管理人员违反前款规定所得的收入，应当归本社所有；给本社造成损失的，应当承担赔偿责任。

第三十条　农民专业合作社的理事长、理事、经理不得兼任业务性质相同的其他农民专业合作社的理事长、理事、监事、经理。

第三十一条　执行与农民专业合作社业务有关公务的人员，不得担任农民专业合作社的理事长、理事、监事、经理或者财务会计人员。

第五章　财务管理

第三十二条　国务院财政部门依照国家有关法律、行政法规，制定农民专业合作社财务会计制度。农民专业合作社应当按照国务院财政部门制定的财务会计制度进行会计核算。

第三十三条　农民专业合作社的理事长或者理事会应当按照章程规定，组织编制年度业务报告、盈余分配方案、亏损处理方案以及财务会计报告，于成员大会召开的十五日前，置备于办公地点，供成员查阅。

第三十四条　农民专业合作社与其成员的交易、与利用其提供的服务的非成员的交易，应当分别核算。

第三十五条　农民专业合作社可以按照章程规定或者成员大会决议从当年盈余中提取公积金。公积金用于弥补亏损、扩大生产经营或者转为成员出资。

每年提取的公积金按照章程规定量化为每个成员的份额。

第三十六条　农民专业合作社应当为每个成员设立成员账户，主要记载下列内容：

（一）该成员的出资额；

（二）量化为该成员的公积金份额；

（三）该成员与本社的交易量（额）。

第三十七条　在弥补亏损、提取公积金后的当年盈余，为农民专业合作社的可分配盈余。

可分配盈余按照下列规定返还或者分配给成员，具体分配办法按照章程规定或者经成员大会决议确定：

（一）按成员与本社的交易量（额）比例返还，返还总额不得低于可分配盈余的百分之六十；

（二）按前项规定返还后的剩余部分，以成员账户中记载的出资额和公积金份额，以及本社接受国家财政直接补助和他人捐赠形成的财产平均量化到成员的份额，按比例分配给本社成员。

第三十八条　设立执行监事或者监事会的农民专业合作社，由执行监事或者监事会负责对本社的财务进行内部审计，审计结果应当向成员大会报告。

成员大会也可以委托审计机构对本社的财务进行审计。

第六章　合并、分立、解散和清算

第三十九条　农民专业合作社合并，应当自合并决议作出之日起十日内通知债权人。合并各方的债权、债务应当由合并后存续或者新设的组织承继。

第四十条　农民专业合作社分立，其财产作相应的分割，并应当自分立决议作出之日起十日内通知债权人。分立前的债务由分立后的组织承担连带责任。但是，在分立前与债权人就债务清偿达成的书面协议另有约定的除外。

第四十一条　农民专业合作社因下列原因解散：

（一）章程规定的解散事由出现；

（二）成员大会决议解散；

（三）因合并或者分立需要解散；

（四）依法被吊销营业执照或者被撤销。

因前款第一项、第二项、第四项原因解散的，应当在解散事由出现之日起十五日内由成员大会推举成员组成清算组，开始解散清算。逾期不能组成清算组的，成员、债权人可以向人民法院申请指定成员组成清算组进行清算，人民法院应当受理该申请，并及时指定成员组成清算组进行清算。

第四十二条　清算组自成立之日起接管农民专业合作社，负责处理与清算有关未了结业务，清理财产和债权、债务，分配清偿债务后的剩余财产，代表农民专业合作社参与诉讼、仲裁或者其他法律程序，并在清算结束时办理注销登记。

第四十三条　清算组应当自成立之日起十日内通知农民专业合作社成员和债权人，并于六十日内在报纸上公告。债权人应当自接到通知之日起三十日内，未接到通知的自公告之日起四十五日内，向清算组申报债权。如果在规定期间内全部成员、债权人均已收到通知，免除清算组的公告义务。

债权人申报债权，应当说明债权的有关事项，并提供证明材料。清算组应当对债权进行登记。

在申报债权期间，清算组不得对债权人进行清偿。

第四十四条　农民专业合作社因本法第四十一条第一款的原因解散，或者人民法院受理破产申请时，不能办理成员退社手续。

第四十五条　清算组负责制定包括清偿农民专业合作社员工的工资及社会保险费用，清偿所欠税款和其他各项债务，以及分配剩余财产在内的清算方案，经成员大会通过或者申请人民法院确认后实施。

清算组发现农民专业合作社的财产不足以清偿债务的，应当依法向人民法院申请破产。

第四十六条　农民专业合作社接受国家财政直接补助形成的财产，在解散、破产清算时，不得作为可分配剩余资产分配给成员，处置办法由国务院规定。

第四十七条　清算组成员应当忠于职守，依法履行清算义务，因故意或者重大过失给农民专业合作社成员及债权人造成损失的，应当承担赔偿责任。

第四十八条　农民专业合作社破产适用企业破产法的有关规定。但是，破产财产在清偿破产费用和共益债务后，应当优先清偿破产前与农民成员已发生交易但尚未结清的款项。

第七章　扶持政策

第四十九条　国家支持发展农业和农村经济的建设项目，可以委托和安排有条件的有关农民专业合作社实施。

第五十条　中央和地方财政应当分别安排资金，支持农民专业合作社开展信息、培训、农产品质量标准与认证、农业生产基础设施建设、市场营销和技术推广等服务。对民族地区、边远地区和贫困地区的农民专业合作社和生产国家与社会急需的重要农产品的农民专业合作社给予优先扶持。

第五十一条　国家政策性金融机构应当采取多种形式，为农民专业合作社提供多渠道的资金支持。具体支持政策由国务院规定。

国家鼓励商业性金融机构采取多种形式，为农民专业合作社提供金融服务。

第五十二条　农民专业合作社享受国家规定的对农业生产、加工、流通、服务和其他涉农经济活动相应的税收优惠。

支持农民专业合作社发展的其他税收优惠政策，由国务院规定。

第八章　法律责任

第五十三条　侵占、挪用、截留、私分或者以其他方式侵犯农民专业合作社及其成员的合法财产，非法干预农民专业合作社及其成员的生产经营活动，向农民专业合作社及其成员摊派，强迫农民专业合作社及其成员接受有偿服务，造成农民专业合作社经济损失的，依法追究法律责任。

第五十四条　农民专业合作社向登记机关提供虚假登记材料或者采取其他欺诈手段取得登记的，由登记机关责令改正；情节严重的，撤销登记。

第五十五条 农民专业合作社在依法向有关主管部门提供的财务报告等材料中，作虚假记载或者隐瞒重要事实的，依法追究法律责任。

第九章 附 则

第五十六条 本法自 2007 年 7 月 1 日起施行。

四：《农民专业合作社示范章程》

中华人民共和国农业部令

第 4 号

《农民专业合作社示范章程》已经 2007 年 6 月 29 日农业部第 9 次常务会议审议通过，现予公布，自 2007 年 7 月 1 日起施行。2006 年 1 月 23 日《农业部关于印发〈农民专业合作经济组织示范章程〉（试行）的通知》（农经发〔2006〕1 号）同时废止。

部长 孙政才

二〇〇七年六月二十九日

农民专业合作社示范章程

本示范章程中的楷体文字部分为解释性规定，其他字体部分为示范性规定。农民专业合作社根据自身实际情况，参照本示范章程制订和修正本社章程。

____________专业合作社章程

［______年______月______日召开设立大会，由全体设立人一致通过。］

第一章 总 则

第一条 为保护成员的合法权益，增加成员收入，促进本社发展，依照《中华人民共和国农民专业合作社法》和有关法律、法规、政策，制定本章程。

第二条 本社由____________[注：全部发起人姓名或名称]等______人发起，于______年______月______日召开设立大会。

本社名称：____________合作社，成员出资总额________元。

本社法定代表人：__________[注：理事长姓名]。

本社住所：________________，邮政编码：____________。

第三条 本社以服务成员、谋求全体成员的共同利益为宗旨。成员入社自愿，退社自由，地位平等，民主管理，实行自主经营，自负盈亏，利益共享，风险共担，盈余主要按照成员与本社的交易量（额）比例返还。

第四条 本社以成员为主要服务对象，依法为成员提供农业生产资料的购买，农产品的销售、加工、运输、贮藏以及与农业生产经营有关的技术、信息等服务。主要业务范围如下：[注：根据实际情况填写。如：

（一）组织采购、供应成员所需的生产资料；

（二）组织收购、销售成员生产的产品；

（三）开展成员所需的运输、贮藏、加工、包装等服务；

（四）引进新技术、新品种，开展技术培训、技术交流和咨询服务；……等。

上述内容应与工商行政管理部门颁发的《农民专业合作社法人营业执照》中规定的主要业务内容相符。]

第五条 本社对由成员出资、公积金、国家财政直接补助、他人捐赠以及合法取得的其他资产所形成的财产，享有占有、使用和处分的权利，并以上述财产对债务承担责任。

第六条 本社每年提取的公积金，按照成员与本社业务交易量（额）[注：或者出资额，也可以二者相结合]依比例量化为每个成员所有的份额。由国家财政直接补助和他人捐赠形成的财产平均量化为每个成员的份额，作为可分配盈余分配的依据之一。

本社为每个成员设立个人账户，主要记载该成员的出资额、量化为该成员的公积金份额以及该成员与本社的业务交易量（额）。

本社成员以其个人账户内记载的出资额和公积金份额为限对本社承担责任。

第七条　经成员大会讨论通过，本社投资兴办与本社业务内容相关的经济实体；接受与本社业务有关的单位委托，办理代购代销等中介服务；向政府有关部门申请或者接受政府有关部门委托，组织实施国家支持发展农业和农村经济的建设项目；按决定的数额和方式参加社会公益捐赠。[注：上述业务农民专业合作社可选择进行。]

第八条　本社及全体成员遵守社会公德和商业道德，依法开展生产经营活动。

第二章　成　员

第九条　具有民事行为能力的公民，从事________[注：业务范围内的主业农副产品名称]生产经营，能够利用并接受本社提供的服务，承认并遵守本章程，履行本章程规定的入社手续的，可申请成为本社成员。本社吸收从事与本社业务直接有关的生产经营活动的企业、事业单位或者社会团体为团体成员[注：农民专业合作社可以根据自身发展的实际情况决定是否吸收团体成员]。具有管理公共事务职能的单位不得加入本社。本社成员中，农民成员至少占成员总数的80%。

[注：农民专业合作社章程还可以规定入社成员的其他条件，如：具有一定的生产经营规模或经营服务能力等。具体可表述为：养殖规模达到________以上或者种植规模达到________以上……]

第十条　凡符合前条规定，向本社理事会[注：或者理事长]提交书面入社申请，经成员大会[注：或者理事会]审核并讨论通过者，即成为本社成员。

第十一条　本社成员的权利：

（一）参加成员大会，并享有表决权、选举权和被选举权；

（二）利用本社提供的服务和生产经营设施；

（三）按照本章程规定或者成员大会决议分享本社盈余；

（四）查阅本社章程、成员名册、成员大会记录、理事会会议决议、监事会会议决议、财务会计报告和会计账簿；

（五）对本社的工作提出质询、批评和建议；

（六）提议召开临时成员大会；

（七）自由提出退社声明，依照本章程规定退出本社；

（八）成员共同议决的其他权利。[注：如不作具体规定此项可删除]

第十二条　本社成员大会选举和表决，实行一人一票制，成员各享有一票基本表决权。

出资额占本社成员出资总额百分之________以上或者与本社业务交易量（额）占本社总交易量（额）百分之________以上的成员，在本社________等事项[注：如，重大财产处置、投资兴办经济实体、对外担保和生产经营活动中的其他事项]决策方面，最多享有___票的附加表决权[注：附加表决权总票数，依法不得超过本社成员基本表决权总票数的百分之二十]。享有附加表决权的成员及其享有的附加表决权数，在每次成员大会召开时告知出席会议的成员。

第十三条　本社成员的义务：

（一）遵守本社章程和各项规章制度，执行成员大会和理事会的决议；

（二）按照章程规定向本社出资；

（三）积极参加本社各项业务活动，接受本社提供的技术指导，按照本社规定的质量标准和生产技术规程从事生产，履行与本社签订的业务合同，发扬互助协作精神，谋求共同发展；

（四）维护本社利益，爱护生产经营设施，保护本社成员共有财产；

（五）不从事损害本社成员共同利益的活动；

（六）不得以其对本社或者本社其他成员所拥有的债权，抵销已认购或已认购但尚未缴清的出资额；不得以已缴纳的出资额，抵销

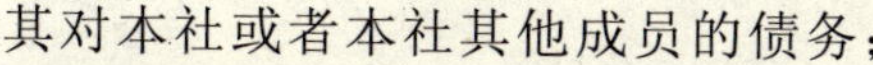

其对本社或者本社其他成员的债务；

（七）承担本社的亏损；

（八）成员共同议决的其他义务。[注：如不作具体规定此项可删除]

第十四条 成员有下列情形之一的，终止其成员资格：

（一）主动要求退社的；

（二）丧失民事行为能力的；

（三）死亡的；

（四）团体成员所属企业或组织破产、解散的；

（五）被本社除名的。

第十五条 成员要求退社的，须在会计年度终了的 3 个月前向理事会提出书面声明，方可办理退社手续；其中，团体成员退社的，须在会计年度终了的 6 个月前提出。退社成员的成员资格于该会计年度结束时终止。资格终止的成员须分摊资格终止前本社的亏损及债务。

成员资格终止的，在该会计年度决算后______个月内[注：不应超过三个月]，退还记载在该成员账户内的出资额和公积金份额。如本社经营盈余，按照本章程规定返还其相应的盈余所得；如经营亏损，扣除其应分摊的亏损金额。

成员在其资格终止前与本社已订立的业务合同应当继续履行[注：也可以依照退社时与本社的约定确定]。

第十六条 成员死亡的，其法定继承人符合法律及本章程规定的条件的，在______个月内提出入社申请，经成员大会[注：或者理事会]讨论通过后办理入社手续，并承继被继承人与本社的债权债务。否则，按照第十五条的规定办理退社手续。

第十七条 成员有下列情形之一的，经成员大会[注：或者理事会]讨论通过予以除名：

（一）不履行成员义务，经教育无效的；

（二）给本社名誉或者利益带来严重损害的；

（三）成员共同议决的其他情形[注：如不作具体规定此项可

删除]。

本社对被除名成员，退还记载在该成员账户内的出资额和公积金份额，结清其应承担的债务，返还其相应的盈余所得。因前款第二项被除名的，须对本社作出相应赔偿。

第三章 组织机构

第十八条 成员大会是本社的最高权力机构，由全体成员组成。

成员大会行使下列职权：

（一）审议、修改本社章程和各项规章制度；

（二）选举和罢免理事长、理事、执行监事或者监事会成员；

（三）决定成员入社、退社、继承、除名、奖励、处分等事项[注：如设立理事会此项可删除]；

（四）决定成员出资标准及增加或者减少出资；

（五）审议本社的发展规划和年度业务经营计划；

（六）审议批准年度财务预算和决算方案；

（七）审议批准年度盈余分配方案和亏损处理方案；

（八）审议批准理事会、执行监事或者监事会提交的年度业务报告；

（九）决定重大财产处置、对外投资、对外担保和生产经营活动中的其他重大事项；

（十）对合并、分立、解散、清算和对外联合等作出决议；

（十一）决定聘用经营管理人员和专业技术人员的数量、资格、报酬和任期；

（十二）听取理事长或者理事会关于成员变动情况的报告；

（十三）决定其他重大事项。[注：如不作具体规定此项可删除]

第十九条 本社成员超过一百五十人时，每______名成员选举产生一名成员代表，组成成员代表大会。成员代表大会履行成员大会的______、______等[注：部分或者全部]职权。成员代表任期____年，可以连选连任。[注：成员总数达到一百五十人的农民专业合作社可以根据自身发展的实际情况决定是否设立成员代表大会。如不设立，

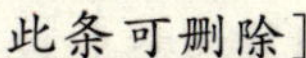

此条可删除]

第二十条　本社每年召开______次成员大会[注：至少于会计年度末召开一次成员大会]。成员大会由_______[注：理事长或者理事会]负责召集，并提前十五日向全体成员通报会议内容。

第二十一条　有下列情形之一的，本社在二十内召开临时成员大会：

（一）百分之三十以上的成员提议；

（二）执行监事或者监事会提议；[注：如不设立执行监事或监事会，此项可删除]

（三）理事会提议；

（四）成员共同议决的其他情形。[注：如不作具体规定此项可删除]

理事长[注：或者理事会]不能履行或者在规定期限内没有正当理由不履行职责召集临时成员大会的，执行监事或者监事会在_______日内召集并主持临时成员大会。[注：如不设立执行监事或监事会，此款可删除]

第二十二条　成员大会须有本社成员总数的三分之二以上出席方可召开。成员因故不能参加成员大会，可以书面委托其他成员代理。一名成员最多只能代理_______名成员表决。

成员大会选举或者做出决议，须经本社成员表决权总数过半数通过；对修改本社章程，改变成员出资标准，增加或者减少成员出资，合并、分立、解散、清算和对外联合等重大事项做出决议的，须经成员表决权总数三分之二以上的票数通过。成员代表大会的代表以其受成员书面委托的意见及表决权数，在成员代表大会上行使表 决权。

第二十三条　本社设理事长一名，为本社的法定代表人。理事长任期_______年，可连选连任。

理事长行使下列职权：

（一）主持成员大会，召集并主持理事会会议；

（二）签署本社成员出资证明；

（三）签署聘任或者解聘本社经理、财务会计人员和其他专业技术人员聘书；

（四）组织实施成员大会和理事会决议，检查决议实施情况；

（五）代表本社签订合同等。

（六）履行成员大会授予的其他职权。[注：如不作具体规定此项可删除]

第二十四条　本社设理事会，对成员大会负责，由______名成员组成，设副理事长______人。理事会成员任期______年，可连选连任。

理事会[注：或者理事长]行使下列职权：

（一）组织召开成员大会并报告工作，执行成员大会决议；

（二）制订本社发展规划、年度业务经营计划、内部管理规章制度等，提交成员大会审议；

（三）制定年度财务预决算、盈余分配和亏损弥补等方案，提交成员大会审议；

（四）组织开展成员培训和各种协作活动；

（五）管理本社的资产和财务，保障本社的财产安全；

（六）接受、答复、处理执行监事或者监事会提出的有关质询和建议；

（七）决定成员入社、退社、继承、除名、奖励、处分等事项；[注：如不设立理事会此项可删除]

（八）决定聘任或者解聘本社经理、财务会计人员和其他专业技术人员；

（九）履行成员大会授予的其他职权。[注：如不作具体规定此项可删除]

第二十五条　理事会会议的表决，实行一人一票。重大事项集体讨论，并经三分之二以上理事同意方可形成决定。理事个人对某项决议有不同意见时，其意见记入会议记录并签名。理事会会议邀请执行监事或者监事长、经理和____名成员代表列席，列席者无表决权。

[注：农民专业合作社可以根据自身发展的实际情况决定是否设立理事会。如不设立理事会，第二十四条第一款、第二十五条中的相关内容可删除。]

第二十六条 本社设执行监事一名，代表全体成员监督检查理事会和工作人员的工作。执行监事列席理事会会议。

第二十七条 本社设监事会，由______名监事组成，设监事长一人，监事长和监事会成员任期______年，可连选连任。监事长列席理事会会议。

监事会[注：或者执行监事]行使下列职权：

（一）监督理事会对成员大会决议和本社章程的执行情况；

（二）监督检查本社的生产经营业务情况，负责本社财务审核监察工作；

（三）监督理事长或者理事会成员和经理履行职责情况；

（四）向成员大会提出年度监察报告；

（五）向理事长或者理事会提出工作质询和改进工作的建议；

（六）提议召开临时成员大会；

（七）代表本社负责记录理事与本社发生业务交易时的业务交易量（额）情况；

（八）履行成员大会授予的其他职责。[注：如不作具体规定此项可删除]

卸任理事须待卸任______年后[注：填写本章程第二十三条规定的理事长任期]方能当选监事。

第二十八条 监事会会议由监事长召集，会议决议以书面形式通知理事会。理事会在接到通知后______日内就有关质询作出答复。

第二十九条 监事会会议的表决实行一人一票。监事会会议须有三分之二以上的监事出席方能召开。重大事项的决议须经三分之二以上监事同意方能生效。监事个人对某项决议有不同意见时，其意见记入会议记录并签名。

[注：农民专业合作社可以根据自身发展的实际情况决定是否设执行监事和监事会。如不设立，第二十七条、第二十八条、第二十

九条相关内容可删除。]

第三十条　本社经理由理事会[注：或者理事长]聘任或者解聘，对理事会[注：或者理事长]负责，行使下列职权：

（一）主持本社的生产经营工作，组织实施理事会决议；

（二）组织实施年度生产经营计划和投资方案；

（三）拟订经营管理制度；

（四）提请聘任或者解聘财务会计人员和其他经营管理人员；

（五）聘任或者解聘除应由理事会聘任或者解聘之外的经营管理人员和其他工作人员；

（六）理事会授予的其他职权。[注：如不作具体规定此项可删除]

本社理事长或者理事可以兼任经理。

第三十一条　本社现任理事长、理事、经理和财务会计人员不得兼任监事。

第三十二条　本社理事长、理事和管理人员不得有下列行为：

（一）侵占、挪用或者私分本社资产；

（二）违反章程规定或者未经成员大会同意，将本社资金借贷给他人或者以本社资产为他人提供担保；

（三）接受他人与本社交易的佣金归为己有；

（四）从事损害本社经济利益的其他活动；

（五）兼任业务性质相同的其他农民专业合作社的理事长、理事、监事、经理。

理事长、理事和管理人员违反前款第（一）项至第（四）项规定所得的收入，归本社所有；给本社造成损失的，须承担赔偿责任。

第四章　财务管理

第三十三条　本社实行独立的财务管理和会计核算，严格按照国务院财政部门制定的农民专业合作社财务制度和会计制度核定生产经营和管理服务过程中的成本与费用。

第三十四条　本社依照有关法律、行政法规和政府有关主管部门的规定，建立健全财务和会计制度，实行每月_______日[注：或者每季度第______月______日]财务定期公开制度。

本社财会人员应持有会计从业资格证书，会计和出纳互不兼任。理事会、监事会成员及其直系亲属不得担任本社的财会人员。

第三十五条　成员与本社的所有业务交易，实名记载于各该成员的个人账户中，作为按交易量（额）进行可分配盈余返还分配的依据。利用本社提供服务的非成员与本社的所有业务交易，实行单独记账，分别核算。

第三十六条　会计年度终了时，由理事长[注：或者理事会]按照本章程规定，组织编制本社年度业务报告、盈余分配方案、亏损处理方案以及财务会计报告，经执行监事或者监事会审核后，于成员大会召开十五日前，置备于办公地点，供成员查阅并接受成员的质询。

第三十七条　本社资金来源包括以下几项：

（一）成员出资；

（二）每个会计年度从盈余中提取的公积金、公益金；

（三）未分配收益；

（四）国家扶持补助资金；

（五）他人捐赠款；

（六）其他资金。

第三十八条　本社成员可以用货币出资，也可以用库房、加工设备、运输设备、农机具、农产品等实物、技术、知识产权或者其他财产权利作价出资，但不得以劳务、信用、自然人姓名、商誉、特许经营权或者设定担保的财产等作价出资。成员以非货币方式出资的，由全体成员评估作价。

第三十九条　本社成员认缴的出资额，须在______个月内缴清。

第四十条　以非货币方式作价出资的成员与以货币方式出资的成员享受同等权利，承担相同义务。

经理事长[注：或者理事会]审核，成员大会讨论通过，成员出资可以转让给本社其他成员。

第四十一条　为实现本社及全体成员的发展目标需要调整成员

出资时，经成员大会讨论通过，形成决议，每个成员须按照成员大会决议的方式和金额调整成员出资。

第四十二条　本社向成员颁发成员证书，并载明成员的出资额。成员证书同时加盖本社财务印章和理事长印鉴。

第四十三条　本社从当年盈余中提取百分之______的公积金，用于扩大生产经营、弥补亏损或者转为成员出资。

[注：农民专业合作社可以根据自身发展的实际情况决定是否提取公积金。]

第四十四条　本社从当年盈余中提取百分之______的公益金，用于成员的技术培训、合作社知识教育以及文化、福利事业和生活上的互助互济。其中，用于成员技术培训与合作社知识教育的比例不少于公益金数额的百分之______。

[注：农民专业合作社可以根据自身发展的实际情况决定是否提取公益金。]

第四十五条　本社接受的国家财政直接补助和他人捐赠，均按本章程规定的方法确定的金额入账，作为本社的资金（产），按照规定用途和捐赠者意愿用于本社的发展。在解散、破产清算时，由国家财政直接补助形成的财产，不得作为可分配剩余资产分配给成员，处置办法按照国家有关规定执行；接受他人的捐赠，与捐赠者另有约定的，按约定办法处置。

第四十六条　当年扣除生产经营和管理服务成本，弥补亏损、提取公积金和公益金后的可分配盈余，经成员大会决议，按照下列顺序分配：

（一）按成员与本社的业务交易量（额）比例返还，返还总额不低于可分配盈余的百分之______[注：依法不低于百分之六十，具体比例由成员大会讨论决定]；

（二）按前项规定返还后的剩余部分，以成员账户中记载的出资额和公积金份额，以及本社接受国家财政直接补助和他人捐赠形成的财产平均量化到成员的份额，按比例分配给本社成员，并记载在成员个人账户中。

第四十七条　本社如有亏损，经成员大会讨论通过，用公积金弥补，不足部分也可以用以后年度盈余弥补。

本社的债务用本社公积金或者盈余清偿，不足部分依照成员个人账户中记载的财产份额，按比例分担，但不超过成员账户中记载的出资额和公积金份额。

第四十八条　执行监事或者监事会负责本社的日常财务审核监督。根据成员大会[注：或者理事会]的决定，[注：或者监事会的要求]本社委托______审计机构对本社财务进行年度审计、专项审计和换届、离任审计。

第五章　合并、分立、解散和清算

第四十九条　本社与他社合并，须经成员大会决议，自合并决议作出之日起十日内通知债权人。合并后的债权、债务由合并后存续或者新设的组织承继。

第五十条　经成员大会决议分立时，本社的财产作相应分割，并自分立决议作出之日起十日内通知债权人。分立前的债务由分立后的组织承担连带责任。但是，在分立前与债权人就债务清偿达成的书面协议另有约定的除外。

第五十一条　本社有下列情形之一，经成员大会决议，报登记机关核准后解散：

（一）本社成员人数少于五人；

（二）成员大会决议解散；

（三）本社分立或者与其他农民专业合作社合并后需要解散；

（四）因不可抗力因素致使本社无法继续经营；

（五）依法被吊销营业执照或者被撤销；

（六）成员共同议决的其他情形。[注：如不作具体规定此项可删除]

第五十二条　本社因前条第一项、第二项、第四项、第五项、第六项情形解散的，在解散情形发生之日起十五日内，由成员大会推举______名成员组成清算组接管本社，开始解散清算。逾期未能组成清算组时，成员、债权人可以向人民法院申请指定成员组成清算组进行清算。

第五十三条　清算组负责处理与清算有关未了结业务，清理本社的财产和债权、债务，制定清偿方案，分配清偿债务后的剩余财产，代表本社参与诉讼、仲裁或者其他法律程序，并在清算结束后，于______日内向成员公布清算情况，向原登记机关办理注销登记。

第五十四条　清算组自成立起十日内通知成员和债权人，并于六十日内在报纸上公告。

第五十五条　本社财产优先支付清算费用和共益债务后，按下列顺序清偿：

（一）与农民成员已发生交易所欠款项；

（二）所欠员工的工资及社会保险费用；

（三）所欠税款；

（四）所欠其他债务；

（五）归还成员出资、公积金；

（六）按清算方案分配剩余财产。

清算方案须经成员大会通过或者申请人民法院确认后实施。本社财产不足以清偿债务时，依法向人民法院申请破产。

第六章　附　则

第五十六条　本社需要向成员公告的事项，采取______方式发布，需要向社会公告的事项，采取______方式发布。

第五十七条　本章程由设立大会表决通过，全体设立人签字后生效。

第五十八条　修改本章程，须经半数以上成员或者理事会提出，理事长[注：或者理事会]负责修订，成员大会讨论通过后实施。

第五十九条　本章程由本社理事会[注：或者理事长]负责解释。

全体设立人签名、盖章：

参考文献

[1] [美]R．科斯，A．阿尔钦，D．诺思，等．财产权利与制度变迁[M]．上海：上海三联书店出版社，1991．

[2] 于鑫炎，朱国华．价格学[M]．北京：中国财政经济出版社，1996．

[3] 黄少安，等．农村股份合作制的多维考察[M]．济南：山东人民出版社，1996．

[4] 慕永太．莱阳农村合作社实践与探索[M]．北京：中共中央党校出版社，1997．

[5] 陈守煜．工程模糊集理论与应用[M]．北京：国防工业出版社，1998．

[6] 慕永太．莱阳农村改革发展之路[M]．北京：中共中央党校出版社，1998．

[7] 牛若峰．农业产业一体化经营的理论与实践[M]．北京：中国农业科学技术出版社，1998．

[8] 赵保佑，张智．农业产业化经营理论与实践[M]．郑州：黄河水利出版社，1999．

[9] 杨小凯，等．专业化与经济组织——一种新兴古典微观经济学框架[M]．北京：经济科学出版社，1999．

[10] 牛若峰，夏英．农业产业化经营的组织方式和运行机制[M]．北京：北京大学出版社，2000．

[11] 张志强．期权理论与公司理财[M]．北京：华夏出版社，2000年．

[12] 杨继瑞，杨明洪．农业增长方式转型的研究[M]．成都：四川大学出版社，2001．

[13] 郑子云，司徒永富．企业风险管理[M]．北京：商务印书馆出

版社，2002.
[14] 张晓山，等. 联结农户与市场：中国农民中介组织探究[M]. 北京：中国社会科学出版社，2002.
[15] 杨明洪. 农业产业化的运行效率与风险防范[M]. 成都：四川大学出版社，2002.
[16] 杨明洪. 农业增长方式转换机制论[M]. 成都：西南财经大学出版社，2003.
[17] 程飙. 市场价格学[M]. 广州：暨南大学出版社，2003.
[18] [美]西奥多·W. 舒尔茨. 改造传统农业[M]. 北京：商务印书馆，2003.
[19] 卢现祥. 新制度经济学[M]. 武汉：武汉大学出版社，2004.
[20] 余波. 金融产品创新的经济分析[M]. 北京：中国财政经济出版社，2004.
[21] 韩喜平. 中国农户经营系统分析[M]. 北京：中国经济出版社，2004.
[22] 张云起. 营销风险管理[M]. 北京：高等教育出版社，2004.
[23] 王勇. 欧美国家农村经济组织发展的经验与启示[M]. 北京：中国农业出版社，2004.
[24] 丁力. 农业产业化新论[M]. 北京：中国农业出版社，2004.
[25] 顾孟迪，雷霆. 风险管理[M]. 北京：清华大学出版社，2005.
[26] 刘均. 风险管理概论[M]. 北京：中国金融出版社，2005.
[27] 胡德春. 农业产业化低成本经营研究[M]. 北京：中国财政经济出版社，2005.
[28] 郭红东. 农业龙头企业与农户订单安排及履约机制研究[M]. 北京：中国农业出版社，2005.
[29] 陈传波，丁士军. 中国小农户的风险及风险管理研究[M]. 北京：中国财政经济出版社，2005.
[30] 王国顺. 企业理论：契约理论[M]. 北京：中国经济出版社，2006.
[31] 吴志雄，毕美家，等. 论农业产业化经营体系[M]. 北京：中

国社会出版社，2006.

[32] 陆文聪．民营经济与农业产业化发展[M]．北京：经济科学出版社，2006.

[33] 盛洪．分工与交易——一个一般理论及其对中国非专业化问题的应用研究分析[M]．2版．上海：上海人民出版社，2006.

[34] 朱英杰．农业产业化经营概述[M]．北京：中国社会出版社，2006.

[35] 孙亚范．新型农民专业合作经济组织发展研究[M]．北京：社会科学文献出版社，2006.

[36] [英]弗兰克·艾利思．农民经济学——农民家庭农业和农业发展[M]．上海：上海人民出版社，2006.

[37] 张维迎．博弈论与信息经济学[M]．上海：上海人民出版社，2007.

[38] 贾伟强．“公司+农户”组织模式的合作机制研究[M]．南昌：江西人民出版社，2007.

[39] 徐忠爱．公司和农户契约选择与履约机制研究[M]．北京：中国社会科学出版社，2007.

[40] 卫琳．订单农业运作模式[M]．北京：中国工商出版社，2007.

[41] 杨明洪，罗东明．农业产业化经营风险研究[M]．哈尔滨：哈尔滨大学出版社，2007.

[42] 仇坤．农业产业化与金融服务创新[M]．北京：中国金融出版社，2008.

[43] 徐金海．专业化分工与农业产业组织演进[M]．北京：社会科学文献出版社，2008.

[44] 杨明洪．“公司+农户”型产业化经营风险的形成机理与管理对策研究[M]．北京：经济科学出版社，2009.

[45] 杨明洪．农业产业化龙头企业：扶持理论与政策分析[M]．北京：经济科学出版社，2009.

[46] 杨继瑞．构建农业产业化经营引导机制的思考[J]．中国农村经济，1998（4）.

[47] 杨明洪．WTO 框架下农业支持与保护政策的运作空间及其调整[J]．四川大学学报，1999（5）．

[48] 庄丽娟：《农业产业化发展的国际比较及其启示[J]．新疆农垦经济，1999（5）．

[49] 杜吟棠，潘劲．我国新型农民合作社的雏形——京郊专业合作组织案例调查及理论探讨[J]．管理世界，2000（1）．

[50] 张吉军．模糊层次分析法（FAHP）[J]．模糊系统与数学，2000，14（2）．

[51] 周立群，曹利群．商品契约优于要素契约——以农业产业化经营中的契约选择为例[J]．经济研究，2002（1）．

[52] 张叶．论农业生产风险与农业产业化经营[J].浙江学刊，2001（1）．

[53] 杨明洪．产品生命周期与农业结构的战略性调整[J]．四川大学学报，2001（2）．

[54] 薛昭胜．期权理论对订单农业的指导与应用[J]．中国农村经济，2001（2）．

[55] 朱礼龙．农业产业化主体的困惑——个人理性与集体理性的冲突[J]．天津农学院学报，2001（4）．

[56] 孙良媛．转型期农业风险的特点与风险管理[J]．农业经济问题，2001（8）．

[57] 杨明洪．农业产业化经营的经济风险及其防范[J]．经济问题，2001（8）．

[58] 生秀东．劣市场、准市场与农业产业化——“公司+农户”运行机制探析[J]．上海经济研究，2001（9）．

[59] 杨明洪．农业产业化：作为契约性组织的效率及其决定[J]．四川大学学报，2002（4）．

[60] 曾福生．构建农业产业化的风险防范机制[J]．《湖南农业科学》，2002（4）．

[61] 郭红东．充分发挥农产品行业协会的作用推进农业产业化经营[J]．中国农村经济，2002（5）．

[62] 杨明洪. 加入 WTO：中国农业产业化经营环境的新变化[J]. 经济问题探索，2002（8）.

[63] 徐治. 农业产业化组织创新“公司+农户”模式分析[J]. 农村经济，2002（9）.

[64] 杨明洪. 农业产业化组织形式演进：一种基于内生交易费用的理论解释[J]. 中国农村经济，2002（10）.

[65] 邓宏图，米献炜. 约束条件下合约选择和合约延续性条件分析[J]. 管理世界，2002（12）.

[66] 杨明洪. 农业产业化龙头企业扶持政策的思考[J]. 经济界，2003（4）.

[67] 刘凤芹. 不完全合约与履约障碍——以订单农业为例[J]. 经济研究，2003（4）.

[68] 冯开文. 村民自治、合作社和农业产业化经营制度的协调演进——来自山东烟台的调查报告[J]. 中国农村经济，2003（5）.

[69] 孙敬水. 试论订单农业的运行风险及防范机制[J]. 农业经济问题，2003（8）.

[70] 尹云松. 公司与农户间商品契约的类型及其稳定性考察[J]. 中国农村经济，2003（10）.

[71] 连升，赖小琼. 企业违约的经济学分析[J]. 福建论坛：人文社会科学版，2004（2）.

[72] 欧阳昌民. “公司+农户”契约设计及价格形成机制[J]. 经济问题，2004（2）.

[73] 张兵，胡俊伟. “龙头企业+农户”模式下违约的经济学分析[J]. 现代经济探讨，2004（9）.

[74] 吴秀敏，林坚. 农业产业化经营中契约形式的选择：要素契约还是商品契约——一种基于 G－H－M 模型的思考[J]. 浙江大学学报：社会科学版，2004（10）.

[75] 邓宏图. “‘公司加农户加基地’与‘企业一体化’的‘历史主义’解释——来自塞飞亚公司和农户的签约证据”[M]//黄少安. 制度经济学研究：第 4 辑. 北京：经济科学出版社，2004.

[76] 生秀东. 订单农业的运行机理和稳定性分析[J]. 中州学刊，2004（11）.
[77] 杜吟棠. 农业产业化经营和农民组织创新对农民收入的影响[J]. 中国农村观察，2005（3）.
[78] 陆文聪，西爱琴. 农业产业化中农户经营风险特征及有效应对措施[J]. 福建论坛：人文社会科学版，2005（7）.
[79] 贾伟强，贾仁安."公司+农户"模式中的公司与农户：一种基于委托——代理理论的解释[J]. 农村经济，2005（8）.
[80] 裴汉青. 农业产业化经营中的违约行为及其矫正[J]. 经济问题探索，2005（12）.
[81] 张淼. 农业产业化：一种长期合约的违约问题[J]. 边疆经济与文化，2005（12）.
[82] 何蒲明. 利用农产品期货市场破解订单农业发展难题[J]. 粮食问题研究，2006（3）.
[83] 徐秋慧. 论农户生产经营的契约风险与规避[J]. 山东财政学院学报，2006（4）.
[84] 孙桂茹，解垩. 订单农业中的道德风险[J]. 山东财政学院学报，2006（6）.
[85] 何嗣江. 订单农业发展中金融创新研究[J]. 浙江大学学报：人文社会科学版，2006（11）.
[86] 生秀东. 订单农业的契约困境和组织形式的演进[J]. 中国农村经济，2007（12）.
[87] 杨明洪，余雅乖. 现代农业建设中风险管理机制实证分析——四川省资阳市农业"六方合作"[J]. 西南民族大学学报：人文社科版，2007（5）.
[88] 王爱群. 基于博弈理论的农业产业化经营合同违约率问题分析[J]. 中国经贸导刊，2007（15）.
[89] 徐守勤，李彬. 农业产业化中龙头企业的经营风险及风险控制[J]. 经济纵横，2007（1）.
[90] 杨明洪. 从"中心化"模式向"中间化"模式：农业产业化经

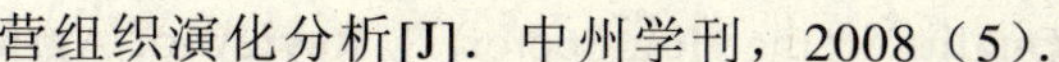

营组织演化分析[J]. 中州学刊，2008（5）.

[91] 刘岩，等. 美国利用期货市场进行农产品价格风险管理的经验及借鉴[J]. 中国农村经济（京），2008（5）.

[92] 杨明洪，孙继琼. 农业产业化发展的空间分布与影响因素分析——以农业产业化国家重点龙头企业为例[J]. 财经科学，2008（7）.

[93] 李彬. 订单农业违约风险识别及防范[J]. 现代经济，2008（11）.

[94] 杨明洪. 订单农业风险形成的圈层结构：一般性的概念分析框架[J]. 四川大学学报：哲学社会科学版，2009（1）.

[95] 李彬. “公司+农户”契约非完全性与违约风险分析[J]. 华中科技大学学报，2009（3）.

[96] 李彬. 订单农业价格类型及适用条件[J]. 消费导刊，2009（3）.

[97] 李彬. 农业产业化龙头企业经营风险防控——基于三鹿集团个案分析[J]. 特区经济，2009（4）.

[98] 李彬. 利用期货市场转移订单农业违约风险[J]. 江西财经大学学报，2009（4）.

[99] 杨明洪. 农业产业化龙头企业的扶持：一般性的理论分析框架[J]. 南京社会科学，2009（5）.

[100] 李彬. 从三鹿破产看农业产业化龙头企业经营风险管理[J]. 现代经济探讨，2009（6）.

[101] 杨明洪，李彬. 中国订单农业违约风险因素评估[J]. 财经科学，2009（12）.

[102] HOFFMAN L A,HARWOOD J L, LEATH M N. Marketing and Pricing Methods Used by Selected U.S. Wheat Producers[R]. Wheat Situation and Outlook Report,WS-281.U.S. Dept. Agr. Econ.Res.Serv.,May,1988.

[103] MUSSER W N, PATRICK G F, ECJNAN D F. Risk and Grain Marketing Behavior of Large-scale Farmers[J]. Journal of Agricultural Economics, 1996(1).

[104] HENNSSY D A, LAWRENCE J D. Contractural Relations,

Control and Quality in the Hog Sector[J]. Review of Agricultural Economics, 1999, 21(1).

[105] STECEN W, BRENT H, ETHAN L. Policing Mechanisms in Agricultural Countries[J]. Rural Sociology, 2001, 66(3).

[106] EATON, CHARLES, SHEPHERD, et al. Contract Farming Partnerships for Growth [J]. FAO Agricultural Services Bulletin, 2001(145).

[107] BECKMANN V, BOGER S. Contract Enforcement in Trasition Agricultural Theory and Evidence from Poland[C]. Annual Conference Paper of International Society for the New Institutional Economics, 2002.

[108] ZYLBERSZTAJN, DECIO, TOMATOES, et al. Strategy of the Agro-industry Facing Weak Contract Enforcement[Z]. School of Economic and Business, University of Sao Paulo, Brazil, Worker Paper, August, 2003.

后 记

呈现在读者面前的这本《农业产业化组织契约风险与创新风险管理》是我多年来从事农业产业研究的成果之一，也是长江师范学院校级重点学科——工商管理学科的科研成果之一，本项研究得到了长江师范学院科研启动经费的资助。

在写作过程中，许多地方政府部门和个人给予了我大量的帮助和支持。同时我也参阅了大量的文献资料，特别是我的导师杨明洪教授的大作《“公司+农户”型产业化经营风险的形成机理与管理对策研究》，这些文献给了我有益的启迪。在本书的行文中，我尽量忠实地反映出前人的研究成果，但或有遗漏之处仍请读者、专家见谅，同时对这些文献资料的作者表示最诚挚的感谢。

感谢四川大学给了我继续深造的机会，在学校和导师杨明洪教授的教育和指导下，我走进了农业经济理论研究的殿堂，并最终获得了经济学博士学位。感谢我的父母，他们虽年事已高，但仍一如既往地在家庭、工作和学习上给予我理解和支持。感谢我的妻子侯爱霞，在我漫长的求学路上，也洒下了她辛勤的汗水，多年无微不至的帮助、永不间断的支持和无私的奉献，给了我学习和工作的精神动力，为了家庭、为了孩子她无怨无悔地付出了大量的心血。

在本书的编辑过程中，西南交通大学出版社的杨岳峰编辑认真负责、一丝不苟的敬业精神给我留下了深刻的印象，保证了本书的出版质量，在此顺致谢意。

农业产业化组织的风险问题研究在国内刚刚起步，特别是对农业产业化经营组织的契约风险问题进行研究的成果还极其少见，而这个问题本身又是一个急需从理论和实践两方面进行深入探索的重大现实问题，本书作者深感责任重、压力大、困难多，因而书中若有不妥之处，还希望读者、专家多提宝贵的意见，在此诚恳致谢。

作 者

2011 年 1 月